外国语言文学与文化论丛

四川大学外国语学院

主　编　段峰
副主编　任文　杨光　李志强

四川大学出版社

责任编辑：余　芳
责任校对：余　川
封面设计：米迦设计工作室
责任印制：王　炜

图书在版编目(CIP)数据

外国语言文学与文化论丛. 11 / 段峰主编. —成都：四川大学出版社，2015.10
ISBN 978-7-5614-9051-8

Ⅰ.①外… Ⅱ.①段… Ⅲ.①语言学－国外－文集②外国文学－文学评论－文集③文化学－国外－文集Ⅳ.①C53

中国版本图书馆 CIP 数据核字（2015）第 245478 号

书名　**外国语言文学与文化论丛　11**
Waiguo Yuyan Wenxue yu Wenhua Luncong

主　　编　段　峰
出　　版　四川大学出版社
地　　址　成都市一环路南一段 24 号（610065）
发　　行　四川大学出版社
书　　号　ISBN 978-7-5614-9051-8
印　　刷　郫县犀浦印刷厂
成品尺寸　165 mm×240 mm
印　　张　19.5
字　　数　350 千字
版　　次　2015 年 11 月第 1 版
印　　次　2015 年 11 月第 1 次印刷
定　　价　54.0 元

◆读者邮购本书，请与本社发行科联系。电话：(028)85408408/(028)85401670/(028)85408023　邮政编码：610065
◆本社图书如有印装质量问题，请寄回出版社调换。
◆网址：http://www.scup.cn

前　言

四川大学外国语学院的《外国语言文学与文化论丛》（下文简称《论丛》）已出至第11辑，按大致每年一辑的出版频率，到今年也是第11个年头了。除《论丛》外，学院还有一套《四川大学外国语学院学术文丛》（下文简称《文丛》），专门出版学院教师的学术专著，尤其是刚获得博士学位的青年老师，他们的博士论文经过修改后，作为个人专著便可以在这套文丛中出版。《文丛》从2007年开始出版，到目前已出版了30余本。

外语教师是高校教师中最大的群体，年轻教师居多，教学科研压力大，学历学位亟待提高。我院亦如此。《论丛》作为帮助我院教师发表论文的平台，踏踏实实做了一些实事，成为许多现在已经在科研上崭露头角的青年教师的起跑线。十余年来，《论丛》发表了不少具有较高学术水准的论文，在学界具有一定的知名度。本辑《论丛》的内容还是分为语言学·语言教学、文学、文化、翻译四个板块，其中文学、文化部分内容较为丰富，体现了我院传统优势的科研方向。此外，本辑论文的突出特点是视域极大扩展，区域与国别研究亦有所涉猎，并具一定深度。

随着教师科研上的成熟，学院学科发展的需要，期待以后的《论丛》能有一个大的改变和提升，从当前的科研助跑平台发展为将来的科研领跑平台。

编　者

2015年夏

目　　录

语言学 · 语言教学　LINGUISTICS/LANGUAGE TEACHING

文　学　LITERATURE

文　化　CULTURE

翻　译　TRANSLATION

语言学·语言教学

LINGUISTICS/LANGUAGE TEACHING

大学英语多媒体课堂
——反思性教学和建构主义指导下的教师和学生角色的协调

任　军

（四川大学外国语学院，成都 610064）

摘　要：反思性教学是外语教师专业发展的必由之路，是将教师学会教学和学生学会学习统一起来的教学。而建构主义学习观则主张学习是学生积极建构的过程，对学生的角色以及教师的作用都有崭新的定位。在大学英语多媒体课堂教学中，反思性教学和建构主义学习观对学生主体性发展具有相当的理论和实践价值。

关键词：反思性教学；建构主义学习观；主体性；教育改革

大学英语是高校学生必修的一门公共基础课程，其教学目标是培养学生英语综合应用能力，特别是听说能力，使他们在今后学习、工作和社会交往中能用英语有效地进行口头和书面交流，同时增强其自主学习能力，提高综合文化素养，以满足我国社会发展和国际交流的需要。

计算机和多媒体进入课堂，这是历史的必然，是科技进步的要求，同时也是教育现代化的要求。多媒体大学英语教学是信息社会所要求的培养具有高水平英语语言运用能力的高素质人才的一条有效途径。大学英语教学引入多媒体计算机技术能够处理和展示多种信息，能够最有效地契合人类认知、思维的过程和特征，能够为提高教学效率、实现英语教学科学化创造理想的条件。新的教学模式以现代信息技术，特别是网络技术为支撑，使英语教学不受时间和地点的限制，朝着个性化学习、自主式学习方向发展。多媒体外语教学与传统的外语教学相比有着不可比拟的优势和广阔的发展空间。

1．现存的问题

1.1　课堂活动以学生为中心还是以教师为中心

在观念上，教师都接受以学生为中心的教学模式，但在具体的教学实践中，他们仍然沿袭传统的以教师为中心的教学模式。以精读课为例，教师讲单词、讲课文，学生边听边记，教师代替学生的阅读行为，教师仍然是教学的主体和主导者，而学生仍然处于从属和受支配地位。通过深入调查，作者发现并非教师知行不一，而是以学生为中心的教学活动很难操作，有些教师只是偶然采用一两次，且未成功。究其原因，一是学生主动性太差，课前准备工作不能完成；二是学生基础相差悬殊，教师很难把握课堂活动进程；三是学生上课积极性不高，不能很好地配合教师的组织安排。

1.2 注重语言形式还是语言内容

传统的教学方法注重词、句、语法的讲授和准确的字面翻译等语言表达形式的训练，要求学生掌握标准的语言知识。现代教学方法注重学生语言交际能力的培养，要求学生具有较强的交际能力和较好的应变能力。仍以精读课文的讲解为例。传统的教学方法认为，老师应将教学重点放在重点词汇、句子等表层语言现象的理解和掌握上；而现代教学理论则认为，教学的重点应放在教会学生如何通过理解文章表面的词、句的意义进而达到对文章所传达的信息，作者通过该文章所着意表达的思想，文章背后所隐含的动机以及文章作者的思路、构思技巧等深层含义的理解和把握上。

1.3 注重语言知识的培养还是注重学习和运用语言的学习策略的培养

处在信息爆炸时代的大学生们，如果单纯依靠教师课堂上的讲授和灌输，其语言知识和交际能力是很难满足信息化社会对人才素质的要求的。究竟是应该教给学生学习外语的方法和策略，还是传授其语言知识？这看起来是一个极其容易回答的问题，但实质上却是一个两难的选择。首先，绝大多数大学生已经形成了自己的学习习惯或学习策略，而这些习惯大多数是围绕怎样应付考试而形成的，很不利于发展其语言的运用能力和交际能力。同时，这些习惯是多年以来养成的，要真正改掉并重新培养良好的学习习惯谈何容易。而且，大多数教师已经习惯了传统的以灌输知识为主的教学模式，要他们改变思路也绝非易事。另外，绝大多数教师也缺乏相应的教育学理论知识和意识，这就很难在教学实践中对学生加以引导和培养。

通过以上对大学外语教学中普遍存在的问题所进行的简要分析，我们认为，如果要推进大学英语的深入改革，有必要从以下两个方面进行思考。

2. 反思性教学

人们在长期的外语教学实践中发现，教学方法的有效性会因人、因时、因地而异，并不存在最佳教学方法，鉴于现有各种教学法的局限性，笔者认为教师观察自己的教学行为，评估自己的教学效果，找出问题并解决问题，不失为一种行之有效的方法。长期以来，我国英语教学的方式主要为直接传输，而很少教师能根据学生的反馈灵活改变自己的授课方式，做到反思性教学。反思性教学是指教师在日常的教育工作中收集学生的意见和总结教育中遇见的问题，并进行深度思考，从而采取相应的措施提高课堂质量，并使自身教学水平得以提高。在反思性教学过程中，教师应以自己的教学活动为思考对象，对其进行审视、分析和反思。《大学英语课程教学要求》（以下简称《课程要求》）指出："大学英语的教学目标是培养学生的英语综合应用能力，特别是听说能力。同时增强其自主学习能力，提高综合文化素养，以适应我国社会发展和国际交流的需要。"（教育部高等教育司，2007）其中明确规定，学生自主学习能力的培养是大学英语的教学目标之一，并提出要借助多媒体网络等现代教育技术手段，改变传统的教学模式，使英语教学朝着以学生为中心，不受时间、地点限制的个性化教学方向发展。

2.1 教师在教学过程中的多重身份

在反思性教学中，教师既是教学方式的实施者，也是教学手段的研究分析者。教学方式的制定与教学手段的研究息息相关。在新的教学模式下，学生的主体地位毋庸置疑，教师的主导地位也不容忽视。英语教师应在课前、课中和课后对自己的教学实践进行多方面的反思，以便及时发现和解决在教学中遇到的各种问题。反思性教学具有主动性、反馈性、调节性和有效性的特点，其应用方法通常包括写教学日记、听课与观察、教师评价、录像以及教学行动研究等（高翔、王蔷，2003）。

2.2 反思性教学由教师自身的需求与学生的需求共同决定

基于计算机和课堂的英语教学新模式强调学生在教学过程中的主体地位和教师在教学过程中的主导作用，并且以促进学生个性化学习方法的形成和学生自主学习能力的发展为重要目标。在反思性教学过程中，教师应从单纯的知识传递者转变为学生自主学习的引导者和促进者，因此，需要研究与解决的内容是教师自身意志与学生需求的统一，对此统一体的研究有利于教师自身水平的提高与教学质量的提升。

2.3 反思性教学是一种首尾相接、不断循环的过程

大学英语教师是教学活动的实践者与反思者、学生自主学习的引导者和促进者、课堂活动的设计者和组织者、学生学习过程中的监控者和评价者以

及教学过程中的学习者和研究者。在反思性教学过程中，应做到“收集问题—研究解决问题—制定教学措施—总结并再收集问题”，从而不断促进教学的改善。

3. 建构主义学习观促进学生主体性的发展

建构主义学习理论源自瑞士心理学家皮亚杰创立的儿童认知发展理论。建构主义认为，知识不是通过教师传授得到的，而是学习者在一定的情境，即社会文化背景下，借助他人（包括教师和学习伙伴）的帮助，利用必要的学习资料，通过意义建构的方式获得的。因此建构主义学习理论提倡的教学模式是“以学生为中心，在整个教学过程中由教师起组织者、指导者、帮助者和促进者的作用，利用情境、写作、会话等学习环境要素充分发挥学生的主动性、积极性和首创精神，最终达到使学生有效地实现对当前所学知识的意义建构的目的”（转引自何克杭，1996）。

从理论上讲，教学过程是教师的主导性和学生的主体性相互影响的过程。但在具体的教学中，许多教师片面强调教师主导，忽视学生主动性与积极性的发挥，极少考虑他们的接受水平、兴趣需要。在这样的教育环境下，学生失去了自主思考和学习的余地，长期的被动状态使他们不习惯于独立思考、怀疑与考证，主体精神弱化，所获得的知识往往不能真正内化为自身的精神财富。建构主义学习理论充分肯定学生在认知过程中的主体地位，强调“以学生为主体”。学生从被动接受者和知识灌输对象转变为信息加工的主体和知识意义的建构者，教师则由知识的传播者、灌输者转变为学生主动建构意义的帮助者、促进者。

3.1 支架式教学

建构主义学习观提示我们，传统教学中的“教师中心论”应该革除，教学中心应由教师向学生转移。学生应是知识的积极建构者，教师则成为学生建构知识的支持者。学生在学习的过程中，要以主体性为条件，没有主体性，知识教学就只能是简单的灌输，同时又要促进学生主体性的发展，即构建知识生成的过程。“发展学生的主体性不是一个附加的目的，而是有效教学的内在根据。”学生对知识的意义建构是整个学习过程的终极目标，因此教师应“从传统的向学生传递知识的权威角色转变为学生学习的辅导者、学生学习的高级合作者”。而支架式的教学即通过支架（教师的帮助）把管理调控学习的任务逐渐由教师转移给学生自己，最后撤去支架。亦指教师和学生各自在教和学的过程中所起的作用：教师（即支架）引导教学的进行，使学生掌握、建构、内化所学的知识技能，从而使他们进行更高水平的认知活动；由搭建支架、独立探索和协作学习等组成的以学生为主的教学过程需要教师的有效组织和引导。在大学英语的教学中，教师可以充分利用多媒体课堂直观、参与性强的特点，让学生积极参与到资料收集、课堂讨论和课后反思的过程中。

3.2 建构主义教学对大学英语教学的启示

建构主义教学理论对大学英语教学有着十分重要的价值，它为大学英语教学提供了一种审视语言教学问题的教育心理学视角和观点。首先，大学英语教学应该从“双边活动”向“多边互动”转移。传统的教学理论认为，教学是教师（知识的传授者）与学生（知识的接受者）之间的双边活动，只看到了教学过程中师生之间的关系，而忽视了认知主体的学生同伴之间的社会互动。事实上，教师和同伴都是建构知识过程的合作者。学生同伴之间由原来的竞争关系变为更有构建性的合作伙伴关系。其次，大学英语教学应从“被动传输式”向“主动构建式”转变。在教学过程中，由于语言学习的特殊性，我们应当充分认识到教与学不再是简单的知识传输和接受过程，而是包含了师生间社会和文化的科学谈话、相互作用和共同实践以及学生主动构建信息的过程。教师应承认学生在外语学习活动中的积极性和主动性，同时给学生以“学”的主动权。再者，在大学英语教学过程中，教师应为学生营造良好的心理环境和学习环境。教师应该利用外语的中介作用，为学生创造良好的心理环境，帮助他们发展控制自己学习行为的意识和能力，接受学生自己对学习的理解，鼓励学生在学习过程中进行自主选择、培养自我责任感。建构主义非常强调学习环境在学习中的作用，认为“情境”“合作”“会话”和“意义建构”是学习环境的四大因素。教师应该为学习者创造出激励学习和使学习变得轻松的环境。这种环境将使作为知识建构和再建构以及获得知识和理解的、主动进行的语言学习活动变得更加容易（王毅敏，2003）。

建构主义理论强调了教学应以学习者为中心。在该理论的指导下，教师摒弃传统的灌输式教育，作为知识建构的中介者设置体现自己教育理念的任务，学生不再被动地接受知识而是成为自主的知识构建者，知识构建不再是孤立的，而是发生在与他人交往的环境中，这对大学英语的教学必将产生积极有效的影响。

4. 结语

总之，不论是反思性教学还是建构主义学习观都提倡教师的角色要由主导者转变为引导者、管理者、参与者，要充分注意到在教学中学生所表现出来的学习需求。首先，教师应该深入地研究学生，了解他们知道什么，还需要学些什么。同时，要注意观察学生的学习过程，分析他们的学习规律，特别是观察和分析英语学习成功者的学习过程，帮助学习者培养学习策略意识。另外，对于不同层次和学习阶段的学生，教师应当提出不同的适合他们实际的有效的学习方法和策略，包括词汇记忆、篇章阅读理解以及翻译写作技巧等。从大学英语教学的各要素之间的关系看，学生的积极性、主动性能否被调动起来关键在教师，教材能否自由选择和运用在教师，现代教育技术能否灵活应用在教师，能否争取校方的理解、支持和配合关键在教师。因此，教育改革不应自上而下进行，而应自下而上由教师发起。

参考文献：

董燕萍. 心理语言学与外语教学［M］. 北京：外语教育与研究出版社，2005.

范琳，张其云. 建构主义教学理论与英语教学改革的契合［J］. 外语与外语教学，2003（3）.

高翔，王蔷. 反思性教学：促进外语教师自身发展的有效途径［J］. 外语教学，2003（2）.

郭景扬，练丽娟，陈振国. 课堂教学模式与教学策略. 上海：学林出版社，2009.

何克杭. 建构主义学习理论与建构主义学习环境［J］. 教育传播与技术，1996（3）.

教育部高等教育司. 大学英语课程教学要求［M］. 上海：上海教育出版社，2007.

王毅敏. 从建构主义学习理论看英语情景教学［J］. 外语界，2003（2）.

熊川武. 反思性教学［M］. 上海：华东师范大学出版社，1999.

张善军. 多元互动式大学英语实验教学反思［J］. 外语电化教学，2011（4）.

Teaching of College English Assisted by Multimedia: The Coordination of Teachers and Students under the Guidance of Reflective Teaching and Constructivism

Ren Jun

Abstract: Reflective teaching is a must for foreign language teachers' professional development, which combines "learning how to teach" with "learning how to learn". Constructive learning means that learning is a process for students to participate actively in the construction of knowledge, which provides a brand new explanation of the roles played by teachers and students in teaching practice. In College English teaching classroom assisted by multimedia facilities, reflective teaching and constructive learning will demonstrate their corresponding theoretical and practical value for the development of students' subjectivity.

Key words: reflective teaching; constructive learning; subjectivity; educational reform

大学英语小班化、探究式课堂教学研究

翁晓红

（四川大学外国语学院，成都 610064）

摘　要：大学英语教学中传统的理念、教学方法和教学模式已远落后于现阶段高等教育对人才培养的需求，在教学改革进一步深化的过程中，小班化、探究式教学成为亮点。建构主义学习理论为小班教学的实施提供了理论基础。本文结合探究式、小班化教学实践，探讨了大学英语小班化教学的理论基础、教学原则、教学策略以及在未来要进行的探索实践。

关键词：探究式；小班化；建构主义理论

课堂教学是外语学习过程中的重要一环：对学生而言，课堂为他们提供了学习外语的环境和机会，是他们参与各种交际活动、交流信息、表达思想的地方；对教师而言，课堂是培养学生英语综合应用能力的平台。然而，传统上，作为外语教学主要场所的课堂虽然承担了诸如巩固已有知识、呈现和操练新知识、布置课外作业等多项功能，但课堂教学模式 PPP，即讲解（presentation）、练习（practice）和输出（production）却被证明违背了学生学习外语的规律（Willis，J. & Willis，D. 1996：69）。PPP 的特点是教师在讲解过程中突出某种语言现象，然后结合语境让学生进行练习直到基本熟练，输出阶段则是通过讨论、扮演角色、解决问题等形式实践这一语言现象。在语言学和心理学的研究中，研究者们认为密切聚焦某一语言现象并不能真正使学习者学会这一语言现象并使其自动成为其语言知识的一部分（束定芳，2004：12）。教师在教学中也发现，在课堂上所教的东西并不等于学生学到的东西，有时无论教师怎么努力去教授某一种语言现象，仍无法保证学生在某一时间掌握这一语言现象，更有甚者，学生不但经常学不会明确教给他们的东西，反而学会了并没有教给他们的东西。在大学英语课堂广泛使用的 PPP 教学模式受到越来越多的诟病，是时候对传统的教学理念和实践进行深刻反思了。

教育部副部长吴启迪在 2004 年的大学英语教改试点工作视频会上提到：公共外语多年来一直保持教师主讲、学生主听的课堂教学模式，且多数是大班上课、满堂灌……这既不利于调动和发挥学生的积极性，也违背语言学习规律，更不利于学生综合实际应用能力的培养（吴启迪，2004：5 –9）。2007 年出台的《大学英语课程教学要求》明确指出大学英语是以外语教学理论为指导，以英语语言知识与应用技能、跨文化交际和学习策略为主要内容，并集多种教学模式和教学手段为一体的教学体系（教育部高教司，2007：1 –4）。因而探讨小班化、探究式课堂教学的理论基础、教学实践，有助于摸索出启发式授课、批判式讨论的教学方法，有利于提高课堂教学质量，启迪学生心灵，并进一步激发学生自主建构知识体系。

1. 小班化、探究式教学的理论基础

大学英语的教学目的是通过语言交际活动培养学生的语言实际应用能力和自主学习能力。外语交际能力培养的重要性不言而喻，但由于高校从事外语教学理论研究的队伍薄弱，外语教师的科研意识普遍比较淡薄，科研能力不强，教师们虽然对新的教学方法、教学模式心存向往，也在教学中不断地摸索和实践，但却收效甚微。

建构主义理论为大学英语的教学实践提供了理论指导。建构主义理论是认知心理学的重要组成部分，最早由瑞士心理学家皮亚杰于 20 世纪 60 年代提出，其后吸纳了历史文化心理学、意义理论和发现式学习等多种学习理论精华，更准确地揭示了学习过程的认知规律。建构主义理论认为，学习过程不是学习者被动地接受知识而是积极地建构知识的过程。

首先，建构主义的知识观提出知识不是对现实的纯客观反映，任何一种传载知识的符号系统也不是绝对真实的表征。它只不过是人们对客观世界的一种解释、假设或假说，它不是问题的最终答案，它必将随着人们认知程度的深入而不断地改写、变革和升华，出现新的解释和假设。由此可见，教师不能把知识作为预先设定的东西教给学生，不要将教师对知识的理解方式强加给学生。学生在学习过程中，不仅要理解新知识，而且要对新知识进行分析、检验和批判（Vygotsky，1978）。

其次，建构主义的学习观认为，世界是客观存在的，对于世界的理解和认识却是由每个人自己决定的。人们以自己的经验为基础来构建现实、解释现实，由于经验不同，人们对外部世界的理解也可能迥然不同。所以，学习不是由教师把知识单纯地传授给学生，而是由学生根据自己的经验构建知识，而这一建构过程是无法由他人来替代完成的。

建构主义者强调教学不能忽视学习者已有的经验，不能简单强硬地从外

部对学习者进行知识的“填灌”，而是应当把学习者原有的知识经验作为新知识的生长点。教师不再是知识的权威象征，教师要重视学生自己对各种现象的理解，倾听他们的想法，思考他们这些想法的来由，并以此为据，引导学生调整和丰富自己的理解。教师在教学中扮演帮助者、引导者的角色，同时逐步将监控学习和探索知识的责任由以教师为主转向以学生为主，最终帮助学生实现独立学习、自主学习的终极目的。

建构主义的学习理论为大学英语的课堂教学改革提供了积极的指导。在传统的动辄五六十人的大班英语课堂上，由于人数较多，教师很难创设各种以学生探究知识、构建知识为主体的语言实践活动，课堂教学也难以真正实现以人为本，学生的英语语言能力和实际的交际能力也难得到有效提高。开展探究式、小班化教学则能更好地实践建构主义学习理论，实现教学模式、教学方法的多元化，关注学生主体的发展，调动每个学生的主观能动性。在小班化课堂上，教师可以根据各个学生的实际，给学生提供必要、及时和个性化的帮助，真正成为鼓励学生构建知识的引领者，协助学生独立解决实际问题，提升他们发现问题、解决问题和反思问题的能力。

2. 小班化、探究式教学的实施原则

2.1 开放性原则

教学由传统的讲授型转变为启发型，关键在于实现教学内容、方法和手段的开放性。开放性体现在：①课堂上学习活动开放，例如积极发言，不用举手也可以发言。②教学内容设计开放，如事先向学生讲明将要学习的内容，或者学生可以在课堂上或课前向老师“点课”；教师所提的问题尽量避免用“yes”或“no”来回答，要留给学生足够的思考与发挥空间。③学生的学习方式开放，学生可以任意分成小组或任意配对进行练习和研讨。④教学形式开放，例如有些课不仅是老师讲，也可以是学生讲，教师答疑。建构主义理论认为知识不能绝对准确无误地概括世界的法则，无法提供对任何问题都适用的解决方法。为此，教学中我们要努力营造良好的探究氛围，以开放式的内容和问题让学生置身于探究问题的情境中，在富有开放性的问题情境中，学生的思路开阔了，思维火花闪现了，学生以积极的态度参与探究，对知识进行分析、检验和批判。小班化的教学模式可以更好地营造开放的氛围，鼓励学生对未知领域进行探究。

2.2 以学生为中心的原则

“以学生为中心”的课堂教学需从三个方面努力：①在学习的过程中充分发挥学生的主动性，要能体现出学生的首创精神。②让学生有更多机会在不同的情境下去应用他们所学的知识，将知识外化。学生可以围绕教材中的一个主题，在教师的指导下走出教室，利用网络查资料、读文献、做调查、写报告，再回到教室做陈述和讨论。这种活动把听、说、读、写有机地结合起来，使学生学到的语言知识得到应用，真正做到交际活动和语言学习相结合（蔡基刚，2005：83－92）。③让学生能根据自身行动的反馈信息来形成对客观事物的认识和解决问题的方案。探究式、小班化的模式能更好地使学生在教师的指导下，利用情境、协作、会话等充分发挥学生的主动性、积极性和首创精神，最终使学生有效地实现对所学知识的意义建构。

2.3 协作小组原则

为解决个性化问题，改变从教师到学生的单向授课模式，协作小组在探究式、小班化的外语课堂教学中显得尤为重要。建构主义理论认为事物的意义并非完全独立于我们而存在，而是源于我们的构建，每个人都以自己的方式理解事物的某些方面。这就要求教学要增进学生之间的合作，使学生看到那些与自己不同的认识和理解，看到事物的不同方面，从而通过学习者的合作使理解更加丰富和全面。小班授课能更好地促进合作学习，有利于调动所有同学的参与，使同学们在协作中锻炼合作精神，共同学习，分享思想，共同进步。

2.4 自主学习原则

针对大学英语教学课时少、内容多这一矛盾，应对英语学习过程进行整体规划，将整个大学英语学习过程（课堂、课外）作为一个整体而不是一个学期来看待。在对教学内容进行知识分类和呈现方式分类的基础上分解教学任务，将其划分为学生课外独立自主学习和教师指导下的教材学习两大板块，在指导学生教材学习的同时，提前公布本学期教学目标、教学内容，使学生知道自己本学期的学习目标是什么，怎样进行自主学习。在课堂上，教师要讲授和示范自主学习的策略和方法，向学生推荐自主学习的网络课件，辅导用书，英语工具书，英语读物、报刊等，鼓励他们积极参与包括学习任务设计、学习方法改进和学习成果评估等在内的自主学习活动的各个环节，从而使他们提高自主学习的效率并培养可持续发展的能力（孙学梅，2008：

108－111)。

3. 小班化、探究式课堂教学策略

基于以上课堂教学理论和教学原则,笔者以《全新版大学英语综合教程》第二册第二课为例,探讨在小班化课堂环境下教学策略的运用。

3.1 导入环节

探究式的授课,导入阶段必不可少。从心理学角度来看,课前预习能使学生产生对教师释疑的期待,这种心理为知识的传授创设了有利的前提条件。教师在让学生自学前应首先进行导入,使他们明确自学的内容、任务及课堂的参与方式,减少学习的盲目性,只有这样,才能充分调动学生的主观能动性,为课堂教学的顺利进行、教学质量的提高铺平道路。以第二册第二课"A Life Full of Riches"为例。课前,教师给学生布置了两个预习作业:查字典,初步掌握生词的发音、词义、搭配和用法;查资料,为辩论"Bill Gates and Mother Teresa, who is more important to the world?"做准备。题目甫一出现,同学们对 Mother Teresa 既迷惑又好奇,教师此时可简单介绍 Mother Teresa,略知一二的同学此时也乐于分享,但涉入不深,留下课后自主探究的空间。通过课前的导入,同学们带着好奇、迷惑开始课前的自主预习,为课堂讨论、课堂提问、课堂呈现等互动教学活动做好热身准备。

3.2 参与环节

随着大学英语学时的一降再降,例如,我校本科一年级的学生周学时为3节,其中还包括一节外教的口语,要想在一周一次课两小节的课堂上完成《大学英语精读》《大学英语创意阅读》《大学英语视听说》三本教材的讲授显然是不可能完成的任务,如何利用有限的课堂时间提高教学效率,探究式、小班化教学为课堂教学提供了一些思路。此时,课堂上是有备而来的老师和学生,教师期待适时引导下的学生的表现,学生期待的是老师如何以课文"A Life Full of Riches"为蓝本,呈现出文章与主题、辩题的关系,学生更期待发表自己对辩题的立场、观点,和同学、老师分享自我探究的结果。教师可以贯穿全文的问题"Are you poor?"为线索,从语篇的角度分析问题怎样被提出,作者对问题进行怎样的思考,思考过后思想有了怎样的升华;从主题的呈现角度引导学生设想若我们也被问及同样的问题,在试着回答的过程中,一边从作者的思考中摄取养分,一边构建自己对这一问题的看法。

和作者一样，同学们在思考、探究过程中有了对“poor”和“rich”更全面的理解，有了对自己和人生更多的思考。这时，教师要做的即请同学们对这个问题发表自己的看法，小班人少的优势能让每位学生都有机会发言，我们听到的是不同的答案和各具特色的论据，思想在此刻得到交流，思维在此刻相互碰撞，在彼此分享、相互学习的同时，学生在进行新知识、新观点的建构。在接下来的辩论环节中，同学们对自己提前准备的资料做适当调整，思想稍稍整理，就能更加明晰自己的辩论立场，有力地陈述自己的观点。

3.3 反馈环节

通过课前自主预习，课堂小组协作和集体交流之后，课堂教学进入反馈阶段。现代教育理论认为，学习活动除了学习者对知识的识别、理解和加工外，还包括对该过程的自我观察、自我评价和自我调节（伍德，2002：254－260）。因此，教师要积极引导学生对自己在学习过程中所展现的态度、情感、学习策略、学习能力、学习水平进行全面综合的反思。也就是说，学生在对所学的新知识进行融会贯通、建构知识体系时，还要有意识地不断剖析自己，认清自己的特点、兴趣、能力，据此制订学习计划，培育学习策略，促进自主学习能力和自我发展能力的提高，为终身自主学习能力的获得创造条件。

4. 结语

当前大学英语的教学改革不仅是教学方法和教学手段的变化，而且是教学理念的转变，是紧紧抓住以学生为中心，在教学过程中充分体现以教师为主导、以学生为主体，注重启迪学生心灵，激发学生自己建构知识体系，以学生的学习成果作为评价教学质量的终极标准。以建构主义学习理论为依据的小班化、探究式课堂教学拓展了班级授课条件下的学习空间，具有广阔的发展前景。但是该教学理论和教学实践都还不成熟、不完善，这对每位老师来说是机遇也是挑战，我们只有积极探索、不断改进，才能让学生获得最适合他们的教育，培养出满足社会发展需求的人才。

参考文献：

基蔡刚．大学英语教学若干问题思考［J］．外语教学与研究，2005（2）．

建构主义学习理论［EB/OL］．［2014－03－27］．http://baike.so.com/doc/1411168.html.

教育部高等教育司. 大学英语课程教学要求［M］. 北京：外语教学与研究出版社，2004.

束定芳. 外语教学改革：问题与对策［M］. 上海：上海外语教育出版社，2004.

孙学梅. 大学英语小班型课堂教学探析［J］. 辽宁工业大学学报：社会科学版，2008 (1).

吴启迪. 大学英语教学改革试点工作视频会议上的讲话［J］. 中国外语，2004 (1).

伍德，特里. 从新的认识论到教育实践：对教与学意义的重新审视［M］//高文等，译. 莱斯利·P. 福斯特. 教育中的建构主义. 上海：华东师范大学出版社，2002：254-260.

Vygotsky, L. S. *Mind in Society* [M]. Cambridge MA: Harvard University Press, 1978.

Vygotsky, L. S. *Thought and Language* [M]. Cambridge: MIT Press, 1986.

Willis, J., D. Willis. *Challenge and Change in Language Teaching* [M]. Oxford: Macmillan Heinemann English Language Teaching, 1996: 69.

On Inquiry-based Small-class College English Teaching

Weng Xiaohong

Abstract: The traditional college English teaching fails to meet the requirement of the cultivation of the students. On the process of the innovation of teaching and learning, the inquiry-based small class teaching style becomes the highlight with the help of the learning theories of the constructivism. Based on the carrying out of inquiry-based small class teaching, this paper analyzes the theoretical basis, teaching principles and strategies of this style as well as the possible further practice.

Key words: inquiry-based teaching; small class; theories of constructivism

简析商务英语的词汇特点

刘婷兰

（四川大学外国语学院，成都 610064）

摘　要：随着国际商务交际日益频繁，商务英语的重要性也越发突出。作为英语的一个特殊分支——专门用途英语，商务英语具有很强的针对性和目的性。其语言的使用也具有自身的独特性，尤其是在词汇的选择方面。笔者希望通过探讨商务英语的词汇特点，使读者更加深刻地理解商务英语这一文体。

关键词：商务英语；词汇特点；独特性

随着全球经济一体化的加深和国际商务活动的日益频繁，商务英语的重要性越加凸显。作为英语的一种社会功能变体，商务英语是专门用途英语（English for Specific Purpose）的一个分支。它源于普通英语，同时又是普通英语同商务各领域专业知识的结合，具有很强的针对性和目的性。因此，商务英语不仅具有普通英语的文体特点，在词语选择、句法结构和篇章建构方面又有自己的独特性。要想写好商务英语文书，说好商务英语口语，必须对这些特点有所了解。考虑到商务英语的语言特点首先通过其词汇的选择表现出来，本文欲就商务英语的词汇特点展开具体的阐述和分析。笔者结合前人研究及自身教学实践经验，现把商务英语的用词特征归纳为如下几点：专业性、庄重性、简洁性、一词多义性。

1. 专业性

商务英语是英语在商务场合中的使用，其内容的高度专业化必然要求使用大量专业化的词汇，也就是我们所说的“专业术语”。专业术语必须意义单一，避免多义性和歧义性，而且一般都用固定词汇来表达，不可随意变动。商务英语中的专业术语数量庞大，这也成为商务英语学习和应用的一大难点。要真正读懂商务英语文本，掌握准确的商业信息，就必须“迎难而上”。例如：

draft 汇票	letter of credit 信用证
quote 报价	remittance 汇付

action 诉讼	liquidated damages 违约金
subject matter 标的物	installment 分期付款
offer 报盘	down payment 定金

这些专业术语意义固定，国际通用，没有歧义，无须借助上下文来理解，应该有所积累。

另外还有一类专业术语是由普通名词的复数形式构成的。这些名词的单数形式尚属普通概念，但其复数形式却成了商务英语的专业术语，具有特定的含义。例如：

return 返回	returns 利润
liability 责任	liabilities 负债
custom 习俗	customs 海关
future 未来	futures 期货
option 选择	options 期权
bond 结合	bonds 不记名债券
security 安全	securities 证券
margin 边缘	margins 期权保证金

2. 庄重性

商务英语作为一种专业文体，其语言有其特殊的庄重性，措辞规范、严谨、正式，具体体现在以下几个方面。

2.1 介词短语的使用

在商务英语中，经常使用介词短语，而不是简单的介词和连词。虽然介词短语略显繁复，但相较于简单介词和连词，它能更加清晰准确地传递意义，避免模棱两可，同时也体现了商务文书庄重、严谨的文体特征。例如：

in the case of 代替 if	on the ground that 代替 because
with reference to 代替 about	in spite of 代替 despite
in contrast to 代替 against	for the purpose of 代替 for
in accordance with 代替 according to	by comparison with 代替 comparing
in regard to 代替 concerning	

2.2 正式词语的使用

商务英语常常使用语体比较正式的词语代替口语化的词语。一来是力求用词的准确无误，二来也是为商务文本的庄重性服务，增加严肃感。请看下面的例子：

constitute 代替 include	purchase 代替 buy
grant 代替 give	certify 代替 prove
inform 代替 tell	solicit 代替 seek
commence 代替 begin	terminate 代替 end
substantial 代替 large	utilize 代替 use
dispatch 代替 send	remittance 代替 payment

2.3 被动语态的使用

在动作的执行者不可知、动作的执行者可知但没必要说出来或出于文体一致性需要等情况下，通常会用到被动语态。

很多时候，商务语言要求突出动作的承受者，而不是动作的执行者。可见，商务英语强调的是客观事实，尽量减少个人主观感情色彩，从而使论述更客观、中立、可信。这就是为什么被动语态在商务英语中颇受青睐、应用甚广的原因。

被动语态的使用，还可以使句子结构更加紧凑，句子意义更加准确，表达更加严密、更具逻辑性。

【例 1】Members of staff are required to follow the company's working hours.

这句话使用被动语态，客观中立地表述了公司的规章制度，不带任何主观感情。试比较：We demand all staff to follow the company working hours. 句中的“demand”一词显得语气颇为强硬。

【例 2】Please note that the children of our staff should be kept away of our office building for safety consideration.

这句话由于使用了被动语态，句子结构显得更为紧凑，语气也比主动语态更为委婉。试比较：Workers will not take their children to the offices. 显然，主动语态语气生硬，缺乏人文关怀，不易让人接受。

【例 3】It is our company policy that long-distance calls can be made only on business affairs in the office.

被动语态的使用使得句子意思表达更为准确、严谨，强调了客观事实。试比较：Don't make private long-distance calls in the office. 这句话一来显得较为口语化，二来带有强烈个人感情色彩，不适合用来宣布公司的相关规定。

3. 简洁性

随着时代的发展和市场竞争的加剧，商务活动越来越追求高效率、低成本。与之相适应，商务英语中词汇的使用也正悄然发生着变化。在过去，包含大量华丽辞藻的商务信函给人们留下了深刻的印象。然而，现在我们生活的时代，是一个强调在商业世界中“时间就是金钱，效率就是生命”的年代，多年惯用的陈词滥调、繁文缛节已不合时宜。取而代之的是既通俗易懂又不失礼节与慎重的职业化、规范化词汇的运用。这一点与商务英语写作的“简洁性”原则不谋而合。简洁性意味着在不影响句子意思的完整性和礼貌性的前提下，尽量使用较少的词语来表达。

简洁词汇和缩略词在商务英语中的广泛使用有效地体现了其词汇运用的“简洁性”原则。这也是语言的经济原则在商务英语中的应用。

3.1 对简洁词汇的偏爱

为了保持表达沟通的高效性、节约贸易双方的时间，商务英语中简洁词汇日益增多。以下为常见例子：

Wordy	Concise
had the effect of causing	caused
would you be kind enough to	would you please
I want to take this opportunity to thank you	thank you
in accordance with the terms of your warranty	your warranty provides

续表

Wordy	Concise
reference is made herewith	I am referring to
I want to make it clear that	(simply state what you want known)
please allow me to take	please let me say

3.2 广泛使用缩略词

缩略词在形式上拼写经济，在有限的空间内，能传递出更多的信息，满足追求高效的商务人士的需求。

在长期的商务活动中，为节省篇幅（尤其是商务合同、条约、产品说明书、招投标文件等）、用语经济，缩略词被大量使用。缩略词一般由专业术语、组织机构等专有名称转换而来，或者取词组中每个单词的首字母大写而成，比较容易辨别。商务英语中的缩略词主要分为以下几类：

（1）国际组织名称缩略，例如：

UN—United Nations 联合国

WTO—World Trade Organization 世界贸易组织

IMF—International Monetary Fund 国际货币基金组织

UNESCO—United Nations Educational, Scientific, and Cultural Organization 联合国教科文组织

EIB—European Investment Bank 欧洲投资银行

（2）商务术语缩略，例如：

FAS—free alongside ship 船边交货

FB—freight bill 运费账单

ETD —estimated time of departure 预计离港时间

CAF —currency adjustment factor 货币调整附加费

CIF—cost, insurance and freight 成本、保险加运费

（3）常用商务单词缩略语，例如：

CERT—certificate 执照

SPEC—specification 说明书

DOC—document 文件

INFO—information 信息

BK—bank 银行

GOVT—government 政府

L/D—import declaration 进口申请书

H/H—house to house（集装箱）门到门

缩略词作为一种快速而简洁的词汇形式为人们节省了交际时间，提高了办事效率，也使得商务交流在一定程度上更趋于标准化，因而逐渐成为国际惯例。

4. 一词多义性

和汉语一样，英语词汇所包含的意义往往也是灵活多变的，不同的上下文决定了同一个单词的不同含义。商务英语中一词多义的现象普遍存在，了解和掌握这些词语的多义性，才能准确地理解句子的意思。我们来看看下面几个单词在不同语境中的不同含义。

（1）floating：

【例 1】It is not surprising, then, that the world saw a return to a floating exchange rate system. Central banks were no longer required to support their own currencies. 在这种情况下，世界各国又恢复浮动汇率就不足为奇了。各国中央银行就无须维持本币的汇价了。

在这句话中，“floating exchange rate”译成“浮动汇率”，即可自由浮动、完全由市场力量决定的汇率制度。其中，“floating”意思是“浮动的”。

【例 2】A floating policy is of great importance for export trade. It is a convenient method of insuring goods where a number of similar export transactions are intended. 统保单对出口贸易是至关重要的。它实际上是货物保险中的一种便利的办法，特别适合于多批次的同类出口交易。

“floating policy”指用以承包多批次货运的一种持续性长期保险凭证，

常常译成“统保单”或“总保单”，不能译成“浮动保单”。此句中的“floating”不能机械地译成“浮动的”，而要根据上下文确定其含义。

（2）interest：

该词的原义是“兴趣”，但在商务英语中，它常有以下含义：

①利息。

The money was repaid with interest. 这笔钱是带息偿还的。

②股份，股权。

She has considerable business interests in America. 她在美国拥有很多企业的股份。

③利害关系。

If a Member of Parliament wishes to speak about a company with which he is connected, he must declare his interest. 下议院议员若想谈与其有关的公司的事，则必须申明他和该公司的关系。

④（企业）同行，利益团体。

There is an unusual relationship between the local government and business interests. 地方政府和企业集团的关系非比寻常。

（3）share：

这是一个常见词，在商务英语语境中的含义多为：

①分担。

We are prepared to share the expenses with you. 我们愿与你方分担费用。

②一份。

All the partners have a share in the profits. 所有合伙人都可以分得一份利润。

③股份。

The company was formed with 3000 shares. 该公司由三千股组成。

可见，英语中不少词语的确切意义要根据前后的搭配和上下文的变化来判断。这种一词多义的现象在商务英语中极为普遍。这就要求学习者一定要留心文本的细微差别并加以认真分析，从而确保对词义和句意的准确理解。

商务英语作为英语大家庭的一个特殊分支，在词语的选择和使用上具有其独特之处。掌握好这些特点，有助于学习者准确理解商务文本的信息内容，从而提高商务交际的语言能力。

参考文献：

戴光荣. 实用国际商务翻译教程［M］. 北京：清华大学出版社，北京交通大学出版社，2013.

董晓波. 商务文本翻译［M］. 北京：清华大学出版社，北京交通大学出版社，2012.

付美榕. 现代商务英语写作［M］. 北京：北京理工大学出版社，2002.

孔建华. 商务英语词汇特点浅析［J］. 成都纺织高等专科学校学报，2007（3）.

王茜. 浅析商务英语词汇特点及误译现象［J］. 学习月，2010（12）.

王爽，等. 商务英语词汇速查速记［M］. 北京：机械工业出版社，2013.

On Lexical Features of Business English

Liu Tinglan

Abstract: With the increasing communications in the business world, business English has been playing a more and more important role. As a branch of English—English for Specific Purpose, business English is of great pertinence and purposiveness. It also has a unique style in its language use, especially in the choice of words. This paper discusses lexical features of business English so as to help readers to make a profound understanding of business English.

Key words: Business English; lexical features; uniqueness

以文化素质为目的的大学英语探究式小班教学研究[①]

刘丽华

（四川大学外国语学院，成都 610064）

摘　要：随着我国大学生英语能力在总体上的提高和整个社会对大学毕业生英语能力及综合素质的更高需求，传统的大学英语教学亟须改变。现代大学英语教学应该转向服务于大学人才培养总体方案的教学模式，将人文素质教育与专业学习相结合。本文结合具体教学案例，探讨了如何开展以文化素质为目的，以语言技能为手段的大学英语探究式小班教学。

关键词：课程定位；小班教学；文化素质；语言技能

随着近年来我国对外开放的不断发展，经济建设水平的不断提高，社会对大学毕业生的能力要求也逐渐提高。虽然经过二十多年的探索和努力，我国大学英语的教学取得了长足进步，但却仍然无法满足大学毕业生和社会对英语教学的需求。因此，我们有必要及时调整传统的以教师为中心的教学模式，转向以满足学生需求和社会要求为目的的教学模式。在此，笔者结合我校自 2011 年开始的“323 + X”创新人才培养计划而施行的大学英语探究式小班教学模式提出一些思考和建议。

1．大学英语教学的目标定位

1.1　课程目标

目标是课程与教学最基本的问题之一。开设任何一门课程都应该首先明确其课程目标和教学目标。课程与教学目标的制订必须对学生、社会及学科进行研究，将这三者的特点和要求进行综合考虑。因此，课程与教学内容的制订必须具备基本的条件和依据，“要明确社会的要求、分析对象的发展特征、明确教育学的要求”（钟启泉，等，2012：63）。

教育部颁发的《大学英语课程教学要求》明确指出大学英语教学的性

① 此论文为 2013 年“四川大学新世纪教改项目”（编号：SCUY018）阶段性成果。

质和目标是："大学英语是以英语语言知识与应用技能、跨文化交际和学习策略为主要内容，并集多种教学模式和教学手段为一体的教学体系。大学英语的教学目标是培养学生的英语综合应用能力，提高其综合文化素养，以适应我国社会发展和国际交流的需要。"因此，大学英语教学既要注重学生英语语言知识和技能的提高，还要重视对学生的跨文化交际能力的培养即文化素质的提高，同时要兼顾学生自主学习能力的培养，以适应我国社会对高校毕业生英语能力多样化的需求。

此外，对于教学，《大学英语课程教学要求》还明确说明："各高等学校应根据本校实际情况确定教学目标，并创造条件，使那些英语起点水平较高、学有余力的学生能够达到较高要求或更高要求。"需要特别指出的是，各高校的大学英语教学应该融入学校的学分体制，服务于学校的总体人才培养计划，特别是使那些英语水平较好的尖子生能够达到更高的要求，使他们的英语学习取得更大的成就。

目前的大学本科学生都是"90后"，他们在信息化的社会里长大，眼界开阔，求知欲强，接受能力和应用能力更是胜过以往的学生。此外，我国中学阶段对学生的英语要求逐年提高，"90后"很多学生的英语水平远远超过"80后"大学生。针对这样的"新一代"，大学英语传统的教学目的和教学方法都已经不太适应，课程的改革势在必行。

1.2 学校人才培养目标

在制订课程目标时，各高校除了要依照教育部颁发的《大学英语课程教学要求》，还应该将大学英语教学与各高校的实际总体教育培养战略相结合，使大学英语的教学服务于学校的人才培养机制，这样才能更好地提高教学质量，同时使学生更加明确大学英语这门课的学习目标和学习任务。

我校通过对我国社会经济的发展和全球化对人才的需求的研究，率先确立了"以'323+X'人才培养模式为核心的本科教育体系，即面向'三大类'创新人才，通过实行'两阶段'和'三大类课程体系'培养，促进学生创新、创业、就业能力的提高"（http://flc2.scu.edu.cn/foreign/a/benkejiaoxue/2012/0628/601.html）。

我校依托"985工程"建设平台，建立了以培养综合创新人才、拔尖创新人才和特殊人才为目的的培养体系，并且把本科教育分为"通识教育和基础教育"与"个性化教育"两大阶段，最终目的是培养具有深厚人文底蕴、扎实专业基础、强烈创新意识和宽广国际视野的国家栋梁和社会精英，促进人才培养的多元化。

为了积极推进这一创新人才培养计划，我校大力推进教学改革，旨在促进教育进步，全面提高教学质量。进行教学改革，我们应当明确其基本理念：①教学是教化；②教学是诊断；③教学是探究；④教学是发问；⑤教学是求异；⑥教学是交往（钟启泉，等，2012：230－233）。

这样的教学改革基本理念要求我们在大学英语的教学中，既要传授知识又要传播文化，同时还要在教学中注意培养和激发学生的批判性思维，促使他们积极探索，不断创新。在这一过程中，良好的课堂氛围和师生关系也是促使教学目标得以实现的一个保证。

根据我校总体人才培养目标，我校率先在大学英语的教学中实施了探究式、创新人才培养课堂改革教学计划，将我校的大学英语教学推上了一个新的台阶。

2. 探究式大学英语小班教学

2.1 教学目的

2011年四川大学校长谢和平在《求是》杂志第11期发表了题为《弘扬大学文化　推进人文素质教育》的文章，论述了人文素质教育的内涵及特征、大学文化与人文精神等内容。他认为：加强对学生的人文教育，使学生多一份人文素质，多一份人文关怀，多一份民族精神，多一份社会责任感，使他们能够突破狭隘的谋生的瓶颈，更多地关注民族的兴衰、国家的前途和人类的命运，从而成长为社会的精英和国家的栋梁，这也是高校对国家应该承担的最基本的责任和义务。

英语教学作为人文素质教育的重要组成部分，在学生的大学阶段的学习中无疑有着举足轻重的作用，且素质教育是基础英语教学的理论根据。因此，外语教学的目标可以分为外在目标（external goals，如出国旅游学习、通过外语阅读获取信息等实用目的）和内在目标（internal goals，这与学生的思维发展有关，如培养不同的思维模式、了解不同的历史文化、提高个人文化素质和公民素养等）（Cook，2007：239）。在英语教学中，通过阅读英文经典和最新的时事报道，讨论社会生活中的热点话题，可以培养学生的思辨能力，增强他们的社会责任感。因此，我校的大学英语教学确定了以文化素质教育为导向，以语言技能为手段，以培养学生批判性思维为目的的教学模式。同时开展探究式小班教学，使英语教学成为我校总体人才培养目标的一个不可或缺的组成部分。

在笔者对2011级大一新生所做的一项有关大学英语学习的调查中，对“学习目的”的这一项调查，有36.5%的学生选择通过英语学习“开阔眼界，提高人文素质”，28.7%的学生选择“读研、出国”，30.2%的学生选择“增加就业竞争力”。从这项调查我们可以看出，学生把英语学习与他们今后的个人发展紧密联系，希望通过英语学习来提高人文素质，增加其就业竞争力。

2.2 教学计划

我校大学英语教学的目的应服务于我校的“创新人才培养计划”，同时兼顾非英语专业的学生英语学习多样化和个性化的目的，并兼顾学生参差不齐的英语水平。我校在2011级学生中实施分级，根据新生的高考英语成绩及入校后的面试成绩，将学生分为A级、B级和C级三大类，为他们选择不同的教师和教材，开展不同的教学活动以满足不同水平学生英语学习的要求，且制订了不同的具体教学目标和检测标准。同时，我们重点在2011级的优秀学生中开展探究式小班教学，制订较高标准的英语教学计划，使该教学计划发展为优秀学生外语创新能力、实践动手能力、团队合作精神培养的平台。而针对英语水平普通的B级学生，我们实行分班教学，旨在提高学生的文化素质和语言技能。下面就A级学生的探究式小班教学做一简要说明。

A级学生为我校2 500名英语优秀的本科生，分成90个英语小班，每班大约有28名学生，由15位老师为这2 500名学生讲授大学英语。课程体系主要由综合英语、高级阅读、英语口语（外教）、听说与翻译、阅读与写作等课程组成，分四个学期执行。所选用的教材既有出版社教材，也有自编教材。考核采用闭卷考试与平时成绩相结合的方式，强调形成性评估，平时成绩占期末总成绩不低于40%，期末考试加大主观题的比重。平时成绩主要由出勤率、任务汇报、课堂陈述、小组讨论、课后作业五部分的成绩组成，由老师在平时教学时做好记录。

出勤率考核是由老师对学生的上课次数进行定期检查，目的是加强对学生的管理。事实证明，严格的教学管理对学生的学习效果有很好的促进作用。

任务汇报这一教学环节主要是由老师在课前安排一到两名学生了解和搜集近期国内外热点问题的资料，上课时再由该同学用英语在课堂上进行5分钟左右的简短汇报。老师对学生的汇报进行点评后，记录学生的汇报成绩。这样既可以让学生了解国内外时事和社会发展状况，又可以让他们掌握最实用的英文词汇和表达，感受到英语的实用性，为他们听懂英语新闻打下基础。汇报之后，还要求学生就新闻中提到的问题和相关背景知识在课后进行研究，以此培养学生的批判性思维。

课堂主题讨论主要是结合课堂上所学习的内容，要求学生按照事先分定的小组就课文中所包含的主题进行讨论。分组讨论的人数是4~6人，讨论时间为8~10分钟。分组讨论后，由每组的发言人将他们所讨论的内容进行总结，然后向全班同学汇报。汇报后，老师给出成绩。最后，老师将学生们汇报的主题进一步延伸，指派两名同学在课后继续进行深入的研究，并做成PPT待下次上课时进行“研究陈述”。

课后作业分成两部分，一是相关的语言训练，二是每个单元结束后，教师就课堂上所讨论的主题，要求学生写作200字左右的小论文。老师评阅作文后给出成绩，并评选出最优秀的1~2篇文章，向全班同学展示和评论，激发学生对英语写作的积极性。

2.3 教学案例分析

下面笔者就对A级学生开展的探究式小班教学做一个实例分析。

笔者采用的教材是外语教学与研究出版社出版的《新标准大学英语》综合教程。在讲授第三册第一单元“A Place in Society”时，笔者将“任务汇报”指派给一名同学。这名同学将她汇报的焦点放在2012年的美国总统大选，结合美国新闻，给全班同学用英语汇报了当时美国大选的情况，并简要介绍了共和党和民主党的主要观点及其代表人物。随后，笔者为全班同学播放了一段选自全美广播公司网站（msnbc.com）的一段有关奥巴马和罗姆尼到美国各地进行宣讲的视频，让学生切实了解两位候选人的活动及选民对他们演讲的不同反应。笔者特别提醒学生注意演讲技巧，并要求学生课后就美国的政治文化进行进一步研究，包括挑选一篇著名的美国总统就职演说与大家分享。第二次上课时，指定的学生汇报了他的研究成果，同时分享了约翰·肯尼迪的著名就职演说“The Torch Has Been Passed to A New Generation of Americans”（《火炬已经传给新一代美国人》），并带领全班同学一起朗读了其中的著名语句："And so, my fellow Americans, ask not what your country can do for you; Ask what you can do for your country."（因此，美国同胞们，不要问国家能为你们做些什么，而要问你们能为国家做些什么?）

针对本课文所反映的美国文化，学生们重点讨论了非裔美国人在美国社会的地位。联想到美国正在举行的大选，笔者让大家回忆并讨论他们所了解的非裔美国人的历史，进行纵向的思考，同时鼓励学生思考奥巴马当选美国总统的意义。

由于是小班教学，学生彼此相识，因此很容易就他们感兴趣的话题进行积极的思考和讨论，自由表达自己的观点。学生们普遍认为，美国的人权运动就是非裔美国人反对种族歧视、争取种族平等的运动。讨论之后，笔者还为他们播放了有关美国人权运动的纪录片，加深他们对非裔美国人争取种族平等这一段历史的了解。

为了培养学生的学术研究能力，也为了进一步丰富他们的文化知识，针对课堂主题发言这一环节，笔者让学生在课后继续就课文所涉及的美国文化的相关问题进行研究，重点放在非裔美国人中的著名作家及其作品上。

在这次"研究陈述"中，一位学生精心制作了 PPT，首先对非裔美国作家进行了总体介绍，然后重点关注了美国女作家托妮·莫里森（Tony Morrison）和她的作品。该生着重分析了莫里森的写作背景及艺术成就，同时指出一名少数族裔的女性作家写作的艰辛和我国女性作家创作的自由。该学生的陈述十分清楚，PPT 制作得也十分精美。任课教师对这些优点都特别给予了表扬，从而让学生们对课堂陈述的规范、PPT 的基本制作要求、如何确定课题研究中的重点和资料的收集等基本研究方法有了更清晰的了解。

本单元的课后作业是在课堂上阅读并讨论了世界各国的移民问题，包括中国的移民问题之后，写一篇有关中国当今的外国移民问题的小论文，包括移民的原因、在中国所从事的职业、他们所遇到的问题和移民的利弊。由于学生是第一次尝试用英文进行论文写作，教师对学生论文格式的要求十分重要，因此笔者也简要地给学生讲解了英语论文写作的基本要求。由于是在课堂讨论的基础上进行的写作，学生们都能较好地运用他们所阅读的有关移民问题的文章中的词汇，并且结合讨论表达自己的观点。这样的写作将听、说、读、写全方位地结合起来。

2.4 探究式小班教学的益处

探究式小班教学实行一年多以来，深受学生们的欢迎。学生们普遍反映在这门课上收获颇多，对大学英语这门课也给予了很高的评价。笔者认为这种教学模式给学生和教学带来的益处如下：

（1）探究式小班教学在服务我校“323 + X”的人才培养目标基础上，强调培养学生的人文素质和综合素质，并通过督促学生展开自主式学习，加强对学生语言技能的训练，把以往以教师为中心的课堂教学活动转变成以学生为中心的教学活动。

（2）探究式小班教学，不仅提高了学生的人文素质和语言技能，还培养了学生的思辨能力、研究能力、公共演讲能力和团队精神等综合素质，满足了学生英语学习的多样化需求和社会对大学毕业生的要求。

（3）探究式小班化教学把课堂教学从以往以教师为中心的课堂教学活动转变成以学生为中心的教学活动，把学生从以往的被动式的课堂学习中解放出来，进一步激发了他们学习英语的兴趣，鼓励他们积极主动学习，并且为之后进行全英文专业学习和专业研究打下基础，同时增强了他们的就业竞争力。

笔者强调以素质教育为导向的英语探究式小班教学，绝不是要否定或取消对英语技能的进一步学习。相反，是要通过这样的教学，使学生从中学时代被动的英语语言技能的学习，向积极主动的以英语为工具而获取知识的主动学习转变。虽然在学生用英语进行汇报和写作的过程中，学生的语言能力还有待提高，但是他们通过大量的调查式的阅读、研究和写作，提高了英语的运用能力和人文素质。

当今社会发展日益加快，大学生也面临着各种挑战和诱惑，人文素质教育的重要性愈加凸显。他们在积极追求个人成功的同时，也应该注重对自己高尚情操的培养，认真思考他们“能为国家做些什么”。结合人文素质教育培养出来的专业人才，才能成为国家建设的栋梁之材。

参考文献：

教育部高等教育司. 大学英语课程教学要求［Z］. 北京：高等教育出版社，2007.

刘丽，刘梅华. 大学生英语学习需求调查及其对英语教学改革的启示［J］. 外语界，2008（4）.

夏纪梅. 现代课程设计理论和实践［M］. 上海：上海外语教育出版社，2004.

钟启泉，汪霞，王文静. 课程与教学论［M］. 上海：华东师范大学出版社，2012.

Cook，Vivian. The Goal of ELF：Reproducing Native Speakers of Promoting Multi-competence among Second Language Users? [C] //J. Cummins, C. Davison. *International Handbook of English Language Teaching*. New York: Springer, 2007.

Davis, Paul, Eric Pearse. *Success in English Teaching*（英语教学成功之道）[M]. 上海：上海外语教育出版社，2002.

http://flc2.scu.edu.cn/foreign/a/benkejiaoxue/2012/0628/601.html.

A Survey of Small Class English Teaching Oriented to Enhancing Cultural Qualities

Liu Lihua

Abstract: With the enhancement of the level of Chinese college students' English proficiency and the whole society's requirements to college graduates' qualities, the traditional college English teaching needs to be reformed. Contemporary college English teaching should be oriented towards serving the university's overall education project with the combination of qualities education and specialty study. The thesis attempts to explore the approaches of conducting college English teaching in a small class at Sichuan University with the aim of improving students' cultural qualities.

Key words: course-orientation; small class teaching; cultural qualities; language skill

英语阅读中词汇学习观念和策略调查

宋迎春

（四川大学外国语学院，成都 610064）

摘　要：长期以来，中国的英语教学以阅读为主，阅读对英语词汇的学习和巩固起着举足轻重的作用。为了充分了解大学生在阅读中的词汇学习情况，笔者在所教学生中进行了一次“英语词汇学习观念和策略调查”。结果表明：（1）绝大部分学生有正确的词汇学习观念，但却难以真正运用到平时的学习中；（2）部分学生掌握的词汇策略有限，对阅读中的重点词汇未加以重视，对词汇的了解仅限于其意义；（3）部分学生由于阅读量小，词汇量很难进一步扩大，在实际应用时没有足够的信心。因此，在大学阶段，从阅读中学习英语词汇仍应引起师生的共同重视，教师适当引导学生把学过的词汇学习策略运用到阅读活动中，对重点词汇进行深度学习，并尽量创造出丰富的情景使用学过的词汇。这样，在大学期间通过坚持大量阅读来接触英语和坚持输出性活动来使用英语，学生的英语综合能力会更上一层楼。

关键词：词汇学习观念；词汇学习策略；调查

1. 引言

笔者于 2012 年 9 月对所教四川大学 2011 级 98 名非英语专业学生进行了一次关于英语学习基本情况的问卷调查。结果表明，61.11% 的学生认为在英语学习中的主要问题为词汇量小，这成为听、说、读、写、译的拦路虎。鉴于阅读是中国英语学习者学习词汇的重要途径之一，笔者于 2014 年 9 月在四川大学 2013 级 206 名非英语专业学生中进行了一次英语阅读中词汇学习观念和策略调查，以便深入了解大学生的词汇学习观念和所使用的策略，从而有效地引导学生的英语学习，增强教学效果。

2. 调查设计

本次调研采用问卷调查形式。问卷由两部分组成，第一部分列举了各种英语词汇学习观念，包括总体学习观念及阅读中具体的应对方法，共 10 题；第二部分旨在了解学生的英语词汇学习策略，包括宏观词汇学习策略、词汇学习途径和方法、阅读中的生词应对策略、阅读中的理解与表达、表达策略，共20题。问卷共收回206份，有效问卷200份。

3. 调查结果与分析

3.1 词汇学习观念

3.1.1 词汇学习的总体意识方面

绝大多数的学生（50.5%同意，47%坚决同意）认为有意识、有计划地扩大词汇量是学好英语的重要保证，绝大部分学生（61.5%同意，28%坚决同意）认为经常反思并选择有效的词汇学习方法极为重要（见图1）。

这说明学生充分认识到了词汇学习的重要性，希望掌握有效的词汇学习方法。

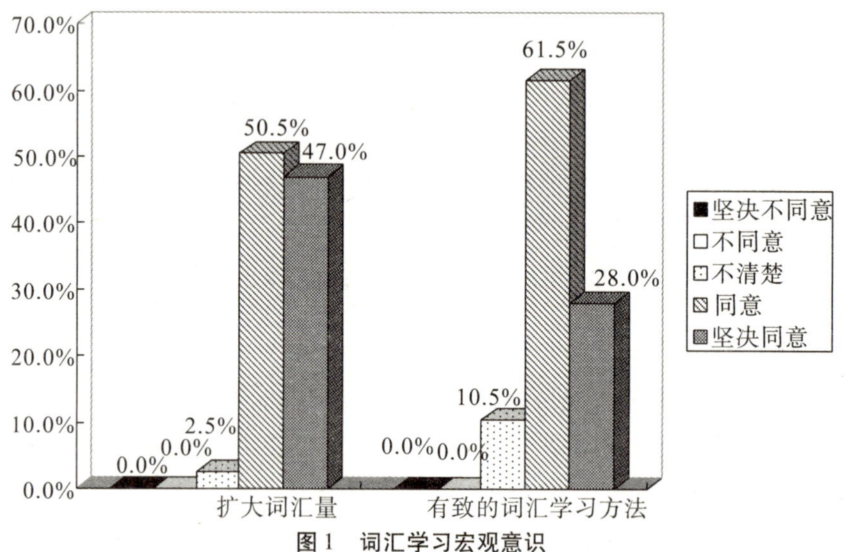

图1 词汇学习宏观意识

3.1.2 背诵、精读和泛读的重要性方面

在背诵文章对英语词汇学习的重要性认同上，有15%的学生不同意，35%的学生不清楚，40%的学生同意，9%的学生坚决同意。在精读和泛读方面，有10%的学生不认同精读对学习词汇的重要性，23%的学生不清楚，50%赞同，17%坚决同意；而17.5%不认为泛读在扩大词汇量方面比精读更重要，32%不清楚，大约一半学生认为泛读比精读更重要（32%同意，18.5%坚决同意）（见图2）。

由此可见，一半左右的学生认为背诵精彩段落以及在加强精读的同时扩大阅读量，在大学阶段对词汇量的增加起重要作用。

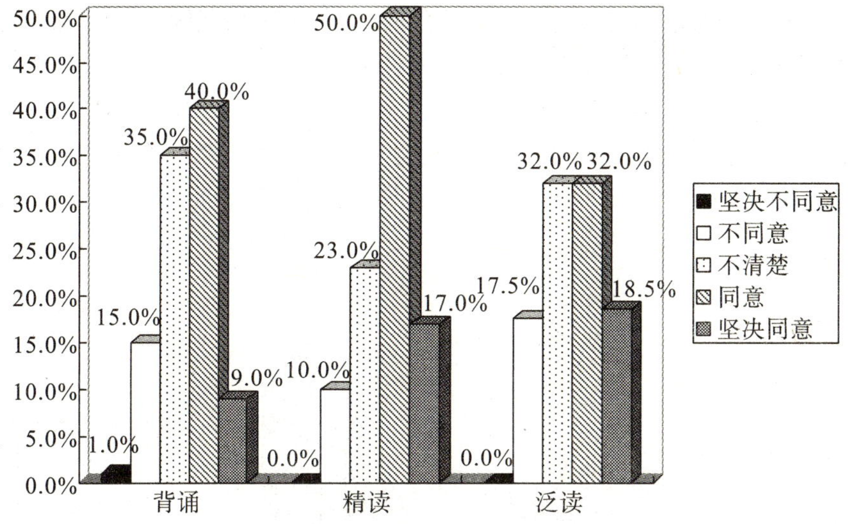

图 2　背诵、精读和泛读的重要性

3.1.3　阅读中的具体应对策略方面

关于在阅读中遇到生词时，到底是忽略不管还是绝不放弃，不同意的学生分别为 59% 和 47%，不清楚的分别为 20% 和 16%，同意的分别为 8% 和 29%（见图 3）。

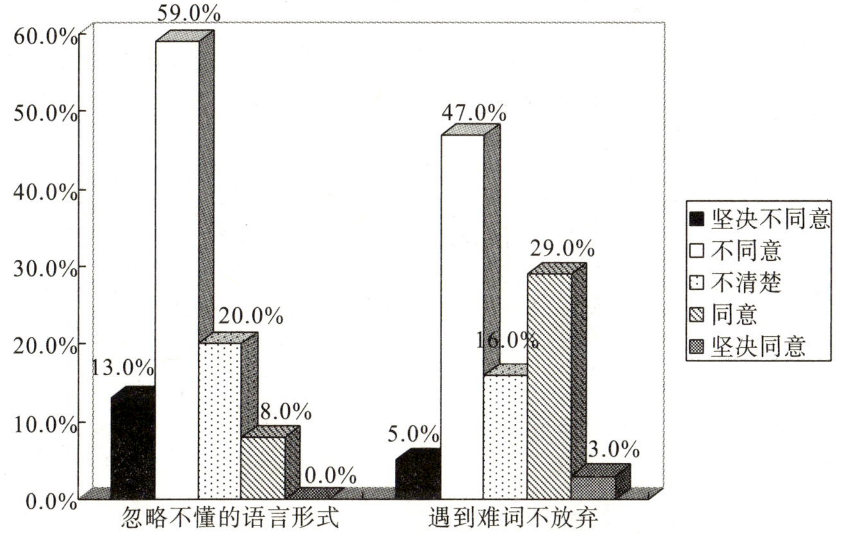

图 3　对阅读中生词的总体态度

可见，一半左右的学生对一律不管和一个不漏的极端做法不赞同，在阅读过程中应该视具体情况决定是否放弃生词。

遇到生词时，绝大部分学生赞同猜测词义（62.5%同意，31.5%坚决同意）；接近2/3的学生赞同查词典是最有效的方法（53%同意，6%坚决同意），22%的学生不同意，19%的学生不清楚（见图4）。

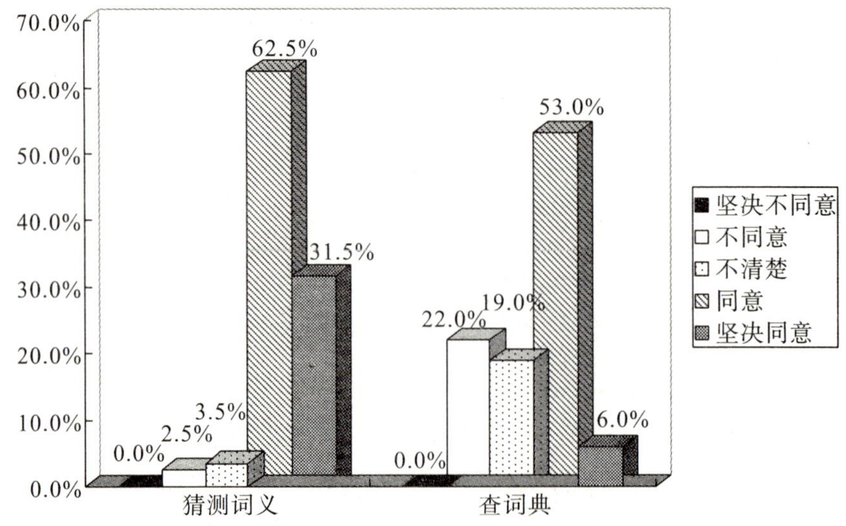

图4　阅读中遇到难词的对策倾向

这表明，猜词的方法已经被绝大部分学生所接受，而词典查阅的优势还未得到部分学生认可，这也暗示部分学生平时很少利用词典，或者没有充分利用词典。

另外，在语言使用方面，遇到不会表达的内容时，不赞同回避的约占2/3（15.5%坚决不同意，53.5%不同意），不清楚的约占2/5，近1/10的人同意（见图5）。

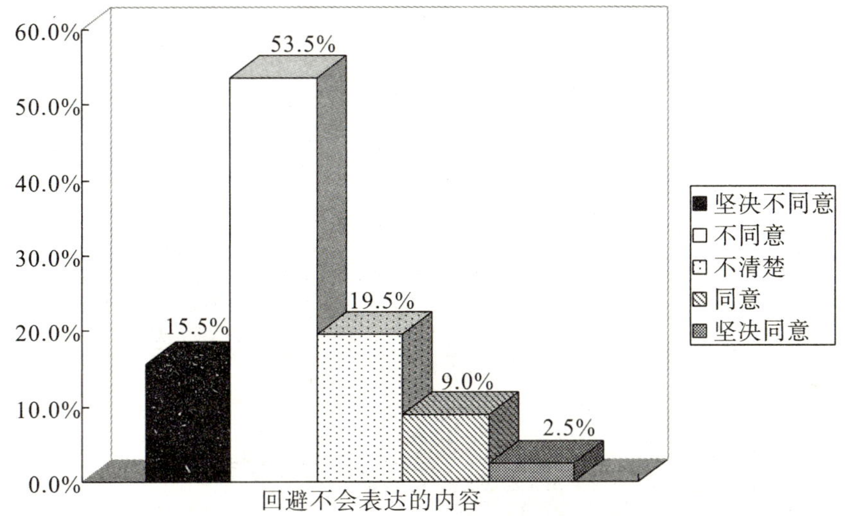

图 5　语言使用中对回避策略的看法

这表明，大部分学生认为在遇到不会表达的内容时，不应放弃，而应视具体情况积极采取应对措施。

3.2　词汇学习策略的使用情况

3.2.1　宏观词汇学习策略

在词汇学习方面，少数学生有自己的词汇学习计划并严格执行，半数学生有时制订计划并执行。此外，约 1/3 的学生还没有掌握词汇学习策略，约多于 1/3 的学生掌握了少量词汇学习策略，近 1/3 的学生已掌握了一些词汇学习策略。约一半的学生有时会反思词汇学习策略，并试图寻找更合适的方法；约多于 1/4 的学生常常这样做，而剩余的学生通常不这样做（见图 6）。

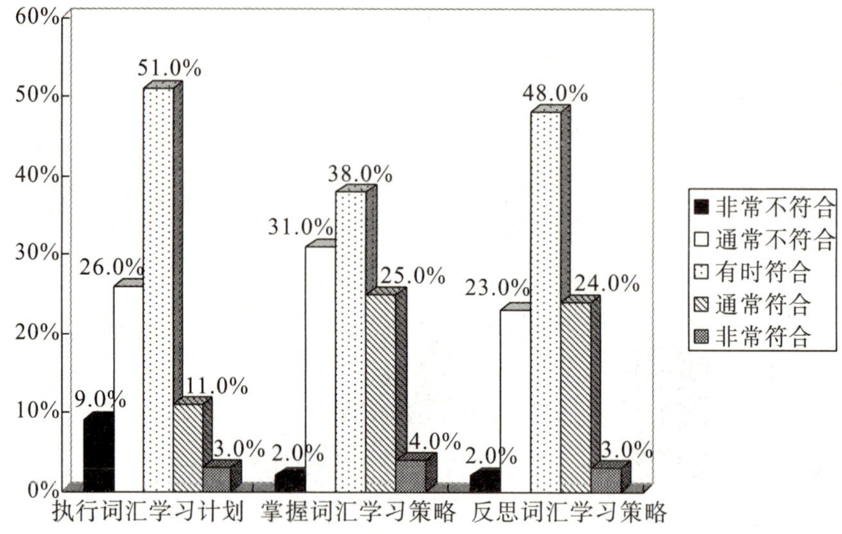

图 6　宏观词汇学习策略

可见，对于词汇学习，多数学生意识到了词汇的重要性，但却未能有计划地进行词汇学习。同时，词汇学习策略还未引起大部分学生的重视，他们对词汇学习策略还没有清晰的认识，还不能在学习中运用自如。

3.2.2　词汇学习的途径和方法

在学习词汇的总体策略上，1/2 的学生（42% 通常符合，8% 非常符合）采用词汇书来增加词汇量。约 2/3 的学生没有通过背诵好的文章来学习词汇（28% 从不，39% 通常不），1/4 的学生有时背诵，仅少数学生坚持背诵。1/3的学生（29% 通常符合，5% 非常符合）认真学习精读课文中的重点词汇，多于 1/3 的学生有时认真学习，近 1/3 的学生不重视。在泛读方面，55% 的学生很少进行定期课外阅读，1/4 的学生有时阅读，仅 1/5 经常阅读（见图 7）。

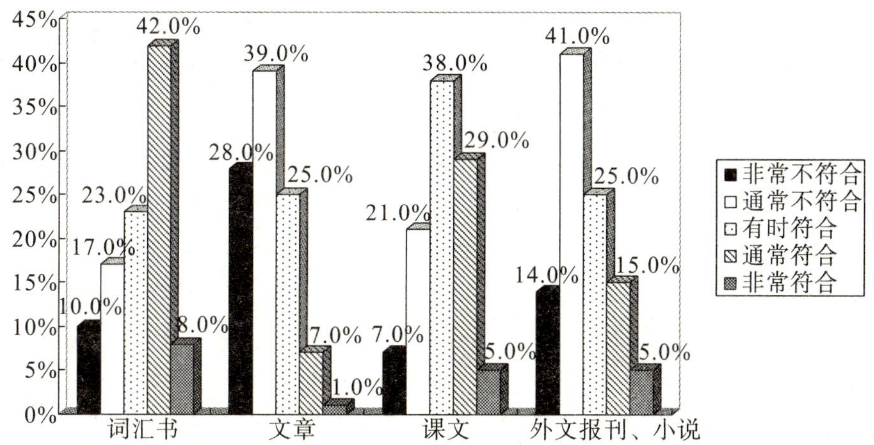

图 7 词汇学习途径和方法

阅读遇到精彩表达时，1/4 的学生不会做记号或笔记，而 37% 的学生有时会这样做，38% 的学生经常会做记号或写下来。对学过的生词，约 1/4 的学生不会复习，近一半的学生有时会复习，30% 的学生会复习生词。而在生词的口头和书面使用方面，有 44% 的学生会经常使用，37% 的学生有时使用，19% 的学生几乎不用。

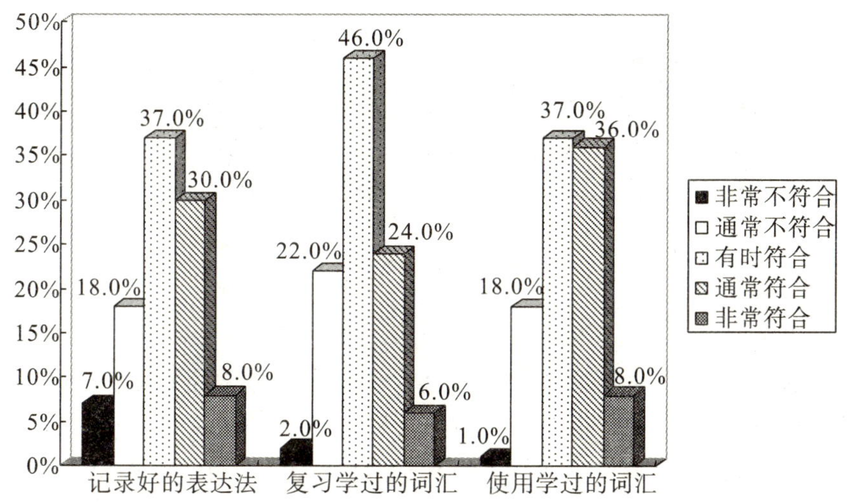

图 8 巩固词汇的方法

可见，读词汇书仍是学生普遍采用的扩大词汇量的方法。然而词汇书往往不能提供丰富的语境，有的学生甚至以为记住词汇的意思就掌握了词汇，导致在阅读时难以理解词汇在具体语境中的意义，当然更做不到得心应手地进行口头交流或书面表达。在大学阶段，背诵常被大多数学生忽视，精读课文中的生词也没有引起部分学生的重视，大部分学生课外阅读量也远远不够；在阅读时，学生没有重视文章中的精彩表达，不能定期复习生词，缺少把生词运用到具体语境中的练习，因此出现了生词掌握困难、词汇学习效率不高的情况。

3.2.3　阅读中的生词应对策略

遇到生词时，有 13% 的学生选择直接跳过去，一半以上有时会不管；35% 的学生有时会猜测词义，近 3/5 的学生通常或总是会这样做；遇到生词，有 1/5 的学生不会查词典，37% 的学生有时会，43% 的学生通常或总是会查词典（见图 9）。

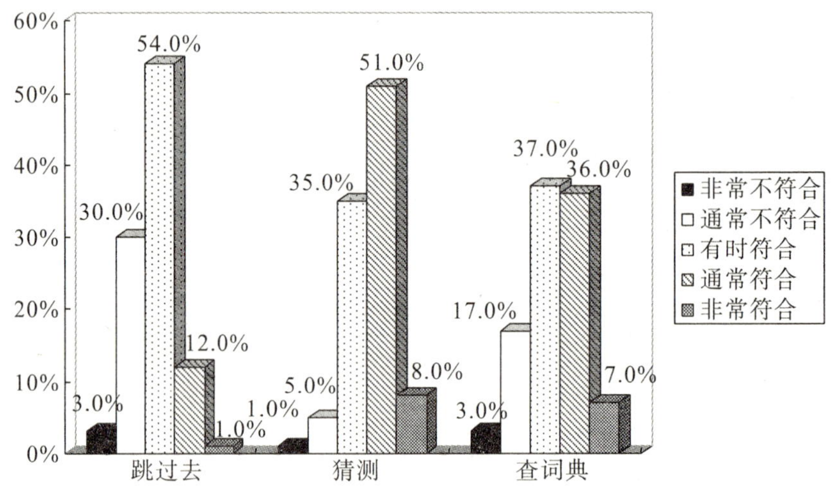

图 9　生词应对策略

在查词典时，有 22% 的学生不太关注词的各种意义和例句，29% 的学生有时关注，近 1/2 的学生通常或总是关注；通常只看与文章相关的意思的学生数量与不会仅仅关注与文章相关的意思的学生数量相当，都占 38%（见图 10）。

以上几题结果表明，遇到生词学生会采取不同的对策，不能说上面的哪种策略绝对优于其他策略。因为实际上，在阅读过程中我们不能一概而论，针对不同的阅读任务和不同的阅读环境，同一读者也会采取不同的应对策略，要视具体情况而定。比如，在猜不出词义又不影响理解的情况下，有的生词就可以跳过去，或者阅读时做记号，读完后再进行查阅。

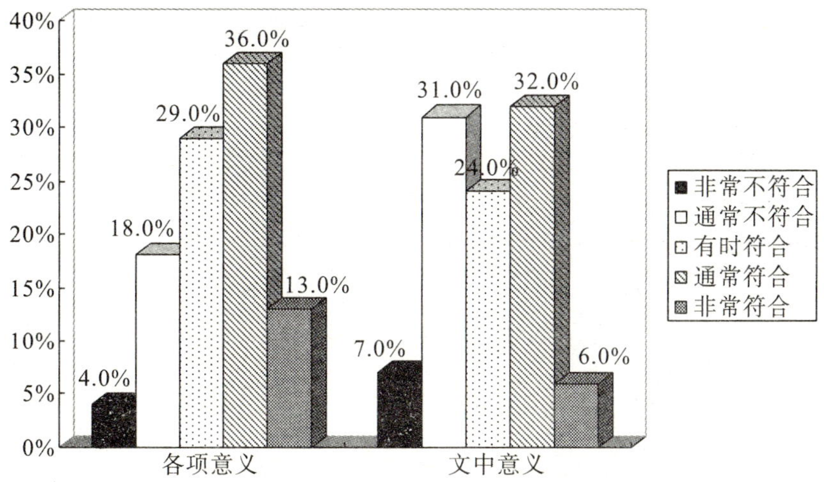

图 10　对词典中词语不同意义的重视

3.2.4　阅读中的理解与表达

阅读时，51% 的学生通常或总是重理解而轻词汇，40% 的学生有时这样，仅 9% 的学生不会；68% 的学生不会重词汇而轻理解，26% 的学生有时会这样，仅 6% 的学生会重词汇而轻理解；21% 的学生会既关注理解又重视词汇，52% 的学生有时会这样（见图 11）。

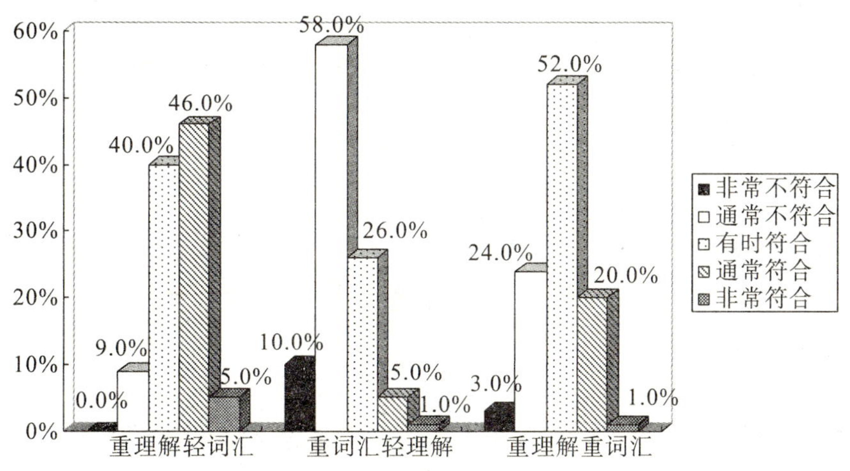

图 11　阅读中的理解与表达

其实，对多数学生而言，既关注词汇又重视理解是很难的。但在教学中，教师可以通过不同教学任务的设计来注意词汇和内容，如引导学生在快读中获取内容大意，在细读中留意词汇表达，从而加深理解，在语境中学习新词汇、短语及搭配。

3.2.5 表达策略

在使用英语时，遇到不会表达的内容，37%的学生会尽量回避，28%的学生有时回避，35%的学生通常不会回避；39%的学生有时会询问老师、同学或查词典，45%的学生通常或总是这么做（见图12）。

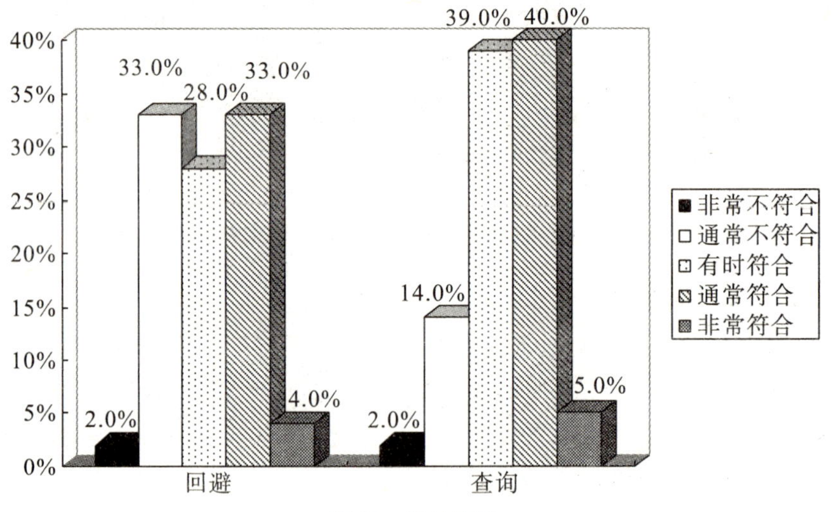

图12 表达策略

结果表明，大部分学生在使用英语时会积极应对，把遇到的问题变成学习新词汇和表达的机会。

4. 本研究对英语教学的启示

英语学习是一个不断积累和应用的过程，在大学阶段，尤其是大一，教师不仅要让学生认识到词汇学习的重要性，还应提醒学生制订可行的词汇学习计划并督促其实施。

课堂教学中可以精选课文中的一些段落，让学生在理解内容的基础上，对重点词汇、短语和固定搭配加以注意，并以一些词汇为例，介绍相关的词汇学习策略，如一些实用的词汇记忆法，根据上下文、构词法、语法、句法猜测词义，同时列举词汇在不同语境中的使用实例。要真正掌握词汇必须使用词汇，在课堂上可以围绕某一主题设计一些输出性活动，如讨论、辩论、采访、角色扮演等，模拟真实语境，让学生把新学的词汇运用起来。

在重视课堂教学的同时，还应当鼓励学生课外多阅读感兴趣的英语书籍、报纸、杂志和网络资料，听英语歌曲、演讲，看英语电影、电视剧，并定期举行课堂报告、分享等活动。只有这样学生才能大量接触真实地道的语言素材，并借助有效的词汇学习策略积累新词汇、短语和固定搭配。同时还应定期复习以巩固新学的内容，并尽可能多地使用学过的词汇，这样学生的语感就会逐步增强，形成强大的语言网络，从而提高英语综合能力。

参考文献：

宋迎春. 大学生英语学习情况调查与分析［M］//张红伟. 以学为中心的高等教育改革与创新. 成都：四川大学出版社，2014：16－22.

文秋芳，王海啸. 大学生英语学习观念与策略的分析［J］. 解放军外语学院学报，1996（4）：61－66.

An Investigation into Concepts and Strategies of English Vocabulary Learning in Reading

Song Yingchun

Abstract: Reading, which has long been the focus of English teaching and learning in China, is of great importance in English vocabulary learning and consolidation. The current study investigates the concepts and strategies of English vocabulary learning in reading to gain a thorough understanding of vocabulary learning among university students. The results show that: (1) a vast majority of students have proper vocabulary learning concepts, while only a few practice what they believe; (2) with limited command of vocabulary strategies, some students fail to notice the important words and phrases in reading, and their understanding of a word is confined to its meaning; (3) with a restricted amount of reading and a limited vocabulary, some students are not confident to use English. Therefore, both teachers and students should attach great importance to English vocabulary learning from reading. Teachers should guide the students to apply vocabulary learning strategies to reading activities, learn important words intensively, and use the words learnt in a variety of contexts. In this way, students' comprehensive ability of English will be further improved through massive reading and using.

Key words: English reading; vocabulary learning concepts; vocabulary learning strategies

论语用学对非母语的英语学习的重要性
——兼论跨文化交际能力养成

蒋红柳

（四川大学外国语学院，成都 610064）

摘　要：语用学主要从语言功能的视角对语言运用加以观察阐释，涉及语言运用的微观与宏观两个层面。宏观语用学重点研究交际语境、语篇和社会文化等因素对说话人话语选择的影响；微观语用学则关注话语的具体语用功能如何帮助人们进行话语交流。对跨文化交际而言，语言应用能力表现为交际一方甚或双方能够在跨文化语境中运用外语进行有效的沟通交流。语用学的相关知识可让非母语的英语学习者从语言使用的视角来强化对目的语话语功能的理解掌握，在跨文化交际语境中做到得体和有效。

关键词：语用学；跨文化交际语境；话语功能

1．引言

语用学（Pragmatics），顾名思义就是研究语言的使用。虽然这一描述并不是科学的语用学定义，但表明了语言学研究范式从模块化的、具有明确学科边界的传统语言学[①]，转而研究语言使用者的各种语用问题。语言学研究对象从抽象的语言内部机理到使用语言的人的这一转移，被梅伊（Jacob L. Mey）称之为语言学研究的“语用学转向”（2001：4）。语言使用是人类日常交往过程中最普遍的行为，交际过程中说话人在表达自己的某种想法和意图时，会按照最基本的语言规则及社会文化规约，对词汇、句子和语音语调等进行选择性编码。与此同时，听者也会根据自己的言语使用经验和习惯，再结合当时的交际语境来解码说话人的真实语义。跨文化交际则需要双方在话语策略、交际语境、社会文化背景等方面具有一定的共识，这样才能在话语选择上具有某种默契，避免造成交际失误。

语用学的主要任务是要解释同样的话语内容是如何被不同文化、宗教和职业背景的人们以不同的方式进行表达和理解的。根据研究对象的不同，语

---

① 传统语言学的学科模块通常包括语音学、音系学、语法、句法和语义学等。

用学通常可分为微观语用学和宏观语用学。在微观语用学研究的维度，我们会观察人们在日常话语交际过程中如何根据具体交际语境来对语言使用加以选择。而以语用研究的宏观视角，我们能够观察到语言使用随时代的演进而不断丰富和变化，其话语功能也随之产生变化，与此同时，不同言语共同体的话语特征也发生改变，显示语言使用具有顺应时代、适应社会语境变化的特性。

2. 语用学主要观点简述

2.1 语用学定义简述

语言使用是一个十分复杂的过程，莱文森（S. C. Levinson）在其《语用学》（2001）第一章用了一节的篇幅来讨论如何为语用学下一个合理的、较为准确的定义。但他对自己所列举的一些相关定义似乎都不甚满意，认为都存在这样或那样的问题。如把语用学定义为“以功能的视角研究语言”，或是“语用学应只关注语言使用原则而与语言结构描述无关”，该观点的核心是认为讲话时所使用的句子与当时的语境密切相关。莱文森认为语用学研究涵盖了语言结构中与语境相关（context-dependent）的部分和语言使用原则，但后者与语言学的结构没有或者少有关联，而这正是语用学最难定义之处，因为很难用两个相互矛盾的方面来定义语用学。另一方面，莱文森认为，不应因为难以下定义便认定语用学研究就是把语言中一些不相干的领域进行堆砌的大杂烩，相反，语用学明确无误的研究对象是语言结构和语用原则间的相互关系。依循这一思路，他认为可以将语用学定义为：“语用学研究具有语法化或编码于语言结构中的语言与语境间的相互关系。”然而莱文森似乎对这一定义也不十分满意，他指出这一定义将语用学限定在研究与语法相关的语言使用上，忽略了与语法无关联的语言运用特征，如将十分重要的针对会话含义的语用研究排除在外，亦即将语言使用原则排除在外。不过，莱文森认为该定义的优点是将语用学限定在纯语言学研究范畴内，从而与社会语言学和心理语言学等划出一道清晰的界线。莱文森也述及与语义学相对应的语用学观点：“语用学研究语义学理论未涉及的其他全部意义方面。”以及与语境相关联的观点：“语用学研究与基本语言理解相关的语言与语境的相互关系。”由于语境本身与说话人讲话时的社会及心理状况相关联，于是又可认为语用学是“研究语言使用者能根据语境以恰当方式配对句子的能力”，又或是“研究有关指示、含义、预设、言语行为和话语结构等语言要素”①。显然这些有关语用学的定义均只侧重了语用学研究的某一方面，都不能令人满意。虽然莱文森在第一章结束时也未对语用学给出一个较为确切的定义，但他对语用学研究所涉及的语言使用的诸多方面进行了分析探讨，如语用学与语义学的区分，语言与语境相互关系研究对语言理解的作用，语言使用者恰当配对句子与语境的能力以及微观语用学重点涉及的指示、含义、预设、言语行为和话语结构要素等。

梅伊针对语用学研究范式以语言使用者为中心的特点，提出以语言“使用者视角”（user's point of view）作为语用学研究的出发点（2001：5）。梅伊认为莱文森的语用学定义没有说明语言使用者如何与语法相关联，或者语言和语境是如何在或没有在语法的帮助下具有相关性的。他认为试图将语用学归入纯语言学研究的观点是不能接受的。鉴于语用学研究的是人类交际过程中的语言使用，梅伊的语用学定义是：语用学研究由各种社会条件决定的人类交际过程中的语言使用（2001：6）。同样，他的这一定义并未对语用学给出一个清晰的、令人满意的界定。

里奇（Geoffrey Leech）从普通语用学原理的角度，指出语用学的研究对象是交际过程中语言运用的一般原则而非具体的语言使用的条件（1983：10）。他认为后者是相对而言更具体的社会语用学（socio-pragmatics）研究的范畴。如有关会话分析研究中的合作原则（Cooperative Principle）和礼貌原则（Politeness Principle）在不同文化的言语共同体间、不同的社会情势以及不同的社会阶层间，其运用形式就有很大的差异。用里奇的话讲就是社会语用学是语用学的社会学接口（1983：11）。与社会语用学相对的是语用语言学（Pragmalinguistics），后者更偏向于语言学范畴的语用学研究，主要研究特定语境下的言语表达行为，也称为语内表现行为。

维索尔伦（2000）则以其综观论的思想，指出语用学是探究语言现象的使用特征及其过程，从而将语用学锚定在研究语言使用的方方面面。基于这一观点，他认为凡涉及语言使用甚或所有语言现象的研究，均可用语用学来进行观察和阐释，强调语用学并无特定的研究对象，也不与传统语言学所划分的子模块（学科）诸如语音学、音系学、句法和语义学等相平行，而是提供一个不同的研究视角。例如，一个在某英语方言区长大且受过良好教

---

① 上述语用学定义参见莱文森《语用学》（Levinson，*Pragmatics*）第一章第一节。北京：外语教学与研究出版社，2001 年。

育的人（通常意味着会说标准英语），会根据听话人是否同属一个言语共同体或当时的交际语境而选择使用方言音或标准音，对这一语音现象（语码切换）的研究便超出一般音系研究的范畴而需要以语用学综观的视角来解释。

2.2 语用学与语义学的关系

语用学与语义学（Semantics）的关系也是界定语用学研究范围的一个重要因素。一些观点认为语用学与语义学是互不相容的关系，语用学便是研究语义学不研究的语言层面。由于语义学对“含义”的研究存在“宽、窄”两种定义，因此语用学与语义学对“含义”范围的研究成反比例。如语义学研究的范围宽，则留给语用学研究的范围就窄，反之亦然。另一观点则认为语用学是构建语义学的一部分，使得语用和语义成为密不可分、互为补充的互补关系（参见 Levison，2001 第一章第一节有关语用学定义的讨论）。也有从研究对象的角度来区分语用学与语义学，认为前者的研究对象为“话语意义”（utterance meaning）或“说话人意义”（speaker meaning），而后者的研究对象则是“词义”（word meaning）和“句义”（sentence meaning）①。由此可见，虽然语义学和语用学都研究语言含义，但其观察的视角和研究的对象不同。

此外，一些句法、语素和语义研究发现，许多语言现象（特别是在交际会话过程中）只能用语境的观点才能得到合理的解释。如许多句法、重读和语调规则都只有在满足了语境的限定条件后才成立，其所表达的语义才能被理解。重视语境在人们话语交际互动过程中的作用使得语用学可以系统性地探究并揭示“言外之意”。而语义学的困境恰在于对句子或句义的研究抽离了语境信息，因而往往无法解释说话人使用某个句子所表达的真实交际意图。奥兹曼（Jan-Ola Ötsman）对语义学与语用学的关系有如下的描述：[如果] 语义学研究分析的单位简言之 [是] 含义：如单词、短语和更长的话语等的含意，那么相应的，语用学研究分析的单位则是语言功能（转引自 Mey，2001：9－10）。

里奇则提出所谓互补性的主张，作为对上述两种观点的折中。他认为语

① 参见冉永平为杰斯泽佐尔特《语义学与语用学：语言与话语中的意义》（K. M. Jaszczolt, *Semantics and Pragmatics: Meaning in Language and Discourse*）影印版所撰写的导读。北京：北京大学出版社，2004 年，第 2 页。

用学研究同与之最为接近的语义学研究具有相关性，并提出三种可能的相互建构关系：语义学主义（Semanticism，语用学包含在语义学之中），语用学主义（Pragmaticism，语义学包含在语用学之中），互补主义（Complementarism，语义学与语用学互为补充，但也存在相互独立的研究领域）（参见 Mey，2001：7）。佩斯（Jean S. Peccei）认为语义学关注的是纯语言学理论所考察的意义（无论是单词还是句子），而语用学则关注那些无法仅用语言学知识就能预知的意义层面，因此需要同时将物质和社会的知识纳入研究体系（2000：5）。就研究分析对象而言，语用学关注的是说话人整个话语（utterance）的含义，而不是一个单词或单个句子的意思。莱文森主张将语义学研究范围限定在真值条件（truth-conditional）理论框架内，而把其余的有关含义的研究交给语用学（Levinson，2001：15）。

2.3 语用学研究的欧陆学派与英美学派

现代语用学源自莫里斯（Charles Morris）对符号学（Semiotics）的划分。莫里斯认为，科学的符号学研究可分为研究符号间形式关系的句法学（Syntax），研究符号与所指代的客体间相互关系的语义学，以及研究符号与其使用者或解构人之间任一关系的语用学（Levinson，2001：1；Verschueren，2000：6）。莫里斯还提出语用学研究的范围涵盖“符号学的生物方面，亦即所有与心理的、生理的和社会现象有关的符号功能”（Levinson，2001：2）。在语用学研究不算太长的历史中，按照对研究对象的划分，语用学研究通常分为英美和欧洲大陆两大学派。欧陆学派植根于欧陆语言学家关注并强调语言的社会功能这一传统，认为语言特别是语言的使用受社会文化环境、传统习俗等规范的约束。因此欧陆学派继承莫里斯语用学研究范畴的主张，从较为宽泛的视角并以跨学科的方式来研究语言的语用问题，除纯语言学维度外，还涵盖社会语言学和心理语言学等学科，语用学研究由此打破了严格界定各学科边界的传统语言学研究范式。如梅伊在其初版于 1993 年的《语用学引论》（*Pragmatics：An Introduction*）中，便以微观语用学（Micropragmatics）、宏观语用学（Macropragmatics）以及属于宏观语用学的元语用学[①]（Metapragmatics）来总括语用学研究领域。其中微观语用学主要涉及语境、含义、言语行为和会话结构等课题。宏观语用学部分则涵

① 徐盛桓为该书影印版所撰写的导读中将“Metapragmatics”译为“元语用学”，而钱冠连、霍永寿版则译为“工具性语用学”。

盖元语用学、语用行为、文学语用学（文学作品的语用学研究）、跨文化语用学以及语用学的社会层面（社会语用学）等内容。维索尔伦更是以“语用学综观”一词来表明语用学研究对象的多样性，认为语用学并非普通语言学理论框架内的一个子模块，也不构成应用语言学的一个新分支，而是从语言使用的视域对语言的各个层面加以观察的全新研究视角。如研究认知、社会和文化等领域中的语言使用，强调母语所在地的文化习俗、当前和历史的社会规约等宏观语境对解析话语意义具有重要作用。

英美学派则主张从一个相对微观、纯语言学的视角，侧重于用解析的方式开展语用学研究，并按照传统英美语言学严格区分不同研究对象的模式（如划分音系学、句法学和语义学等），试图用较为严格的定义来界定语用学的研究对象、研究范围以及与其他语言学模块的边界，如将语用学与社会语言学及心理语言学等严格区分。莱文森的《语用学》便是按照英美学派的研究思路较为全面地介绍语用学的专著。英美语用学派专注于探究语言使用者的说话意图（intention），进而将研究深入诸如指示语（deixis）、会话含义（conversational implicature）、预设（presupposition）、言语行为（speech act）以及会话结构（conversational structure）等被欧陆学派称为微观语用学的领域。在具体研究方法上，莱文森认为不应去寻求一系列固定不变的功能或语境参数，而应直接研究语言使用的动态语境，主要研究对象为对话或称为“面对面互动”等语言使用现象（2001：43）。针对存在不同语用学研究学派的现况，梅伊建议把语言交际功能作为研究对象来统合欧陆和英美学派的语用学研究，将现有语言学研究的各类方法纳入“功能—交际”（functional-communicative）的视域（2001：10）。

3. 社会语境与跨文化交际

3.1 语言与文化互动关系

话语交际活动受社会文化因素的规范和约束，基于语言与社会文化的相互影响关系，从社会学、心理学和生理学等方面来对语言使用现象进行考察分析开始逐步发展起来。这些研究主要考察语言在社会文化中所具有的功能作用及相互影响关系等。如人们通常会根据自己在社会生活中的角色，在不同的场合使用不同的语言形式。虽然语法规则可以让语言本身遵循一定的模式，但“个人从语法上可接受的不同说法中做出的选择可以暴露其家庭背景和社会意向，说明他是南方人还是北方人，是城里人还是农村人，来自文化教养高还是低的阶层”（甘柏兹，1985：36）。语言能力随着对话者的不同产生相应的变化。这表明在分析和研究语言问题时，需要从社会角度来描述语言，只有从分析语言的多样性出发，才能将其中实际存在的单一性分离出来，于是诞生了社会语言学，而欧陆学派的语用学更是集大成者。海姆斯（Dell Hymes）在对儿童如何学习和掌握语言规则进行研究后指出：“从言语行为的有限经验以及社会文化的特点及相互依赖关系出发，儿童掌握了其言语共同体认为是恰当的整套说话的规则。凭借这些规则和不言而喻的文化知识（能力），他们参与和理解社会生活。他们逐渐学会判断什么是得体、什么是不得体的提问方式。”（1985：60）海姆斯的“得体”性观点表明，传统上语言存在一种有别于各种方言的所谓标准的语言范式，这种标准的语言范式通常代表了社会权力，在社会公众的认知上带有较强的权威性。

3.2 语用学视域的社会语境

语用学同样关注语言使用者赖以生存的社会环境，亦即社会语境对其语言使用的影响和规范。莱文森指出，话语中的社会特征理应被纳入语用学研究，却少有语用学研究关注到语言使用的社会规约以及对语言结构的系统性影响。他把这一现象归结为哲学和语言学对语言功能的偏见（Levinson，2001：46）。莱文森甚至认为语用学在理解语言使用模式与社会规约的关系上，对社会语言学有很大的理论贡献。语用学是理解由社会规约框架和方式所形成的会话交际规范的基础（Levinson，2001：374）。比如英语语调的话语交际功能便与社会文化环境关系紧密，因为语调含义的传递及理解受社会文化、习俗、规约的影响和限制。在跨文化交际语境中，当非母语的英语学习者在与英语母语者交流时，便可能出现因语调模式不符合母语的社会语境而产生误会的情况。布拉泽尔等人（David Brazil et al.）的研究表明，语调最重要的参数——音高受三个因素的影响：①个人特质因素。每个人的声带特性决定了其音高的范围，而在讲话时这个音高范围还会被进一步地压缩。②社会文化因素。社会群体在音高选择上也可能会受到一定的限制。比如芬兰人就抱怨其男性讲话与芬兰女性不同，没有“语调”，因为男性讲话时音高运动仅发生在一个非常窄的范围内。③情绪因素。讲话者通常通过扩展他们的“正常”音高范围来表达激动、惊讶、气愤等情绪，通过收窄正常音高范围来表达厌倦和痛苦等情绪（Brazil，1980：23）。凯伊（Mary Key）在对日语与英语语调差异的研究中指出，日语中男性显示尊重、友好的副语言学特性为带呼吸声，开放的，音量较低和音高上升。就英语的社会语境而言，上述现象则被认定为女性的语调特征。同样，文化的差异也反映在对语调使用的认知上。日本的百货公司或火车上的年轻女性英语广播，其声音让英语为母语的人听起来像是幼稚的女童声音。与此相反，英语为母语的女性声音在日本人听来则是刺耳，粗声粗气，缺乏礼貌，太男性化（Key，1996：104）。

再看一个有关英国首位女首相玛格丽特·撒切尔夫人的例子。为了让英国民众接受女性担任首相这一事实，她不但在举止风格上处处显示出较为强悍的行为特征，并由此赢得“铁娘子”的尊称，同时还努力改变自己作为女性所具有的典型女性语音语调。因为她被告知其声音与首相地位不匹配——声音太“尖”，尖或细的声音对英国人而言不具有权威性，为行使首相的权力和体现其权威，撒切尔夫人接受建议，改变自己的话语风格，通过降低音高、压缩音域、放慢说话速度等方式，让自己的声音听起来具有权威感。经过努力，她的这种新的声音形式最终成为她的一个标志，并为英国公众所接受（参见 Wardhaugh，2000：311）。这是根据社会语境的需要通过语言使用来建构身份标识的生动证明。

3.3 跨文化交际能力养成

米尔顿·本奈特（Milton Bennett）将文化分为两类：“客观文化”（Objective Culture），意指同一文化内人们所形成的言语和行为模式，涵盖了社会、经济、政治以及语言系统；与之相对应的则是“主观文化”（Subjective Culture），涉及同一文化内人们的心理特质，包括思维和行为模式。主观文化反映同一文化族群通过交往互动习得和分享相同的信仰、行为模式和价值观等，只有理解和掌握了本族及外族的主观文化才能获得跨文化交际能力（Bennett，1998：2）。跨文化交际既可以是不同文化传统和语言的民族间的话语交际活动，也可以是同一文化内不同言语共同体，如不同的性别、世代及社会阶层之间的话语交际活动。在单一文化内的互动交流因为共享文化习俗及言语所蕴含的文化语境，彼此在话语交际时通常会形成一种默契，沟通起来相对容易。苏珊·根仕纳（Susanne Günthner）指出，在同一文化群体（cultural group）中的人们对于开玩笑的时机、场合和对象有较为一致的认知，通常都能获得较好的效果（Günthner，2007）。

再以英语语调使用为例。在跨文化话语交际中如果交谈双方对英语语调所携带的言外之意不了解，便容易因语调模式使用不当而造成误会。甘柏兹（John Gumperz）曾举了一个由于文化习惯差异导致语调使用差异最终导致交际失败的例子。在英国机场餐厅工作的印度和巴基斯坦妇女被英国人认为是粗鲁和不友好的。这种认知主要是基于这些妇女的英语语调模式：当来餐厅的旅客挑选肉食时，通常都会问他们是否需要加肉汁（gravy）。如果是土生土长的英国服务生，问“gravy?”时一定是用升调，而印度或巴基斯坦服务人员则用的是降调。对英国人而言，“gravy”用降调意味着这不是一个供他们选择的话语，而是一个确定的话语，给他们的印象则是说话人在敷衍，是不礼貌的（Gumperz，1982：173）。在此例中，英语母语听话人习惯在非疑问句的情况下使用升调来表示对听话方的礼貌和尊重，但非英语母语的印度和巴基斯坦服务人员显然并不清楚语调模式所传递的文化信息。这样的因语调而产生的交际失败不在于说话人的语调本身，而是由于不了解文化规约所形成的语调模式。

跨文化交际由于存在社会习俗、文化认知差异，交际双方如果还沿用各自习惯的母语文化规约开展话语交际，则很可能产生跨文化交际障碍或困难。对跨文化交际能力培养而言，在学习和掌握非母语语言运用能力的基础上，还需要注重对目的语所属主、客观文化的认知和理解能力的培养。语用学是学习掌握非母语文化知识、语言使用选择等领域的很好途径。

4. 结语

社会变化导致语言变化，而语言变化则对社会变化，特别是人们的态度有缓慢且非直接的影响。语用学的视角让我们更多地去关注语言的使用而非语言的结构形式，不从孤立的句法结构上研究话语意义，而是以语境和说话人与听话人的关系，即在共有的与非共有的信息和知识的立场上，更好地开展跨文化话语交际活动。要想真正学好外语且有效地开展跨文化交际活动，除了目的语语言知识的学习，外语学习者还需要了解目的语所属文化的内核，如世界观、价值观等内容，并进一步深入了解母语社会中不同言语共同体的日常行为、话语交际习惯以及传统文化规约等知识。外语学习是培养跨文化交际能力的基础，也是了解和学习另一种文化的途径，在外语学习中重视语用学知识的学习，能让学习者在习得目的语语言能力的同时，了解目的语的社会文化知识和语言选择上的各种规约、规范，进而提高跨文化交际能力。

参考文献：

甘柏兹，约翰．言语共同体［A］//祝畹瑾，编．社会语言学译文集［C］．北京：北京大学出版社，1985：36－47.

海姆斯，戴尔．论交际能力［A］//祝畹瑾，编．社会语言学译文集［C］．北京：北京大学出版社，1985：48－78.

钱冠连．《语用学：语言适应理论》——Verschueren 语用学新论述评［J］．外语教学与研究，1991（1）：61－66.

维索尔伦，耶夫．语用学诠释［M］．钱冠连，霍永寿，译．北京：清华大学出版社，2003.

Bennett, M. J. Intercultural Communication: A Current Perspective [A] // M. J. Bennett (Ed.). *Basic Concepts of Intercultural Communication: Selected Readings* [C]. Yarmouth, ME: Intercultural Press, 1998.

Brazil, D. et al. *Discourse Intonation and Language Teaching* [M]. Essex: Longman, 1980.

Cruttenden, A. *Intonation* [M]. Cambridge: Cambridge University Press, 1997. Beijing: Peking University Press, 2002.

Gumperz, J. *Language and Social Identity* [C]. Cambridge: Cambridge University Press, 1982.

Günthner, S. Intercultural Communication and the Relevance of Cultural Specific Repertoires of Communicative Genres [A] // H. Kotthoff, H. Spencer-Oatey (eds). *Handbook of Intercultural Communication* [C]. Berlin: Mouton de Gruyter. 2007.

Halliday, M. A. K. *Intonation and Grammar in British English* [M]. The Hague: Mouton, 1967.

Key, M. R. *Male/Female Language: 2nd edition* [M]. Lanham, Maryland: The Scarecrow Press Inc., 1996.

Leech, G. N. *Principles of Pragmatics* [M]. London: Longman, 1983.

Levinson, S. C. *Pragmatics*（语用学）[M]．北京：外语教学与研究出版社，2001.（原版：Cambridge: Cambridge University Press, 1983.）

Mey, J. L. *Pragmatics: An Introduction*（语用学引论）[M]．北京：外语教学与研究出版社，2001.

Peccei, J. S. *Pragmatics*（语用学）[M]．北京：外语教学与研究出版社，2000.

Tench, P. *The Intonation System of English* [M]. London: Cassel, 1996.

Verschueren, J. *Understanding Pragmatics*（语用学新解）[M]．北京：外语教学与研究出版社，2000.

Wardhaugh, R. *An Introduction to Sociolinguistics: 3rd edition* [M]. Oxford: Blackwell Publishing Ltd, 1998. Beijing: Foreign Language Teaching and Research Press, 2000: 311.

Wells, J. C. *English Intonation: An Introduction* [M]. Cambridge: Cambridge University Press, 2006.

The Importance of Pragmatics for Non-native English Learners: Gaining Intercultural Communicative Competence

Jiang Hongliu

Abstract: Pragmatics observes the usage of language with functional perspectives on both macro and micro aspects. The main task of macro pragmatics is to study the influence of communicative, discoursal and cultural contexts to speakers and their choices of speech acts, while the micro pragmatics focuses on the functions of pragmatics in daily oral communication. For cross cultural communication proficiency, the competent foreign language user presents the ability in a cross-cultural context more effectively. The pragmatics perspective will let the non-native learners of English strengthen their understanding of discourse functions of the target language and enhance the effectiveness of intercultural communication.

Key words: pragmatics; intercultural communicative context; discourse function

关于改革大学英语考核方式的探讨

何雪梅

（四川大学外国语学院，成都 610064）

摘　要：随着大学英语教学改革的推进，评价的方式也应随之变化，建立全面、客观、科学的考核评估体系对于大学英语课程建设是至关重要的。本文探讨了大学英语考核方式的改革如何在评价主体、评价内容及评价手段方面进行多元化创新，明确了改革的关键是从终结性评价向形成性评价转换，以最终达到提高教学质量并增强学生语言综合运用能力的目的。

关键词：大学英语；考核方式；形成性评价

1. 前言

近年来，为了满足新时期我国现代化建设对人才培养的新需求，提高大学生的英语综合应用能力，大学英语教学改革正在各高校中如火如荼地展开。随着教学改革的深化，大学英语的教学目标向培养应用型人才方向发展，传统的考核方式也因此受到挑战。改革需要有与之适应的评估体制作保障，然而现行的考核制度存在形式单一、内容陈旧、教师自由空间过小等弊端，同时在一定程度上忽略了学生作为独立的语言学习者的主观能动性以及语言学习过程中的诸多积极因素，因此严重影响了教学效果。为了更好地起到向导作用，促进教学质量不断提高，新的考核体系的建立势在必行。笔者以此为研究对象，论述了大学英语课程考核方式改革的必要性，探讨形成性评价体系在大学英语教学中的实施方案，旨在建立多元化的大学英语考核与评价机制，促进教学质量的进一步提高。

2. 大学英语考核体系改革的背景

考核评估体系是大学英语教学的重要组成部分，对于大学英语教学的实施具有很强的导向和质量监控作用。它既能为教师提供教学反馈信息，是改进教学管理、保证教学质量的重要依据，同时又是促进学生调整学习策略、改进学习方法、提高学习效率的有效手段。所以，建立全面、客观、科学、准确的大学英语考核评估体系对于高校英语课程建设是至关重要的。

根据教育部2007年颁布的《大学英语课程教学要求》，新一轮大学英语教学改革主要集中在教学目标、教学模式和评价系统三个方面。第一，大学英语的教学目标是培养学生的英语综合应用能力，特别是听说能力，使他们在今后的学习、工作和社会交往中能用英语有效地进行交际，同时增强其自主学习能力，提高综合文化素养，以适应我国经济发展和国际交流的需要。第二，建立基于计算机和课堂的多媒体教学模式，以现代信息技术，特别是网络技术为支撑，同时应有利于调动教师和学生的积极性。第三，教学评估是大学英语课程教学的一个重要环节，对学生学习的评估应该包括形成性评估和终结性评估两种。评估应充分考核学生实际使用语言进行交际的能力，尤其是听说能力。教学要求中还多次提到了“个性化教学”的理念。在教学要求方面，应贯彻分类指导、因材施教的原则。在课程设置方面，无论是主要基于计算机的课程，还是课堂教学的课程，都要充分体现个性化。既要照顾起点较低的学生，又要为基础较好的学生创造发展的空间；既能帮助学生打下扎实的语言基础，又能培养他们较强的实际应用能力，尤其是听说能力。在教学模式方面，英语的教与学可以在一定程度上不受时间和地点的限制，朝着个性化和自主学习的方向发展。显然，要满足个性化学习的需要，不仅要针对不同起点的学生，开设不同类型的课程，采取个性化的教学手段，还必须在评价体系等方面进行一系列相应的配套改革。

在全国大多数高校的英语教学中，基于以上新要求的大学英语课程建设仍处在发展阶段，远远没有达到成熟和完善的程度，还有许多建设性工作要做。这其中，作为重要环节的评估体系，其改革是整个课程建设的保障，直接影响到学习过程、效果和课程目标的实现。

3. 大学英语考核方式的现状及问题

目前，由于历史因素的影响以及教学条件的局限，我国大部分高校还沿用传统的英语教学考核方式，即校内的终结性测试和全国统一的大学英语四、六级考试。长期以来，这种将静态的书面考试作为学习终极目标的教学评估体系存在各种各样的弊端。首先，评估手段过于单一，缺乏过程评价。大部分教师以每学期期中及期末两次闭卷笔试来评定学生的学习水平，而对学生的基本情况，如学习态度、主观能动性等方面缺乏考虑，没有充分体现出对学生学习过程的评价，导致学生平时普遍缺乏学习的主动性和积极性。其次，评估的内容不符合大学英语改革的目标。根据《大学英语课程教学要求》，改革的目的是培养学生的英语综合应用能力，特别是听说能力，同时增强其自主学习能力，提高其文化素养，以适应我国经济发展和国际交流的需要。但是单纯的书面考试只会使越来越多的学生注重死记硬背英语语言知识，忽略了英语语言综合能力的训练和培养，这与当今社会对英语教学的需求严重脱节。最后，评估方式无法体现“个性化”特点。传统的考核模式往往只重视对学生统一的知识测验与评价，而忽视了学生的个性。考核内容未能尊重学生个体差异，也未能伴随学生的基础和个性而变化，不能对学生产生有针对性的激励。同时，评估的权利多掌握在老师的手里，忽视了学习者对自身学习评价的“话语权”，即“自我评价”，而“自我评价”恰恰是“以人为本”的个性化教学中极为重要的一种评价方法。

另外，大学英语这门课程受全国大学英语四、六级等级考试的影响，在教学上显现出明显的“应试教育”特点。比如考试试题大部分是选择题的形式，考生不需要自己组织语言，只是把正确答案挑出来。这样的考题是完全脱离实际的，因而无法真正考查学生的语言运用能力。目前的大学英语教学仍然偏重语言知识的灌输，忽视学生语言能力的培养，尤其是听说能力的培养，使得很多学生临近毕业还无法用英语与他人进行沟通交流。造成这种局面的根本原因就在于大学英语考核方式的误导，不能真实反映学生的英语语言能力及交际能力。

4. 大学英语考核方式的改革方案

针对前面分析的具体问题，笔者认为，大学英语考核方式的改革应该立足于从终结性评价向形成性评价转换，并且对评价主体、评价内容及评价手段进行多元化创新。除了在学期结束时适当运用传统考试方式对学生的学习成果实施检验，还应当在课程教学过程中，通过恰当的多重评价方式，调动学生的学习积极性，促进学生自主学习能力的培养。

所谓形成性评价，是针对学生日常学习过程中的表现，所取得的成绩以及所反映出的情感、态度、策略等方面的发展而做出的有助于激励学生、使其增强信心并获得成就感的发展性评价。传统的终结性评价是在一个教学阶段结束时进行的总结性评价，主要包括期末课程考试和水平考试。由比较可知，形成性评价是过程性和发展性评估，在教学活动中有效地利用可使学生从被动接受评价转变为评价的主体和积极参与者，从而增强学生的学习效果。它还特别有利于对学生自主学习的过程进行有效监控，在实施计算机和课堂教学的模式中尤为重要。其内容包括学生自我评估、学生相互间的评估、教师对学生的评估及教务部门对学生的评估等。在2007版的《大学英语课程教学要求》一书中还附有《学生英语能力自评/互评表》，可供参考使用。形成性评估的恰当运用能不断促进教学模式的改革和调整，在很大程度上弥补终结性评估的片面和不足，是一种科学、合理和全面的检验教学活动的评价体系。在各种形成性评价的活动中，学生不是被动地接受评价，而是评价的主体和积极参与者。在网络环境下，相关自学活动及测评环节可让学生更直接地参与到评价活动中，对自己的学习态度、策略与效果进行反思，了解并学会分析自己的成绩与不足，从而调整学习过程，积极探索适合自己的学习方法，争取最佳学习效果。

传统的大学英语终结性考试题型大多是以单项选择为形式的客观题，而填空、翻译和作文等主观题的比例较小。这样的考试方式不能测出学生实际运用语言的能力，并且限制了学生发挥创造性的空间。学生只能按照题目意思给出一个正确的答案，而很少有机会发表自己的见解和观点。为了真正提高学生的英语综合应用能力，有效检查学生的学习效果，有必要大大增加主观题的比重。比如让学生以写作的方式总结所学课文的内容并给出自己的评价，或者回答有关课文主题的开放性问题等。另外，期末考试除了提高听力比重，还应该包括口语测试。比如对学生是否坚持进行课外听力训练进行考查，可以采用一对一的方式，让学生口头总结听力材料的大意，教师也可根据文章内容提若干个问题来检测学生的听力效果。口语测试还可以采取即兴演讲的方式，由学生现场抽取一个话题来阐述自己的观点，或者进行双人辩论、小组表演等。评分标准不仅包括对学生语音语调等语言组织能力的测试，还包括对学生的灵活应变能力、创新能力以及礼仪台风等方面的考核。

在评价手段方面，我国传统上主要采用纸介质考试形式，即笔考，而现在教育技术的革新为教育评价提供了多样化的选择，主要体现在多媒体评价手段的发展。《大学外语课程教学要求》已提出，各高等学校应根据本校的条件和学生的英语水平，探索建立网络环境下的听说教学模式，直接在局域网或校园网上进行听说教学和训练，并进一步建议学生通过计算机学习所获学分的比例在大学英语学习总学分中不低于30%。有些学校已建有大学英语自主学习语音实验室，也有基于网络的自主学习平台与测试软件供学生课外使用，只是容量及功能远远不能满足需求。因此需要学校相关部门加大投入，进一步开发通过现代化多媒体技术跟踪学生的英语学习状况及实现在线答疑等功能。这样，在学生平时进行网上自主学习的过程中，教师就可以随时通过在线测试系统自动生成的学生档案评价学生的阶段性学习状况，并对其下一步学习活动提出改进建议。

改革大学英语课程评价体系的关键在于加大对学生学习过程的考核力度，丰富过程考核形式，将形成性考核和终结性考核以恰当的比例相结合，使学生更注重学习的过程并提高实际运用能力。就改革的具体实施方法而言，大学英语课程考核应建立多元评估标准和策略，体现课内课外相结合、笔试口试并进、主客观题型并举的原则，学生的总评分由形成性考核结果和终结性考核结果组成。笔者的建议是终结性考核包括期末考试和半期考试，成绩分别占课程总评分的 30% 和 20%；内容上主观题应占 50% 左右，主要考查学生的英语综合运用能力；听力和口语的分数比重要加大，建议听力、口语、阅读、写作四个板块比例配置为 30：30：20：20。形成性考核指平时成绩占总评分的 50%，主要内容是学生的课堂表现和课后完成任务的情况，包括出勤、课前任务型预习展示、听课态度、回答问题、小组讨论、随堂测验、课后作业、网上自主学习记录等。将作业完成情况和出勤管理纳入平时成绩的考核能促进学生自主积极地学习，更有利于激发学生学习英语的兴趣和热情。加大口语训练及考核力度，使学生重视听说能力的培养，在课内外有意识地锻炼用英语交际的能力。另外，笔者还建议在平时成绩中引入读书报告考核方式，引导学生养成读书的好习惯。每个学生每学期应阅读至少两本英文书籍，并撰写读书心得上交，教师通过学生的完成情况进行评阅打分。平时成绩的打分细则和标准需要全体老师经过讨论统一制定，并在学期初告知学生。这些考核除了传统的书面形式，很多都可以借助在线学习平台完成，并且通过网络技术保证形成性考核管理的质量和效率。当然形成性考核离不开授课教师的积极参与和引导，同时也需要学校有关部门在政策层面的大力支持及资金设备的投入，这些都是改革成功的必要条件。

5. 结语

显然，传统的大学英语考核方式已经不能满足当今时代的发展，改革势在必行。改革是为了更好地教和学，所以只有建立全面、客观、科学的大学英语考核评估体系才能对教师组织教学起到良好的反拨作用，同时大大提高学生的学习积极性。改革的关键是从终结性评价向形成性评价转换，并且对评价主体、评价内容及评价手段进行多元化创新。由此带来的益处首先是教师的教学理念得到更新。英语教学不再是纯粹地灌输语言知识，而是更多地侧重培养学生的语言应用能力，尤其是听说能力。其次，教学模式由传统教师主讲型向教师主导、学生为主体相结合的新型模式转变，学生自主学习能力得到培养和提高。第三，形成性评价有利于扭转学生轻平时、重期末的错误观念，督促学生提高积极性，养成良好的学习习惯和态度。笔者相信，随着理论与实践的进一步深化，大学英语考核方式的改革将朝着更加科学和规范的方向发展，大学英语这门课程的建设会再上一个新台阶。

参考文献：

薄淑艳. 大学英语考核方式多元化评价［J］. 辽宁公安司法管理干部学院学报，2012.

崔敏，田平. 大学英语教学新型评价体系的研究与实践［J］. 中国外语，2010（2）：8-12.

教育部高等教育司. 大学英语课程教学要求［M］. 北京：外语教学与研究出版社，2007.

刘润清，戴曼纯. 中国高校外语教学现状与发展策略研究［M］. 北京：外语教学与研究出版社，2003.

唐雄英，章少泉. 新型评价在大学英语教学中的实施和问题［J］. 外语与外语教学，2007（1）：14-19.

On Reforming Assessment Methods of College English

He Xuemei

Abstract: With the deepening of reform of college English teaching and learning, it is of vital importance to establish a comprehensive, objective and scientific assessment system. This paper aims to explore how to adopt multiple assessment methods and change from summative assessment to formative assessment so as to greatly improve the quality of teaching and inspire learning enthusiasm.

Key words: college English; assessment methods; formative assessment

文　学

LITERATURE

哲学视野下的文学体裁理论
——浅析巴赫金的《史诗与小说》中的文化发展观

吕　琪

（四川大学外国语学院，成都 610064）

摘　要：巴赫金是苏联时代的文艺理论家、思想家和哲学家，因此我们在解读其对文学的研究时一定不能忽视其中体现的哲学思考。《史诗与小说》是巴赫金集中讨论小说体裁问题的文章，而他对小说体裁问题的研究反映了他对文学研究与历史发展关系的深刻思考以及对当代文化问题的独特见解。在《史诗与小说》中，通过对比小说体裁与史诗体裁的不同特性，巴赫金指出文化发展到当代其特征即“对话”与“多语”，而这是不可抗拒的历史潮流。小说体裁由于本身的对话性、杂语性和民间性，其流行正是其顺应历史潮流的表现。

关键词：体裁；巴赫金；对话；多语

米哈依尔·巴赫金（Mikhail Bakhtin，1895－1975）是20世纪苏联最有影响力的文艺理论家、思想家和哲学家之一，其学术遗产惠及东西方人文学科的各个领域。20世纪最后20年在西方学术界掀起了“巴赫金热潮”（Bakhtin Boom），而在中国，巴赫金研究也方兴未艾，是文学批评和文化研究学者共同关注的一个前沿理论课题。

巴赫金在其长达半个世纪的学术探索中出版了《陀思妥耶夫斯基诗学问题》（1929）、《拉伯雷的创作与中世纪和文艺复兴时期的民间文化》（1965）、《对话的想象》（1975）等著作以及论文集，而另有《文艺学中的形式主义方法》《弗洛伊德主义》《马克思主义与语言哲学》等早期著作一般被认为是其与友人交流后以友人名义发表的。由于其生前所发表的这些著述都是文学研究类的，因此西方的巴赫金研究经历了从文学批评家到哲学思想家的转变（梅兰，2001：117－121）；而在中国，学术界对巴赫金的关注曾经主要集中在巴赫金“复调”小说理论和其对长篇小说话语的分析理论上。近年来，随着与国际巴赫金研究的交流和对巴赫金哲学思想体系的进一步深入研究，中国学者也开始更加关注作为思想家和哲学家的巴赫金在其文艺理论中所反映出的对当代文化问题和哲学问题的深刻思考和独到的富有预见性的见解①。

巴赫金文艺理论的精深正是体现在他将文学理论的研究置于文化研究的视野之中，而这种视野又正是其哲学思想的体现。在巴赫金的思想体系中，文学与历史、语言学、社会学、心理学、人类学、符号学以及哲学构成了有机的整体和开放的体系，而这种多学科或跨学科的方法正是当下文化研究的特征。因此，巴赫金的理论和思想在当前的文化研究的学术语境下格外引人注目，充满活力。本文将着重对其在《史诗与小说》的体裁研究中所体现的哲学视野下的文化发展观进行解读。

1. 作为文艺理论家、思想家、哲学家的巴赫金

作为富有洞见的思想家和哲学家，巴赫金在阐述其理论时创造性地使用了诸多新颖且引人深思的术语，这些术语也可以被视为其理论的关键词，包括话语对话理论、言语体裁理论、狂欢理论、杂语共存、时空体结构、复调理论等。

巴赫金自己对复调（polyphony）和对话理论（dialogism）尤为重视。巴赫金将“复调”这一音乐理论术语移植到文学理论中，特指陀思妥耶夫斯基的长篇小说所代表的小说结构的一种类型，即小说中的人物是具有独立意识的主体，与作者的主体形成了双声部乃至多声部；而后在其美学理论中，“复调”指的是艺术关照上的一种思维方式；而在哲学理论中，“复调”是指拥有独立个性的不同主体间既不融合也不分割，共同建构真理的一种状态。而这种理论运用于文化研究中，则是强调拥有不同主体权利的不同个性以各自独立的声音平等对话，在互动互补中共存共生“和而不同”的一种理念（赵一凡，2006：145）。显然，“复调”理论的核心理念是“对话性”。巴赫金的对话学说在哲学上的意义在于“改变了人文认识的真理性观念：人类对自身存在的认识，是在无限绵延的对话语境中不断深化的”（凌建侯，2007：11）。而在巴赫金看来，对话性又是建立在杂语性的事实基础之上的。“杂语性”是语言的历史发展的必然。“杂语性”有两个层次——不同语言的“多语”和同一语言内部的“杂语”。前者强调不同民族文化的共存，后者强调同一民族内部不同文化类型间的共存，因此“杂语性”又体

① 可参见王宁《巴赫金之于“文化研究”的意义》以及凌建侯的《巴赫金哲学思想与文本分析法》中的相关论述。

现了巴赫金对文化多元化的认识。

巴赫金思想体系中另一个可以与对话理论相比的是其对言语体裁（genres）的阐述。有学者认为，巴赫金在西方获得的巨大声誉首先就在于他独特的体裁理论和小说理论。体裁理论的价值在于它认识了话语与生活间的关系，这一理论不仅使语言学走出了索绪尔语言学对语言/言语的狭隘对立，而且对形式主义者过于强调文本形式的“文学性”而忽略文本内容的“文学性”的现象，巴赫金的体裁理论也给予了批判（董晓，2002：10－13）。巴赫金关于陀思妥耶夫斯基复调小说、拉伯雷狂欢小说、歌德教育小说研究的三部专著和《长篇小说的话语》《小说的时间形式与空间体形式》《长篇小说话语的发端》《史诗与小说》四篇长文可以说构成了巴赫金关于体裁问题研究的一部巨书：由研究个案到对历史诗学的研究，再发展到对文学体裁与语言哲学相互关系的研究（凌建侯，2007：164）。这正体现了巴赫金作为文学理论家、思想家和哲学家的理论的博大精深。

2.《史诗与小说》中的体裁研究与文化发展观

巴赫金的《史诗与小说》一文对小说体裁的研究有两个主要贡献：阐述了小说作为体裁在结构上的特征，从而确立了小说在文学体裁中的领袖地位，进一步深化了其体裁研究的理论；但更重要的是，他从小说体裁研究入手，将文化发展观引入了小说理论批评。而本文中所使用和阐述的戏仿（parody）、杂语性（heterogolossia）、对话（dialogic）等术语和理论也都属于巴赫金思想中最核心，也是被征引最多的概念。根据巴赫金对小说体裁和史诗体裁特征的对比来看，他认为小说从体裁上来讲就是植根于活生生的文化当中的，与历史和时代发展紧密相连，因此小说才具有不断更新的生命力，得以在文学领域独领风骚，而研究小说体裁也理应具有发展的视野和文化的视野。这样他消解了文化研究和小说研究乃至文学研究间的隔阂，也将文学创作和文学理论需要不断革新的这一认识推向了前台。

2.1 体裁斗争中的文化与发展

在《史诗与小说》中，巴赫金在开篇就明确地提出：研究小说这一体裁所面临的困难是这一体裁本身的性质所决定的，即小说是唯一的仍然在发展中的文学体裁，尚未形成体裁上的定式和成规。其他已经定型的文学体裁在历史上都出现于书写文字之前，因而保有了古老的适合于口头宣讲和听觉接受的传统特点，而仅仅只有小说从本质上就是适用于无声接受，即阅读的文学体裁[①]。小说是伴随着一个新的历史时期产生的（在其《长篇小说话语的发端》中，巴赫金阐述了这个历史时期应该始于文艺复兴，特别是19世纪以后，但是长篇小说的话语的发端则可以追溯到古希腊和罗马时期，这些时期他称之为小说的准备期，或可以称为史前期），因此与这个时代的发展紧密相连。换句话说，即小说始终与未完成的现在相关联。当小说在文学中不断取得霸权之时便是其他文学体裁衰落或者随之“小说化”之时。

接着巴赫金指出小说与其他文学体裁不相融合的事实，因为小说的存在是非官方的，是独立于“高雅”（又译为“正统”或“崇高”）文学之外的。在某些文学时期（如古希腊时期、罗马文学的黄金时代、新古典主义的时代），其他各种文学体裁间的相互交流与互相支持构成了“高雅”文学的有机整体。在这里，他指出，小说作为体裁在过去长久地被传统诗学（如亚里士多德、荷拉斯、布瓦洛等）忽视，而19世纪的学术的诗学虽然不能忽视小说的存在，但仅热衷于完成各种文选汇编，而简单地将小说这一独特的体裁归入其他体裁。

巴赫金认为小说体裁的非官方性体现在小说对其他体裁的戏仿上，这种戏仿也就颠覆了“高雅”文学的权威，而其他体裁的“小说化”则体现在它们不得不通过将“杂语”和“对话”纳入自身体系，从而与未完成的现代生活发生联系，而如果它们坚持僵化的风格不变，则会表现出与作者艺术的本意相反的戏仿效果（508－509）。但是巴赫金始终强调，其他体裁的小说化并不是小说本身的影响造成的，而是小说的时代的现实生活变化的结果。小说这一体裁恰好是能“更深刻、更中肯、最敏锐、最迅速地反映现实本身的形成发展”（509）而已。这里巴赫金一方面显示了自身对边缘的、非精英的话语的关注，与他各种其他理论对“杂语性”“复调”“狂欢”的强调形成了呼应；另一方面，也表现了他对历史发展和社会现实的关注。

在《史诗与小说》中，巴赫金对当时文学史家将小说与其他体裁间的斗争视为各种派别或思潮的斗争提出了批评，他认为流派的斗争只是表面现象，应该要“透过它看到不同体裁之间更为深刻的具有历史意义的斗争，看到文学体裁的核心骨架正在形成和发展”（507）。他认为当时的文学理论

① 巴赫金：《小说理论》，白春人、晓河译，石家庄：河北教育出版社，1998年，第505－506页。本文中凡出自此书的引文在下文中仅以数字标示摘引页码，不再作注。

在分析小说上并不得心应手的原因正在于此。此外，巴赫金对小说家们关于小说的定义和他们的创作实践表现了极大的关注，在进行了简要的梳理分析后指出其中所体现的积极方面：小说的创作实践和与创作有关的理论，体现了小说是一种有意识的批评和自我批评的体裁，而这种体裁的义务是把居统治地位的文学性和诗意从根本上加以更新（512）。其实就此我们就能感觉到巴赫金与苏联形式主义间若即实离的关系。巴赫金的这种认为小说体裁研究要通过现象看本质的理念和对小说理论和创作的批评姿态的强调都反映了其作为思想家和哲学家在看待文学问题时的洞察力。

随后巴赫金在文章中用最大的篇幅将史诗与小说这两种体裁并置分析，试图探索作为在变化中的体裁，这两种体裁的哪些基本结构特点决定了它们本身发展的方向和其他文学的趋向。但是值得注意的是，巴赫金一直强调小说体裁的未定性和无定式，因此笔者认为，我们在解读巴赫金对小说体裁特征的论述时，绝不能把这些特点视为约束小说创作的条规，而应该将其视为巴赫金呈现小说体裁如何在本质上与文化历史发展相联系的线索。

2.2 长篇小说与长篇史诗的基本特征对比

巴赫金发现的长篇小说从根本上与其他一切体裁相区别的基本特点有如下三点："（1）长篇小说修辞上的三维性质，这同小说中实现的多语意识相关联；（2）小说中文学形象的时间坐标发生了根本的变化；（3）小说中进行文学形象的塑造，获得了新的领域，亦即最大限度与并未完结的现时（现代生活）进行交往联系的领域。"（513）

第一个特点是修辞上的特点，巴赫金在其另一篇文章《长篇小说话语的发端》中对其进行了深入分析，多语这个概念被拓宽到既表示民族语间的互相映照又表示语言内部分化的杂语间的斗争，而在其中他强调对长篇小说话语的分析不能局限在文学风格史当中，而要置于欧洲诸语言的命运、各国人民的言语生活中种种重大进步和危机中来研究（504）。在该文中他再次强调多语现象古来有之，甚至在古希腊的文学中也有呈现，但是由于创作者的意识受当时闭锁的单语时代的局限而没有将其作为创作的核心。"新的文化意识和文学创作意识，存在于积极的多语世界中。"（514）只有当世界发展为多语世界，语言和它所指涉的现实世界间随之出现全新的关系，而其他正统体裁僵化又无法表达这种现实的时候，在语言内在的多语现象和现实世界外在的多语现象急剧变化的条件下，小说这种体裁才能在文学发展舞台上成为主角。可以说，小说体裁的修辞特点产生于与多语环境的互动。

为了研究小说体裁的另外两个题材上的特点，巴赫金将之与史诗所具有的三个对应的基本特征进行了比较（他也认为史诗作为“高雅”文学的代表之一，这些特点也与其他“高雅”文学体裁相类似）：“（1）长篇史诗描写的对象，是一个民族庄严的过去，用歌德和希勒的术语说是‘绝对的过去’；（2）长篇史诗源于民间传说（而不是个人的经历和以个人经历为基础的自由的虚构）；（3）史诗的世界远离当代，即远离歌手（作者和听众）的时代，其间横亘着绝对的史诗距离。”（515）值得关注的是，随后巴赫金将史诗的特征逐一进行了详细分析，而这些分析再一次体现了巴赫金将文学体裁分析与文化发展观念乃至其哲学思想进行深刻关联的学术视野。

巴赫金首先指出，长篇史诗的内容是民族英勇的过去，是民族历史中的“根基”和“高峰”，是父辈和祖先的世界，是“先驱”和“精英”的世界；它不描写现在和自己的时代，表现的是后代对祖先的虔诚敬仰；史诗的语言不是“与当代人对当代人讲当代人的语言”，歌手和听众与所描绘的主人公的世界间隔着史诗的距离，而两者间的这种距离只能靠无法置疑的民族传说来联系，因而无法进行对话。更重要的是，巴赫金认为“绝对过去”的所指不仅仅是史诗内容的时间范畴，更是一种世界观和价值观：这个过去之中一切都是好的，而美好的过去也只存在于这个过去中；史诗的过去是一种绝对的价值，没有任何的相对性，是封闭的世界，没有未了结或未解决的问题，以史诗为代表的古代文学的基本创造力是为了“记忆而非认识”，这是其力量所在。这种体裁仅仅是对普遍一致的评价和看法进行记忆并表示敬意，作者是无关紧要的，因此大多数史诗的作者是无名的。巴赫金指出，以史诗为代表的崇高体裁的价值观的重心不在未来，因而不与当今的现实保持联系，而把现实视为“低级”的。

在梳理了史诗的特征之后，巴赫金进而指出，崇高体裁代表的是一种官方的意志，也是权力的一种象征，与低级的现实保持距离是为了保持权威。而在这点上，小说这种体裁的不同之处就在于它永远同“新鲜的非官方语言和非官方思想（节日的形式、亲昵的话语、亵渎行为）联系在一起”（523）。这里，巴赫金将文学体裁的讨论引入了文化研究的视野，并将其与欧洲哲学思想的发展紧密联系起来。

巴赫金认为，小说体裁的初步形成应该追溯到古典时期的民间笑谑作品，古希腊罗马民间文学中的“庄谐体”是小说形成的第一阶段，因为两者“描写的对象、其理解、评价和赋予他们形式所依据的出发点，都是当今的现实”（526）。巴赫金认为，笑谑在欧洲自由的科学认识和欧洲现实主义艺术创作的道路上扮演了不可或缺的角色，因为笑谑及其民间语言的革命性作用在于消灭了史诗距离以及任何表现等级的距离。它们将世界亲昵化，把世界拉到用于研究、分析、认识的地位上来。从这里我们可以看到，巴赫金实际上暗示了小说与现实的这种关联代表其价值观的重心是与过去相对的未来和发展，因而小说便不可避免地具有趋向“现代化”的性质（535）。

2.3 长篇小说和长篇史诗的艺术特点区别

巴赫金在本文最后具体探讨了史诗和小说在某些艺术特点上的区别，包括两者对情节的不同要求、小说与非文学体裁的特殊关系以及小说人物和史诗人物形象上的区别。

第一，巴赫金认为正是由于没有内在的完结性和完满性，因此小说对情节的完整和完满有比史诗更高的要求，这可以体现巴赫金对叙事（narrative）的关注。史诗描写的是完整的事件，没有未明的悬念，而小说则利用未明这一点，通过各种形式和方法来利用作者无所不知的特点，要么完整情节，要么完满人的形象。第二，小说与各种非文学体裁，如日常生活和意识形态，有特殊的关系。就此，巴赫金指出，小说在其体裁的形成过程中具有跨越文学特性局限的特点，他认为文学艺术与非文学艺术之间的分野并不应该永恒不变，文学是历史的产物，它的发展常常突破其本身的疆界。他也同时指出，文化领域大小的变化也是在极其缓慢而复杂的过程中进行的，文学作为文化的一个特殊领域恰恰更经常、更明显地表现出文化中的这些变化征兆，而小说由于其与文化的紧密联系则是文学领域中最能体现这些变化的体裁。就此，我们可以清楚地看到，巴赫金将小说体裁研究和文学研究与文化研究间的隔阂进行了消解。第三，史诗人物是绝对过去的形象，是定型的、完整的、内在与外在完美统一的形象，缺少任何观念上的主动精神，只能体现唯一一种现成的世界观。巴赫金认为虽然这种形象具有特殊的美感，但是缺乏生气。而小说人物的形象则是亲昵化的结果，小说的主人公形象上存在不统一的矛盾性，要么是主人公其人与其命运或境况不相吻合，要么是其内在和外在产生严重分歧，总之，作为社会历史中的人，主人公不可能彻底体现自身。此外，小说的人物获得了思想和语言上的主动权，改变了人物形象的性质。而小说人物形象的思想性，在巴赫金看来，正是表现了一种新型的形象上的个性。

由此，在《史诗和小说》中，巴赫金将自己的文化发展观念和哲学思想贯注到文学体裁分析当中，揭示了小说体裁与历史现实的紧密关联和因此取得的文学中的领导地位。

3．结语：巴赫金体裁理论对其哲学思想的贡献

巴赫金在《史诗和小说》中对小说体裁概念进行了系统的厘清和创造性的阐发，使小说体裁研究成为20世纪文学研究中的一个新兴门类，也旗帜鲜明地提出小说理论的革新思想。我们可以看到他的理论受到了马克思主义的深刻影响，同时他对形式主义和语言学都进行了建设性的批评。

他对小说体裁本身所具有的现实性、民间性、杂语性和对话性进行了富有创见的理论探讨，而他对小说体裁的研究已经凸现了其思想体系中的很多关键概念。巴赫金将长篇小说视为一种颠覆正统权威官方话语的体裁形式，一种开放的正在发展中的系统，从而要求小说创作和理论研究也要进行大胆的更新和发展。同时他在本文以及其他体裁理论中对讽拟/笑谑的民间渊源的探究、对小说体裁形式和艺术风格的研究、对小说的话语的分析等都影响了20世纪从结构主义、符号学、叙述学到后结构主义、后现代主义、后殖民主义等文学理论流派（虽然巴赫金自身对流派的划分并不认同）。而其理论最具有预见性的地方在于他对文化多元化的敏锐观察，将文学研究带入文化研究的视野，打破两者间的隔阂，一方面拓宽了文学研究的范围，为其注入了理论活力，另一方面又为文化研究，包括族裔研究、女权主义研究、多元文化研究、媒介研究提供了理论启发。

同样值得我们关注的是，巴赫金作为苏联时代的文艺理论家、思想家和哲学家，其思想中体现的这种要求不同主体间平等对话的哲学理念，以及着眼于现实并关注未来的学术态度的确是难能可贵且发人深思的；此外，作为处于既非东方又非西方的文化边缘地带的文艺理论家、思想家和哲学家，其理论在东西方所受到的待遇和引起的研究浪潮（其中也包括争议），恰恰体现了他所倡导的文化的对话性和多元化。

参考文献：

巴赫金．小说理论［M］．白春人，晓河，译．石家庄：河北教育出版社，1998.

董晓．超越形式主义的“文学性”：试析巴赫金对俄国形式主义的批判［J］．国外文学，2002（2）.

李权文．“脱冕”与“加冕”：巴赫金的“史诗与小说”［J］．时代文学：理论学术版，

2007 (9).
凌建侯. 巴赫金哲学思想与文本分析法 [M]. 北京：北京大学出版社，2007.
梅兰. 国外巴赫金研究概况 [J]. 外国文学研究，2001 (4).
彭克巽. 巴赫金的小说创作美学 [J]. 俄罗斯文艺，1998 (6).
汪民安. 文化研究关键词 [M]. 南京：江苏人民出版社，2007.
王宁. 巴赫金之于"文化研究"的意义 [J]. 俄罗斯文艺，2002 (2).
赵一凡. 西方文论关键词 [M]. 北京：外语教学与研究出版社，2006.

Literary Genre Theory in a Philosophic Perspective: On the Cultural Development View in Bakhtin's "Epic and Novel"

Lü Qi

Abstract: Mikhail Bakhtin is not only a literary theorist, but also a serious thinker and philosopher, so when we are reading his studies on literature, we cannot ignore the philosophic reflections in it. "Epic and Novel" is an important essay that Bakhtin concentrated on talking about the issue of literary genres, and this essay reflects his deep thoughts about the relationship between the literary development and historic progress as well as his unique ideas about the cultural problems we are facing. By comparing the generic distinctions between epic and novel, Bakhtin points out that culture has developed to a time characterized by "dialogue" and "heteroglossia". This trend is unstoppable. Novel as a genre possesses such characteristics as favoring dialogues, encouraging multiple voices and embracing folklores, thus its popularity is because of its generic matching of the time ethos.

Key words: Genre; Bakhtin; dialogue; heteroglossia

从马克思主义女性主义视角看《毛球》

靳倩倩

（四川大学外国语学院，成都 610064）

摘　要：本文以女性主义视角分析了加拿大著名女小说家玛格丽特·阿特伍德的短篇小说《毛球》。本文从女性主义思潮的兴起、女性主义批评理论的发展和马克思主义的结合谈起，论证了马克思主义女性主义的基本观点在《毛球》中的体现，结合女主人公凯特的遭遇，说明了女性因受到社会、家庭、传统等方面的规约，似乎"天生"就不如男性，被社会区别对待的境况，而文章最后"毛球"的报复也反映了女性跨越阶级、私有制和资本主义发展等意识的觉醒。这与马克思主义从本质上对私有制、社会分工、阶级等角度分析女性处于屈从地位的观点相得益彰。

关键词：马克思主义女性主义；《毛球》

1．女性主义和马克思主义

女性主义（feminism），亦称女权主义（朱刚，2006：336）。女性主义批评作为一个理论流派是随着20世纪60年代至70年代新女权运动的深入发展起来的，是当时欧美风起云涌的妇女解放运动中发展起来的一种极富活力、具有较强政治性的批评理论。简单地说，它认为西方文明是以男性为中心的，是由男性控制的，妇女处于从属的地位。在家庭、宗教、政治、经济、教育、法律、文艺等社会的所有领域中妇女都受到男性的压制和排斥（程锡麟，方中亚，2011：6）。

著名的女性主义者西蒙·波伏娃在其代表性著作《第二性》中说道："女人不是天生的（born），而是变成的（become）。"在男权主导的社会中，女性在男性的定义和阐释下成为他者（the other）（Charles，2003：182）。笔者认为，这里的"变成"与"成为"指的是社会建构。另一位激进的女性主义者盖尔·鲁宾在《女性交易：性的政治经济学初探》中也说道：女人就是女人。她只是在特定环境中才变成一个被驯化的妻子，一个动产奴隶，一个花花公子的性对象，一个妓女或人体录音机（Julie Rivkin & Michael Ryan，2004：770）。因为人无论生理性别，即无论是男性（male）还是女性（female），都是社会的动物。既然身处社会之中，就不会不受到一个由特定种族或团体形成的社会中的传统、习俗、教育、文化甚至是宗教的影响和规约。

除了波伏娃，在延伸至今天的女性主义运动中也涌现出许多知名的女性主义者和她们的代表作，如弗吉尼亚·伍尔夫的《一个人的房间》、约翰·斯图尔特·穆勒的《论女性的屈从地位》、贝蒂·弗里丹的《女性的奥秘》等。其中，《一个人的房间》通过对女性创作的历史及现状的分析，指出女人应该有勇气、有理智地去争取独立的经济地位和社会地位。一个女人如果要写小说的话，她就必须有钱和自己的一间屋（伍尔夫，1989：4）。只有这样，女人才能平静而客观地思考，才能不怀胆怯和怨恨地进行创作，从而使被历史埋没了的诗情得以复活。

女性主义批评理论从来就不是单一的，它与马克思主义、精神分析、后结构主义、种族研究、性属研究、后殖民主义和同性恋研究等许多领域都有紧密的联系，并从中吸取养分。为寻得妇女受压迫的根源，女性主义者开始研究马克思主义，希望能从中找到答案。马克思主义与女权主义相结合的最佳状态是融合二者优势的马克思主义女权主义（或社会主义女权主义）。

在这一理论的影响下，女性主义研究的主题是女性受到父权制的迫害，长期处于主导地位的男权统治让女性无法发声，扭曲了她们的生活，把她们的诉求边缘化等。这种现象在许多文学作品中都有所表现。比如在爱尔兰大文豪詹姆斯·乔伊斯的小说《死者》中，很多女性在男主人公加布里尔的衬托下是无声的，如女仆莉丽、朱莉亚等，甚至主人公的妻子也不例外。而在被认为是女性主义理论的代表作《阁楼上的疯女人》中，疯女人的生活是扭曲的。她虽然有和哥哥莎士比亚一样的才华，却因为性别遭受社会的规约，被关在阁楼里，生活不正常，甚至人也是“疯”的。有关女性诉求的边缘化的小说还有凯特·肖邦的作品《觉醒》。主人公庞特涅夫人的诉求不能在丈夫那里得到满足，她最终选择在大海中结束自己的生命，寻求精神的解放。马克思主义的女性主义在当代西方社会有着较大的影响力。

2.《毛球》及其内容

玛格丽特·阿特伍德（Margaret Atwood）是加拿大著名女小说家、诗人和文艺评论家，近年来跻身世界优秀作家之列。她曾获得加拿大总督文学奖、英联邦文学奖、法国政府文学艺术勋章等，2000 年以长篇小说《盲刺客》摘得英国最重要的文学奖项——布克奖。玛格丽特·阿特伍德在短篇小说中描写的主要人物大多是独立意识很强的女性。其短篇小说集《荒野指南》描述了纷繁复杂的现代生活，也对人类心灵的奇妙与神秘进行了卓绝的探索，为读者营造出一个既熟悉又疏离、既明亮又暧昧的周遭世界。《荒野指南》中收录的短篇小说《毛球》通过描写女主人公凯特（Kat）的遭遇，反映了她在男性权威下受到不公，深受打击并于后来采取果断又不平凡的“报复”手段的故事。

小说开篇就是一个不同寻常的景象：一个刚刚摘除了卵巢囊肿的孤独女人在手术后回到了家中；与此同时，那个被她放在壁炉上的玻璃瓶子里的叫作“毛球”的良性肿瘤正在四处张望。医生说，“像椰子那么大”。那上面的毛是红色的——长长的增生组织里里外外地绕着，像一个震怒了的湿绒线球，或者说是从堵塞了的浴室出水口里拽出来的毛团。里面还有小骨头，或者说是碎骨头，像鸟骨头，被车压扁了的麻雀的骨头。散落着指甲或者说是趾甲。还有四颗形态完整的牙齿（邹殳葳：2012：41）。

凯特没有觉得囊肿可怖，相反，她把它和未成形的胚胎联系在一起，带回了家。这就是凯特，一个有着不同寻常的经历和生活方式的职业女性。大学毕业后，她凭借自己的实力和标新立异之举，在伦敦一家名叫“剃刀边缘”的发型杂志社谋到了一份摄影师工作。从编排到设计，从版面监制到整个发行过程的监管，她不仅使该杂志改头换面，而且本人也成为引领时尚潮流的人物。可是这个杂志社付给她的报酬却相当低，根本无法满足她对“时尚”的追求，于是她开始理解伦敦的恶劣、差劲和高消费。与之交往的男人们不肯做出选择，她做过两次堕胎手术，她不愿乞求男人的怜悯，常以自己不喜欢也不想要孩子来搪塞。但是，没有孩子、家庭，生活对她来说还能意味着什么？寂寞恰似一堵高墙将她围困，生活变得漫长起来，已经没有什么人、什么事能让她恐惧、生气、兴奋了。被吉尔德以高薪、自主权为诱饵挖回多伦多后，她倾注了全部热情和智慧为其公司效力。在她看来，时尚是激烈的、色情的，是血淋淋的、掠夺性的狩猎活动。她习惯于驰骋自己的想象力，拍摄的照片往往新颖独特，充满诱惑力。在她的影响下，原先老派的吉尔德也被塑造成风度翩翩、性感迷人的“Ger”。她本人也深深地坠入了爱河。

可是好景不长，住院手术期间，她曾经为之立下汗马功劳的杂志社却将她解雇了。更具讽刺意味的是，接替她的就是那个不懂行的吉尔德。他与她分手、重返家庭的决定更让她的处境雪上加霜。在内心深处，凯特受伤了，愤怒了，她必须采取行动，必须对吉尔德的妻子切瑞尔的邀请做出反应，于是她选择了“毛球”和巧克力糖块作为“贵重”却“危险”的礼物。作为女性，凯特身单力薄，无法战胜整个社会，只能实施一个恶作剧去破坏整个社会中的一个小小的成分，以表示她对社会不公的不满，实现她与男人在道德观念上的平等。

小说到此戛然而止，读者无法知道切瑞尔发现“毛球”后的反应和凯特之后的命运。悲观主义者也许把它解读成一个悲剧，因为“不计其数的爱情的殉道者都证明了将不公平的命运当作最后的救赎换来的是荒凉的地狱”（波伏娃，2004：261）。但从另一个角度来看，这何尝不是凯特与传统逆来顺受的女性形象最不一样的地方呢？

3.《毛球》和社会主义女性主义批评对它的分析

社会主义女权主义思想，又称马克思主义女权主义思想，是在马克思主义历史唯物论基础上产生的。受激进女权主义的影响，它认为男权和阶级双重压迫构成了妇女受压迫的基本社会形式，父权制和资本主义的双重压迫才是女性处于从属地位的根源。为了实现妇女的彻底解放，不仅要改变经济基础，还必须推翻无处不在的父权制。

这一流派的女性主义理论主张主要来源于马克思的《女性：地位、阶级或被压迫的性别》一书。马克思认为，生产资料私有制的出现使得男性成为土地的所有者，同时也成为女性的所有者，这是女性在世界历史范围内的失败。私有制的深刻影响通过家庭的一夫一妻制加强和延续着，家庭出现之后，它脱离社会公共领域进入了私人领域，而在这样的私人领域中，体力较弱的女性就成了生产资料所有者男性的“私产”。要实现性别解放，就需要超越私有制，也就是进入共产主义社会。共产主义社会并非提倡“公妻制”，相反，因为“按需分配”的可能，女性可以不依赖家庭来满足其物质需求，子女教育问题等都由社会职能来承担，只有纯粹的两性关系才是社会机构不加以干涉的私人领域。这样，摆脱了物质依赖的两性关系才有可能真正实现平等。

文章中凯特对阶级的反抗是这样表现的：凯特有着自己的优势——她不属于任何阶级。凯特没有阶级性，她是独一无二的，可以周旋在各种各样的英国男人之间，因为她清楚地知道自己不受他们的阶级准则左右（邹殳葳，2012：47）。而反观阶级意识浓厚的与凯特交往的伦敦男性，他们喜欢胜利，以至于好几次都伤着了她。她堕了两次胎，因为提出做爱的那两个男性没有采取避孕措施（邹殳葳，2012：47）。寻欢作乐的始作俑者任意妄为，而女人要成为一切后果的承担者，这与后文中吉尔德与凯特的交往没有本质的区别。吉尔德获得了肉体、事业甚至是道德上的双赢，成为牺牲品的凯特黯然神伤。这点与马克思主义女性主义理论从人类社会发展史的角度探求女性受压迫的根本原因正好契合。第一，生产资料私有制的出现使男性既成为土地的主人，也成了女性的拥有者，这是"女性的具有世界历史意义的失败"。文中更悲惨的是凯特从来也不是谁的妻子，这是否意味着她的遭遇更是作茧自缚呢？第二，在男权主义主导的社会，女人不仅在家庭生活中处于从属地位，而且在家庭外部，如在工作中面临不同工同酬、生育孩子后容易被解雇的高风险。

在《毛球》中凯特被塑造成了一位表面看似经济独立、特立独行、颇有个性的女性。她在伦敦拼命工作，标新立异的想法改变了自己就职的杂志社的命运，使其拥有了品味。她的"与众不同"似乎也体现在自己不同于其他人的发型上。这样的女性似乎不再是过去逆来顺受、低眉顺眼的女性形象了。但在疯狂工作后她受到的待遇是"不足以让她买一件和时尚搭界的衣服"。为什么一个使杂志社改头换面的员工却连一件衣服都买不起呢？是因为是"她"吗？这背后的薪酬制度值得深思。

不公平待遇在凯特跳槽去了加拿大后更为明显。一开始吉尔德用高于伦敦的工资水平把她挖走。在她为公司孜孜不倦奋斗了几年后，她生病住院，公司不说体恤就连最基本的人情味都消失殆尽，采取了最直接和残忍的方式——解聘，结束了凯特和自己的关系。这不禁使人联想到直到今天还存在的女性员工的基本权利问题，包括同工同酬、产假、女性在生育后最容易面临被解雇的风险问题等。

最令人感到心寒的是吉尔德竟然被公司选为接替凯特的下一任。那个"不风趣，知识不渊博，言辞让人觉得乏味，与时尚无缘"（邹殳葳，2012：50）的吉尔德，被凯特改造，名字也变得潮流的"Ger"，曾是凯特热恋对象的吉尔德接替了凯特。这似乎在表明，凯特之前工作上的所有努力、热情和灵感都在为吉尔德的出场做铺垫，她从未真正在事业上取得成绩。甚至连凯特的个人情感也在被吉尔德无情玩弄后抛弃，而他却选择了回归家庭，继续扮演一个"好丈夫"的角色。凯特则只会被贴上"婚外情对象""感情玩弄者"的标签。这是社会对男女性别角色预设的不同期待，是传统观念和歧视对女性的区别对待。试想切瑞尔在收到"毛球"后会有怎样的恐怖表情，一场与凯特的"夺夫大战"很可能就此掀起，而背后的始作俑者却被挡在这场战争后面。

另一个细节是凯特在吉尔德就职的公司提出把新杂志命名为"时尚狂潮"（All the Rage），但董事会以名字含有"狂怒"之意否决了这个建议。他们觉得这一切都太女权主义了。"这是20世纪40年代的声音"，凯特说，"20世纪40年代已经回潮了，你们没有感觉到么?"可惜他们的确没有（邹殳葳，2012：52）。这直接体现出男权主导下的社会中的男性习惯性忽视女性和女权主义运动，或者说逃避，连杂志命名这件事也很微妙地规避了当时进行得如火如荼的女权主义运动第一次浪潮。

4. 结语

加拿大著名女小说家玛格丽特·阿特伍德的短篇小说《毛球》通过描写女主人公凯特的遭遇，反映了当时社会对女性和女权主义运动的恶意忽视，指出女性处于从属地位的现象是由来已久、根深蒂固的。马克思主义女性主义认为女性受压迫的根本原因有两个：一个是人类社会千百年来男权制和父权制的沿袭，另一个是私有制和社会分工的出现和资本主义的发展，认为只有超越私有制和资本主义的发展，男女双方在承担家庭责任、抚养子女方面才能取得真正的平等，才能在劳动中实现真正的同工同酬，女性才能从根本上得到解放。

实践证明，在女性主义之歌仍然铿锵有力的今天，世界各国妇女都为争得在劳动力市场和家庭中的平等权利做出了巨大努力。在愈来愈多的职业分类中，男女干同样的工作，工资差别开始缩小，有更多的女性在干不属于传统职业的工作，与从前相比，许多职业都已打破了性别界限，如医生、律师、大学教师等。综上所述，马克思主义女性主义理论用来分析《毛球》的尝试是可行的，并且应该有进一步深入和持续的研究。

参考文献：

阿特伍德，玛格丽特. 荒野指南［M］. 邹殳葳，王子夔，译. 南京：南京大学出版社，2012.

波伏娃，西蒙. 第二性［M］. 李强，译. 北京：西苑出版社，2004.

程锡麟，方中亚. 什么是女性主义批评［M］. 上海：上海外语教育出版社，2011.

马克思. 女性：地位、阶级或被压迫的性别［M］. 北京：人民出版社，1972.

伍尔夫，弗吉尼亚. 一间自己的屋子［M］. 王还，译. 北京：生活·读书·新知三联出版社，1989.

Bressler, Charles. E., Houghton Coilege. *Literary Criticism: An Introduction to Theory and Practice: Third Edition* [M]. Bergen: Upper Saddle River Press, 2003.

Rivkin, Julie, Michael Ryaneds. *Literary Theory: An Anthology* [M]. Blackwell Publishing, 2004.

A Marxist Feminist Reading of "Hairball"

Jin Qianqian

Abstract: This paper analyzes Margret Atwood's "Hairball" from the perspective of Marxist feminism. It starts from the discussion of feminist ideas born in feminist movement, the development of feminist critical theories and its combination with Marxist ideas. The paper focuses on the protagonist Kat's sufferings and revenge and tries to illustrate that women seem to be by nature inferior to man because they are bonded with social traditions and class. The rise of capitalism and labor division also contribute to gender inequality. Kat's revenge indicates the awakening of women's consciousness to fight against the male-dominant society and Marxist feminism proves to be effective in analyzing "Hairball".

Key words: Marxist feminism; "Hairball"

落入凡尘的天使
——从《红字》到《S.》看女性形象的变化

张　秦

（四川大学外国语学院，成都 610064）

摘　要：约翰·厄普代克以其多产和对美国文化生活细致入微的刻画而成为 20 世纪美国文坛的一位重要作家。《S.》再次阐释了他钟爱的主题——对生命意义无尽的追寻。但这次不同的是，他大胆地对 19 世纪浪漫主义作家霍桑进行了解读，并第一次让女性作为主角粉墨登场。本文通过文本细读，从历史的角度展示女性文本形象的人性化过程，对桑德拉·吉尔伯特和苏珊·古芭的"疯女人"理论提出质疑。

关键词：女性形象；《红字》；《S.》；神性；人性

在《阁楼上的疯女人》中，桑德拉·吉尔伯特（Sandra Gilbert）和苏珊·古芭（Susan Gubar）对西方传统文学中的女性形象进行了梳理，指出中世纪以来的女性作为囚禁在男性文本中的人物和形象被简单地划归成了"天使"和"魔鬼"两类。归顺男性统治的被描述成纯洁、美丽、无私的天使，如果女性拒绝男性传统设定的顺从角色则被斥为魔鬼。这两种形象常常并存于同一个女性角色身上，都是男性控制他们文本中的女性题材，继而控制妇女的手段（程锡麟，2001：75）。纳撒尼尔·霍桑（Nathaniel Hawthorne）《红字》（*The Scarlet Letter*，1850）中的海斯特和珠儿就是典型的父权制度规训下的女性形象。

1988 年，厄普代克凭借自己的独特理解，大胆地将《红字》中的人物和背景现代化，从文中三个主要人物的角度，重新诠释了霍桑的经典，完成了《红字》新三部曲。第一部《整月都是礼拜天》（*A Month of Sundays*，1975）描写了一个挣扎在灵与肉之间的现代亚瑟·丁梅斯代尔（Author Dimmesdale）。第二部《罗杰教授的版本》（*Roger's Version*，1986）中，罗杰·齐灵渥斯（Roger Chillingworth）虽已化身为哈佛大学著名的医学教授，但仍然无法摆脱他的精神枷锁。第三部《S.》（1988）则是海丝特·白兰（Hester Prynne）版的再现，是三部曲中互文性表现最强的一部，也是唯一一部以女性为主体的小说。

长久以来，因为其惯用的男性的叙事角度和对男性角色的聚焦，厄普代克一直受到女权主义批评家的指责。其早期作品中的女性多是男性世界的附属物，其价值完全是由男性来决定的。但在后期，随着女权运动的发展、女性地位的提高，厄普代克的作品也逐渐表现出对女性的关注。如1984年在《东方小镇的女巫》（*The Witches in Eastwick*）中，他塑造了三位漂亮女性，她们不再是懒散、无趣、缺乏思想的陈列品，而是被赋予了职业，即使这种职业是行巫（文楚安，1991：121－125）。2000年的长篇小说《葛特露和克劳狄斯》则借用莎士比亚著名悲剧《哈姆莱特》为故事背景，以现代人的视角展现了当代社会中女性如何获得真正意义上的解放，如何在遵从自然规律和人性的基础上合理处理与男性的关系。在所有的这些努力中，《S.》最具代表性，它是唯一摈弃了惯用的男性视角，采用纯女性的书信体叙事的一部小说，它成功地再现出女性在追求精神涅槃过程中的矛盾和无奈。在谈到这部作品的创作动机时，厄普代克似乎是在表达对女权主义的一种妥协，"它是描写行动中的妇女的一次真诚尝试，这也许多少会让一些女性感到满意，她们认为我笔下的女性从不尝试改变，她们被男人困住，动弹不了……这本书从头到尾描写一个妇女，我试图去展示她追求独立的轨迹"（Rothstein，1998）。

故事的主角是42岁的莎拉（Sarah Worth）。她生活在波士顿，丈夫查理（Charles）是颇有名望的外科医生。他们生活富足，拥有考究的私宅，精心培育的花坛、草坪，还有海滨别墅。与厄普代克笔下的大多数中产阶级一样，物质的满足无法掩盖精神的空虚、情感的缺失。不堪忍受沉闷生活的萨拉于是决定离开丈夫、女儿，只身前往亚利桑那州荒漠中的一个印度教修行地，寻求她的重生。

通过对《红字》的互文性指涉，厄普代克成功地将故事从17世纪的新英格兰延伸到了20世纪的美国，呈现出文学视角下的女性世俗化和人性化过程。

1. 海丝特与萨拉

海丝特和萨拉在外表、性格等诸多方面都如出一辙。和海丝特一样，莎拉也是白兰家族的后代，同样受到父权统治的禁锢和伤害，同样向往自由，富于反抗精神。故事一开始，莎拉像她的前辈海丝特一样，走出了牢笼，不同的是，海丝特走出的是清教统治的监狱，而莎拉则是力图摆脱父权统治的精神牢狱（Schiff，1992：102）。为了获得“理想的自由”，在一片新的天地间实践一种新的社会关系，海丝特踏上了“其他女人不敢涉足的地方”（霍桑，2005：127），莎拉则勇敢地前往亚利桑那沙漠。然而，在似曾相识的经历背后，两者却有着本质上的不同——海丝特始终是一个焕发着神性的圣女，而萨拉却是一个凡俗的女人。

《红字》首先从外表赋予了海丝特超凡脱俗的美丽，使她有别于其他人。“她自有一种端庄的风韵，并不同于人们心目中的那种纤巧、轻盈和不可言喻的优雅。”（霍桑，2005：37）不仅如此，她的“服饰和神采如画，怀中紧抱婴儿”，让人不禁联想到“众多杰出画家所竞相描绘的圣母的形象”（霍桑，2005：40）。

除了外表的与众不同，这种神性更主要来自于她所扮演的母亲角色。在美国独立战争时期，妇女承担起了家庭的重任，以其特有的方式对战争做出了贡献，由此她们的地位在一定程度上得到了肯定。但社会对她们的认可仍局限于家庭，相夫教子的贤妻良母是当时唯一对女性开放的角色（弗里丹，1988）。因此，母性便成了当时界定理想女性的标准。

海丝特的母性首先表现在对珠儿（Pearl）的爱心和责任感上。无论在监狱中还是在世人鄙夷的目光中，海丝特从未放弃过她作为母亲的职责。她以针线活维持生计，抚育呵护着珠儿。其次，即便在与丁梅斯代尔的关系中，她体现更多的也是母爱而非情爱。她会将虚弱的丁梅斯代尔搂在怀中，用她无力的臂膀去支撑他，在丁梅斯代尔怯懦彷徨时，给予他鼓励和希望。不仅如此，海丝特甚至扮演着精神上广义的母亲（communal mother）（Elbert，1990：182），以她的美德去感召抚慰其他人。“她的生活既非为自己谋私利又非贪图个人的欢愉。”（霍桑，2005：205）她因此成了人们眼中“饱经忧患的人”，于是很多人会“带着他们所有的哀伤和困惑，来寻求她的忠告”（霍桑，2005：205）。

事实上，在神性的海丝特背后隐藏有一个本性的自我。她充满热情，敢想敢为，渴望幸福与自由。她勇敢地承担起所有的耻辱，用亮丽的色彩装点生活，以她的热情去感染鼓励丁梅斯代尔。“不要去理睬它！一切重新开始！……未来还是充满尝试和成功的。还有幸福有待你去享有！……挺身起来，离开这里吧！”（霍桑，2005：155）整部《红字》充满了两个自我的对抗。但在父权制的社会中，这个本性的海丝特终难摆脱神性自我的强势控制。这一点在森林场景中有着最生动的表现。当海丝特陶醉于对未来的美好憧憬时，本性的自我开始显露。她解下胸前的红字，将它远远抛开。她“摘下那顶束发的正正经经的帽子，满头乌黑浓密的头发立刻飘洒在肩头”（霍桑，2005：158）。可是正当她女性的一面刚刚浮出水面之时，珠儿的出现又使她恢复了母亲的角色。她又拣起红字，挽起长发，“她那女性的丰满和温暖，都像落日般地离去了”（霍桑，2005：166）。

在诀别的刑台上也是如此。海丝特最后的期望随着丁梅斯代尔的制止而彻底破灭。“别作声，海丝特，别作声！……我们希望今后能够重逢，在永恒和纯洁中结为一体，恐怕是徒劳的了。”（霍桑，2005：201）于是海丝特只能在赎罪中恢复她圣洁的神性，就连她佩带的代表反叛的红字，也随着“含辛茹苦，自我献身和对他人的体贴入微的岁月的流逝”（霍桑，2005：205），最终成为“能干”和“天使”的代名词。

母性对海丝特的限定赋予了她神性，同时也剥夺了她作为人的特性。但这种神性到了20世纪，在厄普代克笔下却消解殆尽。作为她的后辈，萨拉虽有着天使般的美丽却不再温文尔雅。她是一个42岁的中年妇女，在她家人的眼里，她的肤色过黑，脚也很大。虽然受过高等教育，却可以像市井女人一样口出脏话。情爱对她也不再是禁忌，在给家人朋友的信中，她可以口无遮拦地谈论她不同的情爱经历。那曾作为耻辱象征的红字A，在萨拉的生活中无处不在：阿汉特（Arhat）、避居地（ashram）、亚利桑那州（Arizona）、维生素A、A形房子，还有A字形的婚纱。

萨拉的世俗性还表现在她矛盾的道德观上。一方面，她义愤填膺地痛斥查里对她的欺骗和背叛，另一方面，她的生活又充满了欺骗和自我欺骗。她会出于好心写信给锒铛入狱的少年马丁，希望能带给他抚慰，但同时她自己却在不断地偷盗犯罪，甚至连写信时用的文具也是从旅店里偷来的。一方面，她力图追求精神上的净化，希望通过在印度教避居地的修行得到人的升华，而另一方面，她又无法摆脱物质世界的诱惑，喋喋不休地谈论着财产的管理，不择手段地攫取各种钱财。在担任避居地会计师期间，她利用职务之便，将大约30万美元占为己有。

萨拉对海丝特神性的消解更重要的是表现为她对传统女性角色的摈弃。在当了22年的“姘妇，社交聚会上的傻妞，管家婆……暖被窝的人，女按摩师……活广告”（厄普代克，1997：60）后，萨拉毅然离家出走，开始对自己重新定位。“我将改头换面重新开始生活。那个你曾知晓且拥有的女人已不复存在，我已把她给毁了。”（厄普代克，1997：8）为此，她体验了不同的爱，既包括异性的爱，也有同性间的爱；既有凡俗的爱，也有精神上的崇拜。她还尝试了无数的身份，这可以从她的签名中略见一斑：萨拉、S、贡荼利尼（其印度教教名 Kundulini，指盘在脊柱底部的一条蛇，代表着女性力量）、K、阿汉特助手、代理会计师、4723 - 9001 - 7469 - 8666（萨拉在瑞士银行的账号）等。

2. 珠儿与珍珠

如果说海丝特的天使形象体现了对父权制的顺从，《红字》中的珠儿则是理想主义的产物，是一种希望的象征。和海丝特不同，她没有被描写为一个天使，而被描绘为一个精灵。她像一朵可爱的永不凋零的花，始终笼罩着神秘的光环。在她身上有着跳跃闪烁，却始终照不到海丝特身上的阳光。她有着与生俱来的优雅，但同时又古灵精怪，洞察世事，难以驾驭，由此体现出一种不确定的神性。

一方面，她是“被赋予了生命的红字”。这个小精灵和她母亲胸前的红字交相辉映，是“罪恶”的产物。她的存在代表着耻辱，并以此不断警示着世人，提醒着海丝特作为母亲的角色。但与此同时，她又是海丝特梦想的实施者，实现了海丝特无法做到的反叛。“海丝特的好斗精神”仿佛“永远地注入了珠儿的身心”（霍桑，2005：67），她天性狂野，不服管教。当其他清教徒的孩子玩去教堂或是拷问教友派的游戏时，她从不参加。有时，她甚至会发起小脾气，“抄起石子向他们扔去”（霍桑，2005：69）。她不承认自己是上帝的孩子，对于威尔逊先生的问题，她要么“粗野地拒绝回答”，要么宣称自己是“从野玫瑰丛中采下来的”（霍桑，2005：84）。

她是爱情的结晶、自然的产物，在她身上体现着人类本性的回归。当她回到大自然中时，她就变得无拘无束，快乐无忧。她同水镜中的自己嬉闹，用桦树皮做船，捕捉被困在海边的小海洋生物，向空中抛洒白色的泡沫，追赶四散的海鸟。在禁欲冷漠的世界里，她拷问真情，不断追问丁梅斯代尔的身份，要求他在公共场合牵着她的手。当这样的要求不能获得满足时，她不肯与他亲近。她会跑到河边去洗掉牧师在她额头上的亲吻，然后远远地站在一边。但当丁梅斯代尔最终鼓起勇气向世人坦承他的感情时，“珠儿吻了他的嘴唇……她的泪水滴在她父亲的面颊上时，那泪水如同在发誓：她将在人类的忧喜之中长大成人，她绝不与这世界争斗，而要在这世上做一个妇人”（霍桑，2005：201）。

在珠儿身上，“综合着从农家婴儿野花似的美到小公主的典雅高贵的气质”（霍桑，2005：67），甚至海丝特也疑惑珠儿到底是“人间的孩子”还是“天上的精灵”。她的形象很难被简单地定义为天使或是恶魔，这正反映出了霍桑在对待女性问题上的两难态度。作为一个深受妇女影响的作家①，他对女性怀有同情与理解，但因为加尔文教义的长期教导，他又无法完全摆脱父权主义的观念。于是，书中处处可见作者难言的苦衷，珠儿便是最好的例证。

当霍桑在天使与魔鬼、理想与现实之间游移不定时，厄普代克选择了直面现实。因此珍珠表现出了对珠儿形象的颠覆。厄普代克的珍珠不再是一个令人难以捉摸的精灵，也不是有着敏锐洞察力的先知，她还原了珠儿的人性，成了一个普通的女孩，从牙牙学语，蹒跚起步，到学会“使用抽水马桶，驾驶小功率摩托车”（厄普代克，1997：13），直到出落成一个亭亭玉立的少女。

珍珠对珠儿的颠覆还表现在对理想主义的粉碎上。在《红字》中，珠儿是海丝特忠实的同盟。她们如影随形，母亲在哪里，孩子就在哪里，几乎没有例外。在她们的血液里有着相同的狂野、热情和斗争精神。如果有人对她们有敌意，她会勇敢出击。从某种角度讲，珠儿代表着希望，是她母亲理想的实现，因为正是在她的帮助下，她妈妈的感情最终得到了丁梅斯代尔的承认。但另一个方面，这样的珠儿只是她母亲的影子，是一个没有自我，只能生活在伊甸园中的“天使的玩物”（霍桑，2005：66）。

珍珠却不同，虽然在萨拉眼里，她同样是价值连城的宝贝，是生命的延伸。萨拉同样希望通过她，实践一种不曾亲身体验过的生活。因此在她的想象中，珍珠成了一个女斗士——“身材高挑，勇敢无畏，女性气十足，像一面飘扬的战旗”（厄普代克，1997：12）；一个自由的女人——“独立不羁，有思想，绝不轻易随波逐流，她们那没有戴上别针的头发在脑后飘逸松散”（厄普代克，1997：210）。

海斯特、珠儿到萨拉和珍珠形象的变化体现出 20 世纪美国女性斗争的发展。60 年代中期之后，美国女权运动出现了两大分支：一个就是由弗里丹等人在 1966 年创建的全国妇女组织（National Organization for Women）发

---

① 霍桑的身边总有富于智慧和创造力的女性相伴，包括他的祖母、母亲、两个妹妹、才华横溢的妻子索菲亚、女权主义朋友富勒，还有女儿乌拉。她们都对霍桑的创作产生了巨大的影响。

起的自由主义女权运动，主要致力于为妇女争取“人”的权利，即帮助妇女走出家庭，享受与男性平等的权利。另一个是激进主义女权运动。《性政治》（*Sexual Politics*）的作者凯特·米利特（Kate Millett）最早将“父权制”这一概念引入了女性主义理论，强调女性应该在姐妹情谊的基础上团结起来，展开与男性的“性别之战”，支持女性同性恋，以摆脱性压迫等（王政，1995）。正是在这样的背景下，萨拉踏上了她的涅槃之旅，向父权制下的妇女形象宣战，试图通过经济和精神上的独立重新定义自己，重建两性关系。

然而《S.》在潜意识上却更像是对女权运动的反讽。尽管《S.》中莎拉通过第一人称的书信体获得了吉尔伯特和古芭倡导的话语权，然而莎拉的出走却带有深刻的男性痕迹，从离开丈夫到对阿汉特的膜拜再到对初恋情人的缅怀，循环往复中莎拉始终不曾摆脱对男性的需求与依赖。正如美国学者詹姆斯·斯基夫（James A. Schiff）所断言的，“无论她怎么努力，萨拉都无法将自己从对强大的男性的需要中解脱出来；从本质上讲，她无法拒绝‘同异性不期而遇’的念头”（Schiff，1992：113），即便是来到巴哈马小岛上的她也无法摆脱自己的精神荒原。

与此同时，米利特所谓的女性社群似乎也变成了幻想。这种女性联盟的本质是一种建立在共同理念下的想象共同体，然而莎拉口中的“我们”并不存在，因为甚至连珍珠都无法理解萨拉。她饱含激情的信在珍珠看来不过是歪歪曲曲的“奶油沙司”，没有任何意义。她的追寻，更是不可理喻，愚蠢可怜，甚至是耻辱的。她母亲希望她成为一名觉醒的女斗士，她却选择了在妥协中生存。她一直是男性视角中的乖乖女，在男友的建议下，她辍学去了欧洲，而后又按他父亲的意思嫁给了啤酒伯爵不学无术的儿子。她母亲试图从精神上获得新生，她却一直遵循着物质化的消费主义。因此她会在信中大谈简的父母在欧洲的房产，言辞中不乏羡慕。“她们在阿姆斯特丹的住宅历史悠久，他们在乡村有领地，领地上有运转不停的风车和咯咯叫的孔雀，在巴黎，他们还有公寓，他们那艘二十米长的游艇停泊在一个土耳其的港口内。”（厄普代克，1997：154－155）也因为同样的原因，她乐于和她的父亲一起骑马，出入王后河湾饭店、王子酒吧或牛津的其他豪华餐厅，享受博若莱干红葡萄酒，在醉醺醺中偶尔谈到可怜的母亲。

事实上，女性不仅受到了压倒一切的“社会与文学的双重禁锢”（Gilbert & Gubar，2000：xii），在现代商业社会中更是处于无形的经济控制当中。萨拉和珍珠“都掉入一个一味追逐金钱和物质的美国式的陷阱中”，她们不仅要求有‘一个自己的房间’，同时还紧紧伴随着对金钱的梦想”（Schiff，1998：111）。在金钱主宰一切的世界，任何对自我、艺术和社会策略性的逃离和重新定义都注定是没有结果的。吉尔伯特和古芭继承了其他女性主义批评家包括伍尔夫、米利特等开创的事业，致力于重建女性话语。然而，透过女性形象的时空旅行，我们不难发现，女性的书写并不仅仅在于杀死天使或魔鬼。

参考文献：

程锡麟，王晓路. 当代美国小说理论［M］. 北京：外语教学与研究出版社，2001.

程锡麟. 天使与魔鬼———谈《阁楼上的疯女人》［J］. 外国文学，2001（1）：72－78.

厄普代克，约翰. *S.*［M］. 文楚安，译. 郑州：河南人民出版社，1997.

弗里丹，贝蒂. 女性的奥妙［M］. 巫漪云，等，译. 南京：江苏人民出版社，1988.

霍桑. 红字［M］. 胡允桓，译. 北京：人民文学出版社，2005.

王政. 女性的崛起——当代美国的女权运动［M］. 北京：当代中国出版社，1995.

文楚安.《S.》：厄普代克对“女性意识”的新探索［J］. 外国文学评论，1991（1）：121－125.

Elbert, Monika. Hester's Maternity: Stigma or Weapon?［J］. *ESQ*, 1990（36）: 182－212.

Gilbert, Sandra M., Susan Gubar. *The Mad Woman in the Attic: The Woman Writer and the Nineteenth-Century Literacy Imagination*［M］. New Haven: Yale University Press, 2000.

Rothstein, Mervyn. In *S.*, Updike Tries the Women's Viewpoint［N］. *New York Times*, 1988－03－02.

Schiff, James A. *John Updike Revisited*［M］. New York: Twayne Publishers, 1998.

Schiff, James A. *Updike's Version—Rewriting* The Scarlet Letter［M］. Columbia and London: University of Missouri Press, 1992.

Angel on the Earth: The Transformation of Female Images from *Scarlet Letter* to *S.*

Zhang Qin

Abstract: John Updike has been a predominant literary figure of 20th century America, known for his prolific writing and delicate description of American life. In *S.*, he again highlights his favorite theme—inconclusive self-pursuit. Yet, what is unique in this novel is that he makes a bold reference to Hawthorne, the prestigious romantic writer in the 19th century, and for the first time allows a heroine to make her debut. Through comparative reading, the author will reveal the transformation of female image in the historical context and pose questions on the "mad woman" theory advocated by Sandra Gilbert and Susan Gubar as well.

Key words: female image; *The Scarlet Letter*; *S.* ; divinity; human nature

浅析《曾我物语》戏剧化中的关注点

陈晓琴

（四川大学外国语学院，成都 610064）

摘　要：《曾我物语》是日本室町时代具有代表性的历史文学军记物语之一，在后世它几乎完全是通过戏剧化的方式在大众中得以传承。本文在考察和梳理各类传统戏剧的相关曲目的基础上，分析和解读各类戏剧在将“曾我物语”题材戏剧化的过程中的关注点，并进一步思考其背后的成因，以期探明此古典戏剧能够常青的原因以及其与日本人的精神结构和文化特质之间的关联性。

关键词：《曾我物语》；能乐；净琉璃；歌舞伎

日本戏剧分为传统的古典剧与明治维新后受西方戏剧影响产生的近代剧两大类。古典剧中有能乐、狂言、木偶净琉璃、歌舞伎等剧种；近代剧则包括明治初期的新派剧和后来的新剧（话剧）。古典戏剧至今依然吸引着众多观众，剧本及表演形式的古典化继承成为日本戏剧的显著特征之一。同时，原则上古典戏剧的不同剧种之间互不交叉，各自拥有自己的专用剧场，剧种相异的演员不可能同台演出。而且，古典戏剧与诞生于近代的现代戏剧也没有交流，新剧的导演和演员不会涉足古典戏剧。

在古典戏剧中跨越几个世纪的时空仍经久不衰的题材当数“曾我物语”系列了，在日本几乎无人不知晓与它相关的情节或场面，说它仍然是当今人气十足的国民剧也不为过，其影响力犹如《三国演义》或《西游记》系列等之于中国人。

《曾我物语》是日本室町时代（1336－1573）代表性的历史文学军记物语之一，讲述了曾我祐成（十郎）、曾我时致（五郎）兄弟为父亲复仇的故事。然而，这部长达 10 卷的大作在后世几乎是通过戏剧化的方式在大众中得以传播受容，以悲剧英雄曾我兄弟为主人公的能乐（其剧本被称为谣曲）、幸若舞、净琉璃、歌舞伎，从 14 世纪末开始至今从未间断地在各种舞台上被演绎着。应该说在其戏剧化过程中的各种“日后谈”中蕴含着更加意味深长的密码，而它之所以能够像戏剧神话一样延续至今，很大程度上得益于在整个江户时代恒久的热演和在其演绎过程中所融入的道德观和审美感，它们作为“曾我物语”的古典化模板而被定格。从“日前谈”到这个时代逐渐被定格和成熟起来的各种版本，不仅可以发现和探索日本人对其痴迷不悟的原因，而且能够尝试破译它作为一种文化符号的意义。它们在戏剧化过程中所关注的是什么？这些元素与江户时代的日本人、其后乃至今天的日本人的精神结构和文化特质之间的关联性是什么？探明以上问题是本文的目的之所在。

1. 关于《曾我物语》

平安时代（794－1192）末期，在伊豆的武士之间展开了复杂的领地争斗，工藤祐经遭到伊东祐亲的暗算，其领地被霸占。工藤祐经为了报复，派刺客去暗杀伊东祐亲和河津三郎父子，刺客的弓箭射中河津三郎，致其当场丧命。

河津三郎的妻子带着两个年幼的孩子改嫁曾我祐信，这两个孩子从此改姓曾我，即曾我祐成（十郎）、曾我时致（五郎）。父亲去世时哥哥祐成8岁，弟弟时致3岁。作为武士的遗腹子，兄弟俩此后的人生轨迹和使命便只有为父报仇，因为对中世纪的武士而言，为君主和长辈复仇是被义务化的使命。

兄弟俩立志为父报仇，逐渐长大成人，没有一天敢忘记自己的使命，经历了种种苦难后，终于等来了复仇的机会。1193年5月28日晚源赖朝在富士山下的裾野举办卷狩（类似于现代的军事演习）时，曾我兄弟混入其中，趁警备薄弱之虚潜入工藤祐经的宿营处杀死了杀父仇人，终于达成18年以来的夙愿。然而，在深夜的混杀之中，哥哥被闻讯而来的武士仁田忠的剑当场刺死，弟弟于次日被斩首。

以上所述的《曾我物语》来源于日本的历史事实。曾我兄弟复仇事件是日本历史上的三大复仇事件之一。据记载，在1176年，也就是源赖朝举兵的前4年，伊豆的豪族工藤氏的滴流和庶流之间发生了领土争端，工藤祐经打伤了兄弟祐亲并杀死了祐亲之子河津佑泰。佑泰的妻子带着两名遗腹子改嫁曾我太郎，两兄弟因此改姓曾我。他们长大成人后，1193年源赖朝在富士山下的裾野举办卷狩时，两兄弟混入其中并成功地为父报仇。不过，哥哥当场被杀死，弟弟也在翌日被处刑。

曾我兄弟复仇及其死亡这一戏剧性的事件发生后，为了安抚和凭吊亡灵，有关兄弟俩的物语在以箱根和伊豆等地为中心的地区逐渐开始被传颂。以此为框架并结合其他的资料和口传，在镰仓时代（1185－1333）末期，由一个相对完整的故事构成的《曾我物语》问世。更进一步地融入各种资料及口传之后，在14世纪下半叶、15世纪初，现存的真名本（用汉字书写的）《曾我物语》随之诞生。在其过程中，女性宗教信徒和技能演艺者、箱根和伊豆地区安居院（寺庙名称）的传教僧侣、净土宗的布道僧侣、当时的民众等都参与到了这个物语故事的传颂和演绎创作之中。

2.《曾我物语》的戏剧化及其着眼点

2.1 各戏种的曲目

在江户时代不同种类的戏剧中，主要有如下曲目被搬上舞台，并且所关注的内容和情节渐渐趋于固定（因其中的大多数剧目还没有固定的中文译文，故曲目名称部分采用了日文表述）。

能乐（要曲）	「元服曽我」「小袖曽我」「禅師曽我」「調伏曽我」「夜討曽我」「切兼曽我」「十番斬」「伏木曽我」（共9曲）
幸若舞	「切兼曽我」「和田酒盛」「元服曽我」「小袖曽我」「剣さんだん」「夜討曽我」「十番切」（共7曲）
净琉璃	「ゆうせき諍」「曽我物語かわづまたのすまひろん」「こんげんそが物がたり」「石ばし山」「きりかね」「剣さんだん」「ふじのまきがり」「せんじそが」「世継曽我」「曽我七以呂波」「曽我虎が磨」「曽我会稽山」（共12曲）
歌舞伎	「曽我十番切」「曽我投島田」「曽我绣侠御所染」「寿曽我対面」「外郎売」「矢の根」「助六由縁江戸桜」「小袖曽我薊色縫」（通称「十六夜清心」）（共8曲）

2.2 各戏种的着眼点

上述江户时期的剧目，保留至现在依然上演的能乐有《元服曾我》《小袖曾我》《禅师曾我》《调伏曾我》《夜讨曾我》5曲；幸若舞剧种现在已经从一般大众的生活中消失，除专门的研究者外，几乎无从接触；净琉璃中得以保留的是《世继曾我》；歌舞伎的剧目在现代人气最旺，《寿曾我对面》《外郎卖》《矢之根》《助六由缘江户樱》《小袖曾我蓟色缝》5曲被继承，尤其是《寿曾我对面》，它是每年新春剧场必定上演的传统剧目，已经成为一种仪式般的存在。

能乐《调伏曾我》将关注的人物焦点放在弟弟时致身上。一天，源赖朝一行来到了年幼的时致被寄放的箱根寺参拜，时致在向住持逐一询问来访的每个人时，发现了杀父仇人工藤祐经在其中。注意到此举的工藤祐经告诉时致：不是我杀了你父亲，而是他自己撞到飞来的弓箭。源赖朝一行离去后，时致为幼小的自己刚才在气魄上被对方压倒而感到懊恼并试图追上去为父报仇。住持阻止了时致，为他准备了诅咒工藤祐经的替身木偶，随着诅咒时日的增加，不动名王现身砍掉了替身木偶的头颅。

《元服曾我》选取了弟弟时致的“元服”一幕。哥哥祐成在出发为父亲报仇时，感觉自己孤军一人势单力薄，便去箱根寺准备带上弟弟同行。虽然最初寺庙的别当大人不肯放行，但后来被兄弟二人的坚决和豪情打动，还是遂了二人的心愿。途中哥哥为弟弟举行“元服”（剪掉刘海戴冠的成人礼）仪式，兄弟二人及随从一行士气大壮。

《小袖曾我》演绎了兄弟二人与母亲告别的场面。两人听说源赖朝在富士山下的裾野举行卷狩，便决定利用这个机会报杀父之仇，但向母亲隐瞒了真实的目的，而只是伪装成去参加此仪式活动。兄弟俩怀着永别但却不露痕迹的复杂心情勇敢上路。

《夜讨曾我》再现了兄弟俩从故乡出发后的途中以及晚上夜袭仇人的情形。

《禅师曾我》描述了收到曾我兄弟二人死讯后的最小的弟弟久上禅师的状况。他已经出家成为越后（现在的新潟县）久上寺的僧侣，在母亲信中读到两个哥哥的噩耗，为自己的无为而羞愧准备自我了断时，被源赖朝派来的士兵抓捕。

从这些曲目的场面和登场人物的选择来看，故事始终以曾我兄弟为中心，而且将重点更多地放在为达成讨伐杀父仇人这一最终目的以及他们精神的变化上。年幼时内心的无力感，随着慢慢长大而逐渐积蓄力量，18 个岁月的漫长等待、忍耐和煎熬与母亲间的冲突以及对母亲的体谅照顾……传达给我们的不是夙愿达成的可喜可贺，而是对这个家族的悲剧性的强调。通常看来应该最具戏剧高潮效果的讨伐仇人的场景，在这里反而被淡化，甚至忽略。本初阶段的《曾我物语》是口口相传、以叙事为主的，而在把它搬到能乐的舞台上时，则发生了由叙事性向戏剧的表演性过渡的转变。能乐的宗旨在于将曾我兄弟的灵魂在舞台上再现出来，将他们无以抒发的内心深处的情感纹路立体地展示在观众面前。能乐从祭神的仪式演变而来，是极具宗教意味、主要以歌舞为主的假面悲剧，不追求情节的变化，更着重叙事抒情。《曾我物语》在能乐中被戏剧化的方式，当然也受到了这样的特质的影响。

日本中世纪战国时期的武将们所喜爱的幸若舞，在室町时代曾经风靡一时，可在江户时代已经开始走向衰退，现在更是几乎绝迹。《元服曾我》《小袖曾我》《夜讨曾我》与能乐中的同名曲目在细节上虽有些微差异，但在取材和大致内容上基本相似。不过，同样素材的细小差异仍然表现出了所追求的趣味的不同。比如，在其中加入了关于富士山的传说等制造历史效果的部分，并且设定了许多跟曾我兄弟有关的戏剧性的场面。《和田酒盛》强调了游女（妓女）虎与贫穷武士之间的爱情，以及曾我兄弟向权势挑战的果敢和勇气；《剑赞谭》则变成了长剑的来历谭一类的传说故事；《十番切》里对当政者源赖朝的美化十分明显。这几个曲目都表现出了其大众娱乐性的本质和特点。

净琉璃剧目《世继曾我》为净琉璃大家近松门左卫门所创作，交代了曾我兄弟完成报仇心愿却各自离世后其身边人们的日后谈。哥哥的相好虎和弟弟的恋人少将将兄弟俩的遗物送回其故乡的母亲身边，用舞蹈的方式告诉他们的母亲兄弟二人的壮举，并拼命保护虎与哥哥祐成所生的遗孤祐若。在曾我兄弟俩之前的几名随从和兄弟各自的恋人虎和少将的共同努力下，当时曾经活捉弟弟时致并对其进行侮辱的重宗和荒四郎被抓，并被押送到镰仓幕府。源赖朝对他们的行为给予高度评价，作为赏赐，归还了过去曾我家族曾经支配过的土地的所有权，并且允许祐若继承家业。

在净琉璃的《世继曾我》中，过去在《曾我物语》里几乎不受关注的曾我兄弟周边的人物纷纷登场，他们的处境和心情，如兄弟俩的恋人虎、少将以及随从朝比奈、团十郎等，得到了细腻的刻画。《曾我物语》中关于这些人物心理和情感方面的记述极其少见，而《世继曾我》及其他净琉璃曲目却为这些人物独立设置场景段落，让他们完全走到舞台的前面。另外，对源赖朝的人物塑造也与原作的刻画相异，对于关东的武士集团来说他是一个具有特别意味的存在。净琉璃经过近松门左卫门改良之后，成为肯定在主流社会无法立足的失败者的人生价值、为弱者呐喊助威的戏剧。

在歌舞伎剧目《寿曾我对面》中，曾我兄弟与杀父仇人工藤祐经会面的设定完全颠覆了过去的其他固定情景模式。在原作中，兄弟俩是作为富士裾野的卷狩参加者在狩猎场偶然遇见工藤祐经的，而在此剧中则是兄弟二人堂堂正正地直奔工藤祐经的公馆向他宣战。《外郎卖》的内容与《寿曾我对面》的故事展开大致相同，只是加入了弟弟五郎装扮成买药的小贩即“外郎卖”，来到工藤祐经所在的地方伺机复仇的情节。他叫卖招揽买主的绕口令是本曲目最有看点的表演，因此这个剧目也成为歌舞伎十八个保留节目之一。而《助六》的设定，则让曾我五郎摇身变为名叫助六的时髦男子，出没在最顶级的花柳街吉原。原作中的镰仓时代的武士变成了江户时代理想化的江户范儿男子，显然是为了迎合已经强大起来的町人（商人）们的口味。到《小袖曾我蓟色缝》，可见当时大量的流行和新鲜事，在轻松的氛围中曾我兄弟被改塑成当代通俗生活中的人物形象。

原来充满曾我兄弟身边的女人们的眼泪（其母亲及恋人）、忧伤而灰暗的作品，如今呈现出散发着讨伐成功后的畅快感的面貌。商人的受容方式引领了主流，《曾我物语》也迎合他们的口味发生了改变，由此可以窥见町人阶层愈发强大的社会背景。

3．结语

民俗学认为，为了给曾我兄弟镇魂而开始的关于曾我家族的口传，是《曾我物语》的起源。某个事件发生之后，不久便会产生一些对它的诠释，在此基础上再润色演绎的物语亦会随之逐渐形成。以口传的形式诞生的这部历史物语，完全是以戏剧化的形式在被受容和传承，而且，总是立足于所经过的各时代的主流视角被重新演绎和创作。《曾我物语》是历史物语，它始终保持着大众戏剧的特质，但又有微妙的变化。虽然古典化是日本传统戏剧的典型特点之一，但《曾我物语》并没有化石般地古典化，它的内涵始终都在生长变化。

并且，因为它在日本存在了长达几个世纪，其对日本民族精神特质的影响不容小觑。这种通过大众戏剧媒介而扩大的影响，较之说教性的宣传更容易渗透，长时间所孕育的文化影响了人们的思维模式和行为方式。1603 年的健屋之辻决斗复仇事件，以及 1703 年赤穗 47 义士为原藩主复仇、后来 47 人被命令集体剖腹的冲击性的事件，总让人感觉似曾相识。而且取材于赤穗 47 义士复仇事件的歌舞伎《忠臣藏》也成为经久不衰的曲目。从这一角度来看，《曾我物语》的戏剧化现象变得更加意味深长。

参考文献：

宝方清．日本文艺论［M］．东京：ミネルヴア書房，1980.

曾我物语：新编古典文学全集 53［M］．东京：小学馆，2002.

河竹登志夫．演剧概论［M］．东京：东京大学出版社，1978.

黑石扬子．叙事文学の演劇化［J］．东京：东京学艺大学纪要，2012.

剧文学：研究资料日本古典文学⑩［M］．东京：明治书院，1978.

军记・历史物语：研究资料日本古典文学②［M］．东京：明治书院，1978.

舞の本：新古典文学大系［M］．东京：岩波书店，2005.

物语文学：研究资料日本古典文学①［M］．东京：明治书院，1978.

折口信夫．折口信夫全集 18［M］．东京：中央公论新社，1996.

On the Focus of the Dramatized *The Tale of SoGa*

Chen Xiaoqin

Abstract: As one of the most representative tales of historical literature of Muromachi Period in Japan, *The Tale of SoGa* has been inherited by the Japanese mostly by means of drama. This paper explores and combs the lists of various types of traditional Japanese drama concerning *The Tale of SoGa*, analyses and deciphers the interest points of each in recreating the same tale, and tries to find out the origin of the various focuses in the hope of ascertaining the cause of the popularity of ancient drama and its correlation with the spiritual structure and cultural traits of Japanese people.

Key words: *The Tale of SoGa*; No; Net glass; Kabuki

浅议芭芭拉·约翰逊的“书写”概念

汤 平

（四川大学外国语学院，成都 610064）

摘　要：作为当代美国著名解构主义和女性主义批评家，芭芭拉·约翰逊在《书写》一文中主要围绕三个问题展开讨论：“书写”如何成为一个批评概念；在诸如巴尔特、索绪尔、拉康及德里达等人理论的洞照下，“书写”是否还是一种明澈的意义载体；“书写”这一概念对文学阅读与阐释有什么样的意义。约翰逊对这三个问题的回答为我们当前的文学批评提供了有趣的课题。她借用巴尔特、索绪尔、拉康及德里达的相关理论详细阐释了法国解构主义背景下的“书写”；同时，她还强调书写理论在研究当代女性主义、东方主义、欧洲中心主义等问题上的重大意义。

关键词：解构主义；书写；能指；所指；延异

芭芭拉·约翰逊（Barbara Johnson，1947－）是当代美国著名解构主义和女性主义批评家。她毕业于耶鲁大学，现任哈佛大学英文系和比较文学系教授、哈佛大学法学与精神病学协会教授，主要研究领域为19世纪和20世纪英国文学、法国文学、美国文学（特别是美国黑人文学）、女性主义、文学理论和翻译等。约翰逊的重要批评著作包括《批评的差异》（*The Critical Difference*，1980）、《差异的世界》（*A World of Difference*，1987）、《女性主义者的差异》（*The Feminist Difference*，1998）和《解构的觉醒》（*The Wake of Deconstruction*，1993）等。她的前三部著作的书名都使用了“difference”（差异）一词表示不同的阅读策略。作为当代美国最重要的文学理论家之一保尔·德·曼（Paul de Man）的学生和解构批评最坚决的捍卫者，才华横溢的芭芭拉·约翰逊建立了她作为德里达解构主义理论在美国的杰出阐释者的地位。本文旨在围绕约翰逊在《书写》一文中主要探讨的三个问题展开讨论：“书写”如何成为一个批评概念？在诸如巴尔特、索绪尔、拉康及德里达等人理论的洞照下，“书写”是否还是一种明澈的意义载体？“书写”这一概念对文学阅读与阐释有什么样的意义？约翰逊对这三个问题的回答为我们当前的文学批评提供了有趣的课题。

1.“书写”概念的引入

“Writing”一词具有记录和写作两种含义。古往今来的作品中有许多关于书写的描写。从波斯诗人奥玛尔·海亚姆（Omar Khayyám）移动的指尖到卢梭战栗的手，从摩西残缺的碑文到爱伦·坡失窃的信，从阿根廷诗人豪尔赫·路易斯·博尔赫斯（Jorge Luis Borges）的百科全书到华兹华斯的诗行，书写的意象有力地证实了书写文字的技巧及重要性对人们具有持久的吸引力。在20世纪60年代的法国，书写在哲学、心理分析和文学上的地位尤为凸显。它仿佛瞬间变成了一切神话的答案，吸引了罗兰·巴尔特（Roland Barthes）、索绪尔（Ferdinand de Saussure）、拉康（Jacques Lacan）、德里达（Jacques Derrida）等杰出理论家对书写的浓厚兴趣。

2. 解构主义视野下的“书写”概念

作为法国结构主义向解构主义过渡的重要批评家，罗兰·巴尔特在1953年出版的《写作的零度》（*Writing Degree Zero*）一书中提出了与萨特的作家“介入”理论相对立的“零度写作”理论。他认为，作家应该采用中性的、非感情化的、回避主观意向性的写作方式去实现语言最大限度的丰富性和流动性。他指出，自福楼拜以来的现代文学已证明，文学变成了语言问题。在书中他探讨了法国19世纪文学理论的发展和语言表征能力丧失之间的矛盾关系和语言关系中的社会关系性。他强调写作语言应该保持清新性，认为一种写作诞生于一种不确定的语言领域中。他指出“作品”（work）和“文本”（text）是两个相对的概念。“作品”是一个完整的、封闭的、可靠的表征客体；与之相对的“文本”则是开放的，是产生和颠覆意义的无限过程。约翰逊认为“作品”和“文本”不是两种不同类型的客体对象，而是两种看待所写文字的不同方式（Johnson，2004：341）。巴尔特强调“文学”（literature）和“文本性”（textuality）这两个概念之间存在张力。“文学”是一系列抽象的、意味深长的伟大作品，而“文本性”则表现了一种未完成的、异质性的、具有意义的破裂力，它消除了文本的封闭性。巴尔特把文本视为“作者死亡”之后的产物，是“一个多维的空间，在这个空间里各种各样的著述相互混合、相互冲突”（巴尔特，2003：321）。他主张以自由的创作或文本的游戏来定义和理解“书写”，这恰恰是解构主义理论的核心内容。文学文本是对“能指”的放纵，没有开始也没有结束，也没有一个结合点。“所指”则被一再后移（董学文，2005：418）。

约翰逊认为巴尔特的写作理论明显受到马克思主义与心理分析理论的影响，而《如实》杂志撰稿人的马克思主义与心理分析的理论视野，明显受到了索绪尔语言学发展的影响，这种影响使得“书写”获得了独特的内涵。索绪尔在《普通语言学教程》（*Course in General Linguistics*）中从共时性角度来理解语言符号的意义生成：符号只有在整个语言系统中才具有产生意义的条件。他借用“象棋”的著名比喻来阐明这一思想，即棋子的意义来自棋类游戏的规则系统对棋子角色功能的认定，而并非由棋子本身决定。他把符号看作语言系统的单位，包含能指和所指两个层面。一方面，能指和所指之间的关系是任意的；另一方面，这种关系一旦结成，就由语言系统来控制，说话人不能随便改变。这样，索绪尔就把人们的眼光由书写活动的历史、现实层面引到了书写活动的符号系统内部不同的关系层面。更重要的是，他注重符号间差异关系对符号意指的内在规定性，从而使“差异”（difference）成为搜寻意义源头的引领性概念。他还曾尝试证明近代拉丁诗歌中隐含的字谜。约翰逊认为，无论这些字谜是否构成理解这些诗歌的关键，但都说明了能指在创造诗歌效果中起到的主导作用。

后来研究书写的理论家和索绪尔有所不同。正如约翰逊指出的那样：

> 他们看到了能指/所指关系与唯物主义/唯心主义的某种联系。如果能指是观念存在的物质条件，所指的特权地位就近似于商品崇拜，这种商品崇拜源于资产阶级视而不见劳动与经济存在的物质条件。能指的解放，对唯心主义压抑的反抗，发动差异和欲望的力量来对抗认同的法律和秩序构成20世纪60年代法国变化进程的全部。
>
> （Johnson，2004：342）

他们呼吁解放“能指”，反抗理想主义者的压抑，希望打开书写与社会、文化、政治等各种力量复杂关系的一个通途。约翰逊从“能指的解放”开始，介绍了精神分析学家出身的拉康对索绪尔把能指和所指区分为同一张纸的两面的指责。他从“无意识”角度论述了符号所指意义的滑动性和不确定性。

拉康在《拉康选集》（*Ecrits*，1966）中试图重新解读弗洛伊德。他认为弗洛伊德的写作体现出“无意识以类似语言的方式建构而成”（Johnson，2004：342）。无意识不是模糊动力和精力的储存库，而是一种通过置换的形式使压抑观点回归的清晰系统。在拉康看来，梦境、失语、怪异行为、歇斯底里等症状体现了一条“表意链”（signifying chain）。这种“表意链”如同一种无意识“外来语”，使我们不能在一种意识层面上来理解它。拉康指出只能沿着“能指链”的滑动才能找到所指。鉴于此，能指与所指并非是一对一的简单关系，所指的影响只能在这个能指向另外一个能指的运动中产生。拉康借用爱伦·坡的短篇小说《失窃的信》来论证在所指不明的状况下，人的行动受这封信的移动所制约，所指的意义由能指的滑动所决定。“能指不断链接，所指永远滑落，这就是后结构主义描述的语言符号的运动情况。”（马海良，2006：171）

作为法国最重要的写作理论家之一，德里达从文字与言说的关系角度来对抗形而上学和“逻各斯中心主义”。德里达在1967年出版的《论文字学》（*Of Grammatology*）、《语言与现象》（*Speech and Phenomena*）、《书写与差异》（*Writing and Difference*）三部扛鼎之作中对西方传统二元对立论提出了质问。“先学说后学写”这一事实反映出声音历史先于书写历史。从柏拉图至索绪尔，甚至包括其他人，都据此思考人类沟通的进化和起源：声音在先，书写居后。但德里达认为，只有在“声音—书写”的连续性是在“声音—书写”的对立性中被理解的前提下这一观点才是真实的（转引自林少阳，2006：533）。他发现重言说、轻文字的传统是一种典型的“逻各斯中心主义”。言说具有直接的、现场的、活生生的和完整统一的特征，而书写则只是对言说的记录，是暂缓的、缺席的、死气沉沉和分离的（Johnson，2004：343）。正如约翰逊所言：“口说语言被赋予更高的位置是因为言者与听者都同时面对所发之话，因为在听者聆听言者说话的同一时刻，言者也在自说自听。”（转引自林少阳，2006：533）言说以自我显现（在场）的形式出现。德里达揭示了言说与书写的共同基础——“延异”（différance）。它作为德里达的生造词，是“deferment”和“difference”的结合物。他把语言看成延迟与差异永无止境的游戏，而意义也只能从无数可供选择的意义差异中产生（王泉等，2006：264）。

约翰逊采用德里达的“延异”理论对北美殖民时期的杰出诗人爱德华·泰勒（Edward Taylor）的《自省录》这首诗做了精彩的分析。诗歌体现了泰勒向自己灵魂深处不断探索的过程，泰勒对自己到底是不是从灵魂到肉体都是上帝按照自己形象创造出来的显得十分犹豫，其困惑和矛盾显得尤为突出，扣人心弦（参见张冲，2004：108－109）。约翰逊指出，从金属货币到图像，再到文字，从触摸到阅读再到书写，言说者在诗歌末尾似乎比最初离上帝更远。“延异”使诗歌存在的空间得到了印证（Johnson，2004：

345）。

约翰逊认为书写的逻辑是双重的，一方面书写是“延异”必要的补充，另一方面必须为“延异”找到补充。德里达在分析书写时，把这种书写逻辑称作“补充的逻辑”（logic of the supplément）。德氏的“supplément”在法语中有“添加”和“替代”两层含义。他提出言语需要文字的补充，这说明言语本身并不完整。他所说的补充实际上是一连串无休止的语言代替，是一种漫无边际的延伸系列，它使在场持续不断地被“延异”（王泉等，2006：264）。约翰逊以“A 补充 B”作为基本陈述，列举了一系列同义陈述，无论是“A 是 B 的添加物”等所谓正面性质的陈述，还是“A 是 B 的威胁”等所谓负面性质的陈述，都表明书写“A”在成为思想“B”的补偿的同时，又替代了它而在场。她有力地论证了德里达的“补充的逻辑”。

约翰逊认为德里达的书写理论实际上也是一种阅读理论。他把“空间”一词引入阅读，说明马拉美的诗歌意义不能凭直觉去做总体的把握，只能通过分析其内部复杂的关系网络“推算”出来（Johnson，2004：346）。他认为“书写”这个概念表明了一种体验式或感悟式批评的终结。以德里达分析“药”（pharmakon）一词的意义为例，约翰逊强调了词语的复义性①。德里达尤其关注书写的所谓边缘、注解、裂隙、回声、离题、间断、碎片、悖义、含混等文本症侯（Johnson，2004：346）。因为作者书写的东西与他的思考有或多或少的偏离，当读者阅读书面文字时，他应该获得比直觉感知更多的东西。

3. “书写”概念对文学阅读与阐释的意义

约翰逊指出，能够在文本中阅读到物质性、无声、空间和冲突的书写理论为“语言的政治学”提供了极为丰富的研究方法。“书写”概念使我们进一步看到解构主义批评所揭示的文本意义的模糊性和多元性。作为一个女性主义和解构主义理论的批评家，约翰逊尤其关注书写理论在性政治领域的研究。哈佛大学教授爱丽丝·贾汀（Alice Jardine）在《创女记》（*Gynesis*）中指出，自以理性为中心的逻辑被解码成“男性”以来，空间、含糊、比喻表达法和间接的“他者”逻辑被解码成“女性”（Johnson，2004：346）。法国一批当代作家致力发展女性写作的理论和实践，例如埃莱娜·西苏、露

① 药既有治病之良药，也有害人之毒药，一词双义。

丝·伊瑞格瑞力图书写女性生理和思想的差异和特质。在女性主义代表作《阁楼上的疯女人》一书中，桑德拉·吉尔伯特和苏珊·古芭展示了19世纪女性作家努力争取作者身份，反抗在父权制社会里女性沉默无语的斗争。美国作家阿德莉安·里奇（Adrienne Rich）在《论谎言、秘密和沉默》的论文集中追溯了女性沉默的历程。这些作品旨在揭示由女性写作编码的被压抑、被扭曲或被伪装的信息。阅读这些作品需要超越表面意图或字面意思的技巧，充分利用写作能力去保存那些不能解码的内容。这与巴尔特提出的在"阅读过程中，读者其实也是在进行写作，来填充意义的空白处"的观点不谋而合（转引自董学文，2005：417）。

西方男性权威的作品不仅常常编码女性的沉默、毁誉和理想化而且还编码"他者"的沉默与毁誉。后殖民思潮中最重要的理论家之一爱德华·赛义德在《东方学》一书中分析了作为欧洲"他者"的"东方"的学术、艺术、政治领域，同时揭示了在欧洲中心主义体制下西方对东方形象的歪曲。不容置疑，书写概念反映了德里达对文本书写中潜在的压制性力量的追索，为上述批评活动提供了极为重要的理论资源。

4. 结语

在20世纪60年代法国解构主义浪潮中，"书写"发展为一种涉及哲学、心理学、语言学、符号学和文学的综合性理论。芭芭拉·约翰逊总结了著名文论家巴尔特、索绪尔、拉康及德里达所提出的关于"书写"的重要观点，并在此基础上对"书写"一词进行了充分的描述与补充。约翰逊关注"书写"解构性的现实冲击力量，强调书写理论在研究当代女性主义、东方主义、欧洲中心主义等问题上的重大意义。但是笔者认为，书写的解构理论本身并不具有展开女性主义、后殖民主义批评的历史视野。如果仅仅从解构主义的书写理论出发，难以应答当前诸如种族、身份、性别及全球化等置身于相互冲突中又互相协调的文化格局内部的一系列问题。

参考文献：

巴尔特，罗兰. 作者之死［M］//拉曼·塞尔登，编. 文学批评理论：从柏拉图到现在. 刘象愚，等，译. 北京：北京大学出版社，2003.

德里达，雅克. 书写与差异［M］. 张宁，译. 北京：生活·读书·新知 三联书店，2001.

董学文. 西方文学理论史［M］. 北京：北京大学出版社，2005.
林少阳. 书写［M］. 北京：外语教学与研究出版社，2006.
马海良. 后结构主义［M］//赵一凡，等. 西方文论关键词. 北京：外语教学与研究出版社，2006.
王泉，等. 解构主义［M］//赵一凡，等. 西方文论关键词. 北京：外语教学与研究出版社，2006.
张冲. 新编美国文学史：第一卷［M］. 刘海平，等，编. 上海：上海外语教育出版社，2004.
朱立元. 当代西方文艺理论［M］. 上海：华东师范大学出版社，2001.
Johnson, Barbara. *Writing*［M］//Rivkkin, Julie and Michael Ryan, eds. *Literary Theory: An Anthology*. 2nd edition. Malden: Blackwell Publishing Ltd., 2004.

On Barbara Johnson's Concept of "Writing"

Tang Ping

Abstract: As the contemporary American leading critic of the deconstruction and feminism, Barbara Johnson discusses three major issues in her famous essay "Writing": how the concept of "writing" has become a critical term; whether "writing" still conveys clear meanings; how the concept of "writing" is significant to the literary reading and elaboration. She expounds this concept in the context of French deconstruction by analyzing the related thoughts of Roland Barthes, Ferdinand de Saussure, Jacques Lacan, and Jacques Derrida. Meanwhile, she emphasizes the significance of the concept of writing in the research of contemporary important issues such as the feminism, orientalism, and Eurocentrism.

Key words: Deconstruction; writing; the signifier; the signified; différance

他审与自审
——解析《洪堡的礼物》中对父权制文明的巩固

方小莉

（四川大学外国语学院，成都 610064）

摘　要：通过对西特林和洪堡以及西特林与他身边的女性的关系分析，本文试图探讨在《洪堡的礼物》中西特林通过他审与自审，经过寻父与弑父、寻妻与杀妻，最终选择抛弃女性所代表的拜物主义而回归父亲所代表的父权制精神文明这一主题。他审与自审的目的是为了确立一种新型的父子关系，从而巩固父权制文明的权威。

关键词：《洪堡的礼物》；他审；自审；父权制文明

“著名批评家哈罗德·布鲁姆称贝娄是‘他那一代中最强的美国小说家’。”（程锡麟，2007：14）在贝娄的整个创作生涯中，一个永恒的母题几乎贯穿了他所有的小说：“俄狄浦斯式的父子冲突关系。反叛的儿子约瑟夫（Joseph）受到父亲死亡的威胁；阿萨（Asa）一直挣扎着努力避免成长为他偏执狂似的父亲；汤米（Tommy）否认其作为自己父亲儿子的身份；汉德森（Handerson）的父亲拒绝承认他；赫索格（Herzog）在父亲那里找到身份的认同后最终才皈依了平静。”（Clayton，1979：232）在小说《洪堡的礼物》中，作者继续这个母题，为我们塑造了一对俄狄浦斯式的父子形象。批评界过去在对他们关系的界定中，主要认为他们的这种父子冲突隐喻以洪堡为代表的精神至上的世界与以西特林为代表的物质至上的世界的冲突。本文旨在通过研究小说的叙事方式来审视洪堡与西特林的父子关系，同时也审视西特林与他身边的几位女性的关系。笔者认为，西特林通过叙述审视自己身边的人，同时也重新认识自己。他审与自审的目的是为了确立一种新型的父子关系，从而巩固父权制文明的权威。

1. 他审与自审：叙事中展开的互审式结构形态

杨经建认为“将审父视为一种以平视的姿态，对某类先验秩序存在（以父法为律则的人情事理）和现实中的对应性存在进行理性的、客观的、带有明显的现实主义的意味的观照和审度。在这样的前提下，文学创作中的审父应是对父性制文明的一种知性的艺术思考。完全可以说审父意识是思维个性的成熟，它体现出一种他审和自审的互审式结构形态”（2006：160）。本文中的他审不仅包括审父也包括审母，因为每一组俄狄浦斯式的父子冲突都无法逃避母亲这一欲望对象。在《洪堡的礼物》中，西特林一方面在审视洪堡和其他女性人物，另一方面也通过对他们和对自己的审视来自审，同时西特林又借其他人物之口来评判自己、审视自己。叙述者正是用叙述构成了这种他审与自审的互审式结构形态。小说主要从叙事视角、叙事结构和叙事声音三方面来建构这种互审模式。

小说采用第一人称回顾性叙述：由叙述者“我”——现在的西特林提供声音，被追忆的“我”——正在经历事件的西特林提供经历。在第一人称回顾性叙述中，通常有两种眼光在交替作用：一为叙述自我的眼光，另一为经验自我正在经历事件时的眼光（申丹，2004：238）。这样，现在的西特林则可以用现在的眼光去观察往事，同时也可以用现在的眼光去审视经历事件中的人物关系，以此达到审视与自审的目的。

小说中的叙述者在叙述过程中不断显身，以不同的方式留下叙述痕迹，造成叙述干预，时刻提醒读者叙述者的审视与自审两种行为。

叙述者通过一种超表述行为，以元小说的形式告诉读者叙述者西特林正在用现在的眼光来审视过去的故事。例如，叙述者在回忆洪堡死前他最后一次见他的情形时，这样讲道：“after the luncheon in Central Park（I am compelled to repeat），I walked out and saw Humboldt.”（Bellow，1973：112）。在这句话中，我们可以看到，叙述者不仅对自己的叙述行为进行了解释，还将其用括号括起来。这种元小说形式的超表述行为尽显叙述的痕迹。

同时，叙述者还用时态的变化来发表对西特林经历事件的看法：“At this moment I must say，almost in the form of deposition，without argument，that I do not believe my birth began my first existence。”（140）从中我们可以看出，叙述者一边在叙述事件，审视叙述中经历事件的人物，一边在进行自审，并发表自己的看法。

另外，叙述者还通过人称滑动的方式来显露自己的叙事痕迹，提醒读者他的存在，并进行审视和自审。在小说中，叙述者西特林主要采取了两种人称滑动形式：第一人称滑动到第三人称，第一人称滑动到第二人称“you”。在文章中我们可以看到第一人称向第三人称滑动的方式：

> So my pal Humboldt was gone. Probably his very bones had crumbled in potter's field. Perhaps there was nothing in his grave but a few lumps of soot. But Charlie Citrine was still outspeeding passionate criminals in the streets of Chicago, and Charlie Citrine was in terrific shape and lay beside a voluptuous friend. This Citrine could now perform a certain Yoga exercise and had learned to stand on his head to relieve his arthritic neck. (12)

在上述引文中，叙述者西特林好像在介绍另一个人物一样用“Charlie Citrine”“This Citrine”“his”来指称自己，可见他是将叙述自我与经验自我区别对待的。他如局外人般观察自己，发表对自己的看法。

叙述自我还通过人称从“I”滑动到“You”的方式来直接与读者交流，从而直接向读者表明自己对事件的看法。例如：“Once you had read the Psychopathology of Everyday Life you knew that everyday life was psychopathology.”（8）再如：“And I'll tell you how I saw it from the plush decay and heated darkness of the Belasco Theatre.”（153）这样的滑动在作品中俯拾皆是。

可见，小说在叙事视角上为我们建构了一种互审式的结构形态。叙述者通过对经历中的人物及其相互关系的审视来达到自审的目的。

小说的叙事结构安排也为我们构建了一种互审的结构模式。《洪堡的礼物》看似结构烦乱，但还是可以理出头绪：在小说的前 3 节中，第一人称叙述者西特林回顾了洪堡的一生。在这 3 节中，叙述者西特林回顾了所经历的事件中自己与洪堡的关系。叙述自我通过对洪堡的回顾来审视洪堡，同时也通过自己与他的关系来审视自己。小说的第 4 节到第 40 节主要是西特林对自己人生的回顾，其中不时出现关于洪堡的片段回忆，但更多的是回顾西特林与他身边的女人的关系。叙述者一方面在审视这些女性，另一方面也通过对他们之间关系的审视来自审。同时，由于洪堡的形象不时出现在第二部分，叙述自我同时也是在审视经验自我与洪堡关系的变化发展及洪堡对自己的影响。第 41 节为小说的最后一部分，揭示了小说中他审与自审的结果。经历事件的西特林最终选择了抛弃欲望之母而回归精神之父洪堡。

小说的叙事声音也建立了这种互审的模式——小说主要是以西特林的声音来叙述故事。我们在小说中处处都能听到西特林对其他人物和自己的评价及看法，在此无须赘言；同时我们也不能忽视作为叙述者的西特林并没有剥夺其他人物的声音，我们在小说中可以看到大段大段的直接引语，都是他人对西特林的评价。叙述者借其他人物之口来说出对西特林的评价，从而达到审视经历事件中的西特林的目的：

> 查理——啊！你不是个真正的美国人。你对此反而感恩戴德。你是个外国人。你像那些刚到美国来的犹太移民，老是低三下四、卑躬屈膝。你也是经济萧条的产儿。你大约没有想到自己会有一个职业，还配备上办公室、办公桌和私人专用橱柜。你是受宠若惊了。你不过是这些基督徒大宅子里的犹太小耗子，却又妄自尊大，目中无人。
>
> （蒲隆，2007：115）

另外，我们也可以看到小说中女性人物对西特林的评价。例如莱娜达说他：

> 你所做的事就是编造同死者的关系。其实，他们活着的时候你跟他们什么关系也没有。你编造了一些他们生前不允许的或者你过去无法建立的联系。我曾经听你说过，死亡对有些人来说是好事，言下之意是你从死亡中得到了什么。(286)

他们对西特林的评价总是能引起西特林对自己的深深思考。有些言语虽然过激，但也并非是无稽之谈。它们在某种程度上击中了西特林问题的要害，让我们看到他人眼中的西特林的真实形象。这样，叙述者就通过别人的声音向我们全方位展示了西特林，从而在叙述中达到自审的目的。

可见，叙述者在叙述视角、叙述结构和叙述声音三方面为我们建构了一个他审与自审的互审结构。那么在这个互审的结构中，他审与自审的主题是怎样实现的？在这个结构中，叙述者要达到什么样的目的？笔者在下一部分将具体探讨这些问题。

2. 从寻父到弑父

西特林从小就处在一种父母缺失的状态中，无法与父母亲近的焦虑时时折磨着他。童年时期的西特林体弱多病，住在疗养院期间父母每周只能来看他一次。他常常在疗养院里大哭，怕再也不能回家看父母。在学校里，他心里也总是充满了对父母的思念，就连在家里，如果他先起床，父母还在酣睡，他便会不由地难过起来（68）。父母的早逝更是给他造成了巨大的伤害。在小说中，他多次将父母与死亡联系在一起：当他看到格拉奇的殡仪馆时，他就想到双亲都是从那儿抬出去埋葬的（69）；他在开车冲向迈迪逊街的路上，也会想到“如果以这个速度一直朝西开，大约15分钟后就会到达市郊的瓦德海姆公墓。在那里，他的父母就躺在雪花扑打的野草和墓石下”（239），然而他并不会往那个方向走；丹妮丝也常常断言西特林留恋芝加哥是因为双亲埋在那里（106）。“对于审父母题来说，寻父是一种必然性变奏。无父的儿子在失去文化记忆的同时也会因此在根本上失去与历史、传统和秩序的内在关联，人因此失去证明自身存在意义的价值参照，使自我处于一种无根的漂流状态。”（杨经建，2006：161）西特林在失去父母后处于一种无根的漂流状态，无法找到自我身份认定的参照，必然想要找到父母的替代品。在小说中我们看到，他在接触人智学后，试图与死人的灵魂相接触，他全神贯注于他的父母、黛米和冯·洪堡（贝娄，2007：402）。小说的另一个重要男性角色洪堡就是他的精神之父，而小说中在他身边的重要的女性们则是母亲的替代品。

小说一开篇就展开了西特林的寻父之旅。洪堡的歌谣集在30年代引起轰动，他正是人们期盼已久的人物。而远在中西部的西特林对其更是热切期待（1）。洪堡犹如一个英雄的父亲。每个自感尚未成熟自立的人都会经历帖雷马科斯（奥德赛之子）般的寻父过程，正如“帖雷马科斯内心渴望成为英雄父亲的儿子一样”（杨经建，2006：162），西特林也想要寻找到一个英雄的父亲。而热爱文学的他，自然将自我身份的认定投射到红极一时的洪堡身上。因此，他不远千里从遥远的西部出发去寻找洪堡。为了寻父，他“租了一个小房间，每星期三元，同时找到了一个工作：走门串户推销福勒牌刷子”（1），过着艰苦的生活。在给洪堡写了一封表示尊敬的长信后，他终于实现了自己的愿望，寻到了自己的精神之父。洪堡“邀请他到格林尼治村去谈论文学，交流思想。把他介绍给同村的住户，给他书籍，让他写述评”（1）。洪堡也把他当作儿子看待，确立了他们的父子关系。他常给西特林引述《李尔王》，并把“父与子”念得很重（5）。

随着时间的推移，两人的关系渐渐发生了变化。西特林从寻父走向了弑父。在与洪堡的交流过程中，西特林渐渐感觉到自己受到了精神阉割的威胁。作为父亲的洪堡拥有对“儿子”西特林绝对的权威，要求他绝对服从。虽说西特林是在与洪堡谈论诗歌，但是“实际上他只是在听取洪堡对各种问题的阐述”（10）。“I mean Humboldt lectured me about them.”（Bellow，1973：14）叙述者在这里用了“lecture”这个词，表明在西特林与洪堡的交往中，洪堡是在单方面强行灌输给西特林自己的思想，而作为儿子的西特林只能被动接受。西特林渐渐“意识到自己必须学会自卫，自己得留神。洪堡已经引出了自己对他的敬慕，现在这种感情正以危险的速度奔流。就像大出血一样的渴望会使人软弱无力。一旦自己软弱到无法自卫时，就会遭殃了。洪堡原来竟要自己对他崇拜得五体投地才是”（14）。“他与洪堡之所以如此亲密，其原因之一就是因为他乐意接受他的全部教诲。”（16）可见洪堡拥有父亲般绝对的权威，他要求西特林绝对服从。西特林在与他的交往中渐渐失去自己的自由思想，犹如遭到了精神阉割一般。洪堡甚至不止一次硬要西特林承认，他对黛米也有如同他对凯丝琳一样恐惧的心情（25），可见洪堡企图控制西特林的思想，要求他完全认同自己。在这样的威胁下，西特林必然产生某种防卫机制，想要摆脱洪堡对自己的控制。杨经建认为：“弑父是审父母题趋向某种质变点的极端形式。它更多的是因为对某种父权式专断和僵化的秩序法则产生出感情上的离合性、心理上的本能抗拒以及由内在恐惧所引发的文化防卫机制，从而以鄙视的姿态表现出对其的决绝意识和审丑化处置。”（杨经建，2006：163）从小说的第一部分我们就可以看出，西特林对洪堡的态度由一开始的崇拜渐渐变得不屑一顾，甚至表现出鄙视。他认为洪堡“利用自己的才华来攻击我。他干得出色极了”（贝娄，2007：2）。“他能言善辩，一个人可以滔滔不绝说个没完。他是个即兴演说家、诋毁别人的老手。有时候，他还可笑地谋算着发财。”（3）他认为洪堡是“以一个失败者告终的。他鼓吹他那一套轮环的时间并不长，他也从来没有成为他的时代的光辉中心”（6）。在他后来与洪堡的交往中，西特林已经不再相信洪堡，他调侃他们的对话，认为洪堡“摆出一副思想家的面孔，公允之状可掬，实际上他并不是公正的化身。自己乐意和他谈话，而且尽量迎合着他”（28）。如果说西特林开始还勉强敷衍洪堡，那么到后来他甚至不想再与其交谈。他羡慕凯丝琳可以去睡觉，而自己却要在这里听洪堡唠叨。后来，他“总算”进了自己的屋子，留下洪堡一人（31）。他用一种鄙视的态度调侃洪堡的外观，认为“他下身好像在踢踏踏地演滑稽剧，上身却俨然是一个王公贵族的派头，着实令人倾慕”（10）。到后来，他甚至在街上看见洪堡也对其避而不见（7）。可见西特林对洪堡的父权式专断产生了感情上的离合，心理的恐惧使他本能地抗拒洪堡，从而以鄙视的姿态表现出对洪堡的决绝并将其丑化。

而西特林的弑父意愿表现得最明显之处，是叙述者西特林用叙事象征性地杀死了自己的精神之父。在小说中，当西特林在《时报》上看到了洪堡的死讯时，他认为自己“早已知道洪堡就要死了，因为两个月前，我在街上看见过他，他已经死气缠身了”（7）。他看到洪堡，认为他满身的死气，觉得他会死，但当时洪堡的死尚未发生。可见，西特林早就已经在心里推测过洪堡的死亡。更有甚者，洪堡死后，西特林用想象还原了洪堡死的整个痛苦过程。作为第一人称叙述者，他本没有可能看到洪堡死的经过，然而叙述者不惜采用视角越界的方式，来亲自介绍洪堡死的整个过程：

> 他打算下楼去倒垃圾，就在电梯上心脏病猝然发作，全身靠在控制板上，身体压到所有按钮上，报警按钮也触动了，铃响了，门开了，于是他栽进了一条走廊。垃圾桶里的罐头盒、咖啡渣、废瓶子撒落了一地。他挣扎着想呼吸，连衬衫都撕破了。当警察把死者送往医院时，他的胸脯还是袒露着。医院拒收已经毫无希望的洪堡，警察只好把他抬到停尸室。
>
> （15）

西特林在想象中还原了洪堡死亡的整个过程，让他死得极其悲惨与痛苦。我们也可以说西特林在想象中用叙述杀死了洪堡。此时，他对洪堡没有任何同情，他认为洪堡躺在停尸房里一文不值，“只是又一个被遗弃的人，因为停尸房里没有现代诗歌的读者”（15）。

洪堡生前死后都是一个被社会遗弃的人。随着资本主义社会的发展，洪堡所代表的精英文化逐渐遭到物质主义的腐蚀，因此洪堡的名望逐渐下滑，最终被物质至上的人们所抛弃。而作为儿子的西特林面对新环境必然需要重新审视他们的父子关系，从而建立一种能适应新环境的自我身份。因此，西特林的弑父在某种意义上来说是必然的。然而弑父后的西特林充满了罪恶感，洪堡的影响挥之不去。生活在这个物质主义的世界里，失去精神向导的他找不到人生的意义。不经意中，他发现自己越来越像洪堡，越来越具有洪堡的风度。当物质主义的世界最终将他推向绝望的深渊时，是洪堡的礼物及时将他从困境中解救出来，从而让他明白精神文明最终会战胜物质主义，他因此重新确立了自己的身份，建立了与洪堡的新型父子关系。可见，“审父是在否定后的肯定和肯定中的否定过程中表达一种重构新型的、理想的父子关系的希望。而审美意义上的审父可以引发知性的领悟、精神的启迪和心灵的意会”（杨经建，2006：160）。

从寻父到弑父再到对父亲的重新回归，贝娄向我们展示了洪堡所代表的精神文明的重要性。西特林通过对父亲的审视以及自审，最终归属了这种父权制精神文明。下文笔者将从分析西特林对身边的女性的审视与自审来揭示贝娄小说对物质主义的批判。

3. 从寻妻到杀妻

如果说西特林的父亲洪堡代表着父权制精神文明，那么西特林身边的这些女人则代表了精神匮乏、金钱至上的拜物主义。小说中有 4 位女性在他生命中扮演了重要的角色。西特林试图用物质来填补自己的缺失，到处“瞎追女人”（贝娄，2007：7），结果却徒劳无功。

内奥米·卢次是西特林的初恋情人。从对内奥米的介绍中我们可以看出她没有受过高等教育。西特林 15 岁时就跟她在一起，虽然小说中提到他们俩被迫分开是因为内奥米父亲的干涉，但是从奥米与西特林重逢的细节我们可以看出，内奥米是一个精神贫乏的女人，她没有办法填补西特林精神上的缺失，西特林没有办法在她身上找到身份认同的参照。内奥米对西特林说：“我曾经爱过你，可是我却嫁给了一个地道的芝加哥人，那是因为我一直不懂你在谈论些什么。”（281）经过新一轮的谈话后，内奥米发出了由衷的感叹：“随着时间的推移，也许你会变得更怪。现在我才看到，我们俩幸好没有生活在一起。要不，我们除了别扭和冲突外，什么也不会有。你必须把这一套高谈阔论讲给自己听，而对着我却要唠叨一些莫名其妙的家常话。此外，也许我还会有一些事惹得你变得更加不可理解。”（282）可见，与西特林相比，内奥米是一个没有文化、精神匮乏的女人，她和西特林是无法进行交流的，他们最终只能选择分开。

黛米、丹妮丝、莱娜达都是受过高等教育的女性。她们虽各具特色，但都有一个共同点：叙述者口中的这 3 个女人更像是父亲式的人物、法规的制造者，危险、具有挑战性、控制欲极强（Clayton，1979：273）。西特林完全屈服于她们的权威，任其摆布。

黛米跟西特林一样也是知识分子，他们之间有更多的心灵交流。然而“半夜呻吟、害怕地狱、服药成瘾的黛米也是个务实的人，是个天才般管理有方、计划周到的人。当她以全副身心掌握着我、保护着我的时候，总会使我这样想，她小时候一定是个玩偶司令”（140）。可见，西特林觉得自己如玩偶般被司令控制着，有男性气质被阉割的危险。黛米常说：“你操什么心，我就是老虎它娘，真正的复仇女神。”（140）黛米的确很强势，从某方面来说也确实能帮助西特林。问题是西特林并非老虎，有个老虎般的娘显然危险万分。黛米乘坐的飞机失事最终宣告了他们关系的结束。

丹妮丝是个外表光鲜而内心腐朽的女人。她虽然受过高等教育，却内心空虚，精神匮乏，金钱至上。正是这个女人将西特林推向了悲剧的深渊。丹妮丝出自上流社会，但平时趾高气扬，对西特林的生活和工作指手画脚，是个不讲道理的悍妇。在他们离婚时，丹妮丝想尽一切办法要弄走西特林所有的钱，为此她不惜用自己的孩子作为工具来威胁西特林。她让西特林陷入了一场必输无疑的官司，致使西特林几乎破产。西特林甚至萌生了杀死她的念头。

莱娜达是一个金钱至上的女人，她的一切行为都以金钱和享乐为风向标。西特林与她看似亲密，实际上他们的关系只是建立在金钱的基础上，他们之间存在着一种尔虞我诈的关系。西特林曾说：“我狂热地迷恋她，因为她是雷纳塔”“她还有额外的价值，她对我很了解，情况成了这样：我必须购买她的关心”“我把越多的事实放进她的头脑中，我就越离不开她”“我越需要她，她的价格就越高”。显然，他们之间的爱情已成了金钱交易（程锡麟，2007：15）。他们的关系是建立在金钱之上的，不可能长久。西特林的破产致使维系他们关系的纽带断裂，他们的爱情自然也随之消亡。莱娜达最终因西特林的破产抛弃了他，击碎了他所有的梦想。从此，西特林放弃到处瞎追女人，就算身边有女人主动献身，也不为所动。

西特林的几段爱情都是无果而终。他身边的这些女性基本都是物质主义社会中精神匮乏、控制欲强、金钱至上的女人。西特林与他们无法产生精神上的共鸣，找不到身份的认同。他本想弥补欲望的缺失，却事与愿违。莱娜达的出走最终将他推入绝望的深渊，转入了杀妻的阶段。

西特林的杀妻念头在与丹妮丝的关系中初现苗头。当坎特拜尔提议帮他制造意外干掉他老婆时，他认为丹妮丝“是个发了疯的害人精。但她不应该以死来让我得到满足。最重要的是孩子们。他们不能没有母亲”（贝娄，2007：174）。然而当他得知丹妮丝向他提出“不许外出”的要求，要让他交保证金 20 万的时候，他不由得冒出了这个不确定的想法：“啊，糟了，糟透了！要是坎特拜尔的主意竟然对了——用卡车碾死了那个臭婊子，那会怎么样呢?”(216)如果说此时西特林杀妻的想法还只是初见端倪，那么在莱娜达抛弃他之后，这种想法便发展成熟了。在这里，叙述者又一次用叙述让西特林用自己的语言、自己的声音杀死了莱娜达。人财两空的西特林带着罗杰来到膳宿公寓，他和孩子都穿着丧服。他对老板娘说：“罗杰的母亲是在巴塞罗那由于离开人行道而死于车祸的。我可怜的老婆，她的胸部被轧碎了，脸也撞坏了，肺被戳穿了。她是在极端痛苦的状态中死去的。”(390)言辞何其激烈，他终于实现了前面设想的意外车祸，在精神上杀死了自己身边的女性。

由上面的分析我们可以看到，西特林最初是寻妻，但是由于身边的女性无法填补他的缺失，让他找不到身份的认同，还使他遭遇了精神阉割，将他一步步推向绝望的深渊，因此他被迫由寻妻转向杀妻。然而与弑父不同，杀妻后的西特林摆脱了物质主义的羁绊，重新过上了充实的生活。如果说弑父是一个扬弃的过程，那么杀妻则是彻底的抛弃。贝娄的女性观由此可见一斑。

由此可见，无论是弑父还是杀妻，西特林的目的都是肯定父权制精神文明，批判金钱至上的物质主义。小说的结尾处，西特林最终回归了对洪堡的身份认同。他亲自迁葬洪堡便预示着新的父子关系的建立，体现出他重新认同父权制的权威。这一次的认同并不是对前面的简单重复，而是经过弑父、杀妻后的重生。经过寻父寻妻、弑父杀妻之后，他最终选择了放弃女性而认同父亲的价值观。尽管儿子曾反抗父亲，但父子等级秩序最终得以保留，因为这种等级秩序业已成为文明历史的一种重要象征。对父子等级秩序的重新认定也意味着保护自我、确立自我。因为每一个儿子将来也必然成为父亲。父亲标志着儿子生命的未来时态以及他的成熟形式（杨经建，2006：162）。西特林的弑父行为以牺牲父子关系的方式重建了父权的威严。他在失去一切时，与小罗杰建立了一种父子关系。西特林照顾他、教育他，深刻地体会到自己也变成了一个父亲，承担了父亲的责任。因此对洪堡的父权制权威的认可就是对自己权威的认可。小说的结尾证明以洪堡为代表的父权制精神文明战胜了以女性为代表的物质至上的拜金主义。在西特林最需要帮助的时候，女性抛弃了她，而来自父亲洪堡的礼物则及时助他摆脱困境，让他最终看清了物质主义的虚伪、精神文明的重要，从而选择回归父亲而抛弃女性，建立了一种新型的父子关系，巩固了父权制的文明秩序。由此可见，小说表面是弑父，实则为对女性的否定。弑父是通过对父权制权威的审视来进一步巩固父权制的绝对统治。在审父与自审的过程中，父亲与儿子达成了共识，将女性排除在这个父权制系统之外，进一步巩固了所谓的父权制精神文明的权威。

参考书目：

贝娄，索尔. 洪堡的礼物［M］. 蒲隆，译. 上海：上海译文出版社，2007.

程锡麟. 西特林的思与忧［J］. 当代外国文学，2007（4）.

弗洛伊德，西格蒙德. 陀思妥耶夫斯基与弑父者［M］//常宏，译. 论艺术与文学. 北京：国际文化出版公司，1999.

申丹. 叙述学与小说文体学研究［M］. 北京：北京大学出版社，2004.

杨经建. 以父的名义：论西方文学中的审父母题［J］. 外国文学研究，2006（1）.

Bellow, Saul. *Humboldt's Gift* [M]. Penguin Books, 1973.

Clayton, John Jacob. *Saul Bellow: In Defense of Man* [M]. Bloomington: Indiana University Press, 1979.

Reflection on Other and Reflection on Self: An Analysis of the Consolidation of the Patriarchal Civilization in *Humboldt's Gift*

Fang Xiaoli

Abstract: Through the analysis of the relationship between the father and son, Humboldt and Citrine, and women and Citrine, this essay tries to prove that Saul Bellow means to build up a new relationship between father and son in the novel *Humboldt's Gift* in order to consolidate the power of the patriarchal civilization.

Key words: *Humboldt's Gift*; reflection on self; reflection on other; patriarchal civilization

透过印第安男孩的眼睛
——评谢尔曼·亚历克斯的短篇小说《印第安教育》

邱惠林

（四川大学外国语学院，成都 610064）

摘　要：谢尔曼·亚历克斯是当代美国印第安文学的领军人物之一。他多才多艺，著作颇丰，作品涵盖小说、诗歌、电影剧本等多种形式，并多次获得文学大奖。在其短篇小说《印第安教育》中，亚历克斯以白描的手法讲述了一个居住在保留地的印第安男孩维克多（Victor）从小学一年级到高中毕业的求学故事，以讽刺的笔调洞窥了印第安教育和保留地生活的严酷现实。

关键词：谢尔曼·亚历克斯；印第安人；教育

谢尔曼·亚历克斯（Sherman Alexie）是当代美国印第安文学的领军人物之一，是一位极具天赋的诗人、小说家、剧作家和电影制片人。1966 年 10 月 7 日，亚历克斯出生于华盛顿州威尔皮尼（Wellpinit, Washington）的斯堡肯印第安保留地（Spokane Indian Reservation），母亲是斯堡肯印第安人，而父亲是科达伦（Coeur d'Alene）印第安人。斯堡肯印第安保留地居住着大约1 100名部落成员。出生之初，亚历克斯被诊断出患有脑积水，并在6个月大时经历了一次脑部手术，当时医生断言他生存的概率很小。幸运的是，亚历克斯挺过了这场劫难，并在 3 岁时就开始读书识字。亚历克斯生长在一个酗酒的家庭。青少年时期的他早熟而敏感，在保留地饱受同伴的欺凌。他很早就意识到，如果他一直在保留地学校接受教育的话，成功的机会很渺茫。于是，他决定离开保留地，到距保留地 20 英里以外的雷尔顿（Reardon）接受更好的教育。在雷尔顿中学（Reardon High School），学生几乎全是白人，而亚历克斯是除了学校篮球队吉祥物（the school mascot）之外唯一的印第安人。除了成绩好，亚历克斯还是学校篮球队的球星。由于在学校表现出色，他在 1985 年被斯堡肯的耶稣会贡萨加大学（Jesuit Gonzaga University）录取，但伴随着他成功学生生涯的是酗酒。1987 年，亚历克斯转学到华盛顿州立大学（Washington State University），开始在老师亚历克斯·郭（Alex Kuo）的指导下创作诗歌和短篇小说。1990 年，他的作品在 *Hanging Loose* 杂志上发表，这给了他戒酒的动力，于是他戒酒成功，并从此与酒绝缘。

谢尔曼·亚历克斯的短篇小说《印第安教育》（Indian Education）是一篇有高度自传性质的故事，是以作者本人的生活经历为蓝本创作而成的。全文共1 743字，包含1年级至12年级以及后记共13个章节，遣词造句简洁明了，读来有诗歌的节奏。1至6年级，印第安男孩维克多（Victor）在保留地上学。至7年级始，他转学到一个保留地外的白人中学并以优异的成绩毕业，以优秀毕业生的身份发表毕业献词。以此时间为节点，整篇故事也可大致分成两个部分，即保留地内和保留地外的求学经历。整体而言，该短篇小说以保留地的严酷生活和偏见歧视为主题。

1. 保留地的严酷生活

保留地的严酷生活是很多印第安作家作品不变的主题之一。亚历克斯在有限的篇幅内，生动形象地展现出保留地的严酷生活。

1.1 印第安孩童的简单快乐

在美国，篮球架和篮球场地是多数家庭的标配。孩子们很小就可以在自家的庭院打篮球。在5年级这章中，维克多第一次打篮球，尝试投球。球未进，甚至离篮筐很远，掉落在地上的尘土和锯屑中，但是这个感觉相当美妙："球在我的手中，有多种可能性和多种角度。它是数学，是几何。它是美丽的。"（But it felt good, that ball in my hands, all those possibilities and angles. It was mathematics, geometry. It was beautiful.）同时，维克多的堂兄弟史蒂文·福特（Steven Ford）也第一次坐上了旋转木马，伴随他的是陌生的体验：耳朵嗡嗡作响，口干舌燥，周边每个人看起来都遥不可及，但是这个感觉在史蒂文·福特看来也是同样的美妙："头脑中的嗡嗡作响，所有的颜色，所有的噪声。它是化学，是生物学。它是美丽的。"（But it felt good, that buzz in his head, all those colors and noises. It was chemistry, biology. It was beautiful.）在本章结尾，亚历克斯如此感叹："啊！你还记得那些印第安男孩们被迫做出的甜蜜而天真的选择吗？"（Oh, do you remember those sweet, almost innocent choices that the Indian boys were forced to make?）

1.2 保留地艰苦的生活条件（以住房和食物为例）

在4年级这章中，维克多从学校回到了家。父母分别坐在美国住房与城市发展部（HUD, Department of Housing and Urban Development）提供的公屋的黑暗一隅，如野人般哭泣。维克多一家没有自己的房子，住在政府提供的公屋内。在8年级这章中，维克多已经转学到保留地之外的白人学校就读。在男生卫生间，他能听到隔壁女生卫生间里关于厌食和易饿的低声讨论，他能听到白人女孩为了身材苗条而节食，强迫自己呕吐的声音，这个声音如此熟悉和自然，因为他联想到自己父亲多年来宿醉后呕吐发出的声音。他曾经对其中一个女孩说："如果你打算把午饭吐出来，为什么不事先给我呢?""我坐下来，目睹她们因为自怜而瘦成皮包骨。"（I sat back and watched them grow skinny from self pity.）

回到保留地的家，维克多的妈妈正排队领取政府配发的口粮。他们把口粮带回家，很开心有食物可吃，尽管那是连狗都不愿碰的牛肉罐头。"但是我们日复一日吃着它，因为自怜而瘦成皮包骨。"（But we ate it day after day and grew skinny from self pity.）通过对两个场景的描述和重复"因为自怜而瘦成皮包骨"，白人生活和印第安保留地的生活形成巨大反差。白人女孩为保持身材节食而主动挨饿，但保留地的印第安人靠政府派发口粮为生，食不果腹而被动挨饿。因此，该章的结尾也耐人寻味："有不止一种方式挨饿。"（There is more than one way to starve.）

1.3 绝望情绪以及由此带来的酗酒和高自杀率

在4年级这章中，维克多从保留地学校放学回家。当时，他的父亲每天喝1加仑伏特加，他的母亲计划着手缝200条被子却一条也没有完成。他们坐在公屋的黑暗角落，向隅而泣。而维克多只有默默地听着他们带泪的哭声。白人老师舒特先生（Mr. Schluter）曾经建议维克多长大后做一名医生，回到保留地帮助族人，但他不知道肉体上的病痛可以治疗而精神上的创伤任何医生都无能为力。在10年级这章中，一个叫沃利·吉姆（Wally Jim）的年轻人开车撞上一棵松树自杀。他并未酗酒，血液里没有一点酒精成分。表面看来他没有自杀的理由：他有一份好工作，已婚，有两个孩子，家庭美满。华盛顿州的白人巡警和印第安人都找不出其自杀原因。但是，当印第安人从历史的镜子里看见部落的历史，品尝自来水里失败的滋味，带着古老的泪水战栗时，他们完全明白了：是印第安历史的重负和对未来的完全绝望让这个印第安小伙子走上了不归路。亚历克斯如此为本章结尾："相信我，当你凝视一样东西太久时，它看起来就像一根绞索。"

1.4 印第安学校高中生的现状

在12年级这章，维克多从白人学校高中毕业，他作为优秀毕业生致毕业献词。学校董事局主席宣读了颁奖词，历数他取得的卓越成绩。在毕业照上，他表情坚忍，对自己的将来有所筹划。回到保留地，他曾经的同学们却是另一番光景：有几个不会认字，一两个只拿到肄业证，多数人盼望着参加派对。聪明的学生则被现实吓倒，颤抖着，不知未来的路在何方。在毕业照上，他们微笑着，对部落传统充满回忆。部落报纸还把维克多和其他保留地学校的毕业生照片放在一起，他们表情迥异。在后记中，保留地的高中毕业生们在谈论同学会的话题。维克多一语道破同学会的毫无意义："为什么我们要组织一个保留地高中同学会呢？跟我同年级的保留地高中同学们每周末都会在帕瓦酒馆重聚。"（Why should we organize a reservation high school reunion? My graduating class has a reunion every weekend at the Powwow Tavern.）最终结果是，保留地学校的教育并未使他们走出保留地开始全新的生活，他们重复着父辈的生活轨迹，在保留地度过穷困潦倒、悲观绝望的一生。

2. 基于刻板印象的偏见歧视

《印第安教育》的另一个主题是基于刻板印象的偏见歧视（有时会随之发生欺凌和虐待），它是多重和多向的，发生在印第安人之间，也发生在印第安人和白人以及其他种族之间。

2.1 印第安人之间的偏见

在1年级这章中，维克多的头发不够长（多数传统印第安人的形象是留长发编成辫子），还戴着政府救济的丑陋眼镜。这个形象与传统的印第安男孩形象格格不入，甚至成为他饱受同伴欺凌的理由。其他印第安男孩把他从操场的一个角落追赶到另一个角落，将他推倒在地，脸朝下埋在雪里直到不能呼吸。有人偷了他的眼镜，扔过头顶，扔到维克多双手够不到的地方。在他脚下使绊子，让他再度跌到，面朝下倒在雪地里。因为经常被绊倒的缘故，维克多还被取了一个"小跌跤"（Junior Falls Down）的绰号，有时绰号会换成"流血的鼻子"（Bloody Nose）、"偷他的午餐"（Steal-His-Lunch）、"像白人男孩一样哭泣"（Cries-Like-a-White-Boy），尽管他们从没见过一个白人男孩哭。终有一日，维克多内心深处的小勇士宇宙爆发，他痛击欺凌他的男孩弗伦奇（Frenchy），使他的脸上血迹斑斑，似乎涂抹了战争油彩。在到校长办公室领受处罚的路上，维克多哼起了歌曲"这是一个死亡的好日子"（It's a good day to die）。

在6年级这章中，从白人城镇斯普林戴尔（Springdale）转学回到印第安保留地学校的兰迪（Randy）甫到校一个小时，就遭遇了史蒂夫·福奈特（Stevie Flet）的攻击。史蒂夫还立马送给兰迪3个侮辱性强的绰号："白人印第安人杂种"（a squawman）、"娘娘腔"（a pussy）和"小阿飞"（a punk）。也许是同病相怜的缘故，维克多和兰迪马上成了最好的朋友。在7年级这章中，情窦初开的维克多斜倚着公屋地下室的窗户，亲吻了与白人养父同住在保留地的白人女孩。在那一刻，他感觉他在和整个部落告别，因为他的行为不会被族人理解。（I felt the good-byes I was saying to my entire tribe. But I was saying good-bye to my tribe, to all the Indian girls and women I might have loved, to all the Indian men who might have called me cousin, even brother.）忧虑于胸，本该甜蜜的初吻却演变为两人嘴唇的紧挨，变成干干的、笨拙的、最终愚蠢的亲吻。

2.2 白人对印第安人的偏见

在2年级这章中，保留地学校的传教士老师贝蒂·陶乐（Betty Towle）让维克多连续罚站了整整14天，让维克多说对不起。当维克多问为什么事说对不起时，陶乐的答案居然是莫须有的"每件事"。她强迫维克多，一个2年级的小孩，连续站直15分钟，如鹰般展开双臂，每只手上放一本书。一本是数学书，一本是英语书。维克多感觉到负重是一件很痛苦的事。还有一次，陶乐给全班做拼写测试，却单单把维克多挑出来，让他做难度相当于初中生的测试题。当小学2年级的维克多把初中难度的题全部做对后，等待他的不是奖励，而是更可怕的责罚：老师把试卷弄皱团起来，强迫他吃下去，理由是："你将学会尊重。"（You'll learn respect.）该老师还让维克多带信回家，给他的父母两个选择：要么剪掉维克多的辫子，要么待在家里不得上学。父母不舍得剪掉维克多的辫子，就剪掉自己的辫子交到学校，以换取维克多继续上学的机会。对于印第安人来讲，被迫剪掉辫子是一个巨大的侮辱，是对其传统文化的践踏。

在3年级这章中，维克多曾画了一张名为《印第安人在我家后院小便》（*Stick Indian Taking a Piss in My Backyard*）的画。画作在班级流传时被白人老师舒特太太（Mrs. Schluter）截获并没收，舒特太太惩罚他面壁思过，他只有等待漫长惩罚的结束。亚历克斯用美国价值观中的言论自由来为自己辩护，但是言论自由在保留地学校没有它应有的位置。在4年级这章中，舒特太太认为维克多的疯狂超越了年龄，说他的眼睛看起来就有罪恶感，并打了一个比方，说他的眼睛“看起来就像打了人就跑掉的那副罪恶相”（My eyes always looked like I had just hit-and-run someone）。在7年级这章中，维克多初到白人学校，一个美丽的白人女孩问他叫什么名字，当维克多用印第安风格的名字“Junior Polatkin”回答时，女孩笑了，从此，无人理睬他。在该章结尾，亚历克斯以夸张的口吻写道：“从那以后长达500年，没人和我讲过话。”（After that, no one spoke to me for another five hundred years.）

2.3 墨西哥裔美国人对印第安人的偏见

在9年级这章中，维克多代表白人学校篮球队参加了一场对抗激烈的篮球赛。他独得27分，并抢到了13个篮板。在体育馆随后进行的舞会上，因为体力透支和糖尿病的缘故，他晕倒了。当白人同伴们手忙脚乱准备把他送到急救室抢救时，一个墨西哥裔美国老师跑上前来问道：“嘿！你们知道那个男孩一直喝的什么酒吗？我知道关于印第安孩子们的所有事情。他们在很小的时候就已经开始酗酒了。”在这个墨西哥裔美国老师眼里，维克多晕倒的唯一原因就是他喝醉了，完全罔顾运动过量和其他可能的身体原因。他对印第安人的刻板印象就是印第安人整日酗酒，是酒鬼，小孩也概莫能外。亚历克斯如此为本章结尾：“拥有相同的深肤色并不意味两个男人有兄弟情谊。”（Sharing dark skin doesn't necessarily make two men brothers.）同为少数民族，印第安人也会遭受来自其他少数民族的偏见。

2.4 白人媒体对印第安人的偏见

在7年级这章中，与维克多有一吻之缘的白人小女孩与他的白人养父同住在保留地上。后来，她被白人养父强奸。该消息占据了报刊的头条，也有很多相关的详细报道出炉，但是没有一个字谈及他们的肤色，读者们也想当然地把该故事的主角当成印第安人。读者的反应自然是：“印第安人就是印第安人”（Just Indians being Indians），他们做出这种事是自然而然的事情。这种对事件相关人物肤色有意无意的忽略，对事件发生地点的强调，丑化了保留地印第安人形象。在11年级这章中，维克多所在白人高中的篮球队队名和吉祥物就是印第安人。维克多调侃地说他算得上是唯一一个为吉祥物是印第安人的球队打球的真正的印第安人。在与州内最佳篮球队的交手中，维克多罚丢了两个球，印第安人篮球队败北。第二天早报的体育版头条居然是“印第安人又输了”（INDIANS LOSE AGAIN）。

2.5 印第安人对白人的偏见

在2年级这章中，维克多眼里的传教士老师贝蒂·陶乐顶着一头红头发，她如此丑陋，以至于任何人都不会对她有一丝迷恋。在万圣节时，维克多把她画成一个女巫形象，骑在扫帚上，背上赫然是一只瘦骨嶙峋的猫。陶乐说她的上帝不会原谅维克多所做的一切。从这些细节可以看出印第安孩子对白人老师乃至对基督教的深刻偏见，师生之间的矛盾一开始就是尖锐且不可调和的，而白人老师的偏见和随后的严厉惩罚更加剧了这种偏见。

3. 结语

《印第安教育》整个故事的主题是沉重的，但是作者通过交替使用长短句、夸张、反差、排比，增强了幽默效果，故事读来朗朗上口，颇有诗兴。在文字处理上，作者还运用大小写、斜体字等方式突出重点。整篇故事以1到12年级为脉络，采取顺叙的方式，从印第安小男孩的视角刻画了保留地的生活和印第安教育的严酷，层次分明，再现情景，历历在目。读者在理解作者深刻用心的同时，因着这丝幽默笔触，不禁会发出带泪的微笑。

参考文献：

Alexie, Sherman. *The Lone Ranger and Tonto Fistfight in Heaven* [M]. New York: Harper Collins Publishers, 1994: 171－180.

http://www.fallsapart.com/biography.html.

Through an Indian Boy's Eyes: On Sherman Alexie's Short Story "Indian Education"

Qiu Huilin

Abstract: Sherman Alexie is one of the greatest leading contemporary American Indian writers. He is versatile and productive in novels, poetry, screenplays, etc., and has won numerous literary awards. In his short story "Indian Education", Alexie narrates plainly Victor, an Indian schoolboy's story from the first grade through the twelfth grade, and depicts the cruel reality in Indian education and on Indian reservation.

Key words: Sherman Alexie; Indian; education

析奥康纳作品中的圣经意象

潘静文

（四川大学外国语学院，成都 610064）

摘　要：弗兰纳里·奥康纳是美国20世纪最著名的南方作家之一。出生于美国南方"圣经地带"，持有虔诚基督教信仰的奥康纳在作品中采用了大量的圣经意象，传递出强烈的福音信息。本文试图对奥康纳作品中的圣经意象进行深入系统的分析，以使读者对其作品有更全面而深刻的理解。

关键词：奥康纳；圣经地带；圣经意象；耶稣

弗兰纳里·奥康纳（1925－1962）是美国南方20世纪中叶最著名的小说家之一，被公认为"现代南方文学中仅次于威廉·福克纳"（Spivey，1995：1）的作家。奥康纳出生于美国南方"圣经地带"腹地的佐治亚州，自小深受信仰虔诚的天主教家庭氛围熏陶，再加上自青年时代起就身染恶疾，饱受病痛折磨，基督教于她不仅是磨难中笑对人生的精神支柱，更赐给她一双慧眼，透过当时光怪陆离的社会表象审视社会症结的理念来源。作为拥有基督教信仰的作家，奥康纳以文字为画笔，在作品中描绘出一幅幅生动细致、主题统一的图画：人因罪沉浸在自我中心的世界里，不但割裂了与上帝的原初联系，也让自己身不由己地陷入失衡的关系网，与自我、他人、自然产生隔阂，乃至出现对立和冲突，而各式的荒谬怪诞、暴力毁灭萦绕其间。但在图画的最显眼处，总有神恩的光芒穿透这一片愁云惨雾，让浑浑噩噩的罪人们重新恢复对自我的清醒认识，从而复归信仰的正途。

作为矢志传递福音信息、用基督教观念给俗世的罪人开出药方的作家，身为虔诚天主教徒的奥康纳在作品中大量采用源自基督教经典《圣经》的意象，力图唤起生活在"圣经地带"乃至整个基督教世界的人们共有的心灵体验和记忆蕴藏，以此来解救当时世风日下、物欲横流的社会。

1．"圣经地带"对《圣经》的尊崇

对于奥康纳这样以《圣经》作为福音文本和传递基督教意义的主要工具的宗教小说家来说，南方"圣经地带"不啻是一个理想的事件发生地。与其他地方相比，此地的人们仍然拥有一种集体式的、宗教化的过去——这就是对于基督教经典《圣经》的熟知。

“圣经地带”这一术语出自美国著名批评家 H. L. 门肯（H. L. Mencken）之口。1917 年，他在自己主编的杂志《美国信使》（*American Mercury*）中把美国南部各州称之为“圣经地带”，意指这些州对基督教非常狂热，《圣经》在人们的宗教活动乃至日常生活中的地位根深蒂固，与自由派新教的北方和无信仰者居多的西部形成鲜明对比。在门肯的描述下，南方的农村地区充斥着虔诚的信徒，他们的宗教性主要表现为“诚挚的祷告、吟诵、《圣经》研读和皈依”（Dorough，1974：17）。南方的基本基督教派别是新教福音基要派，他们注重加尔文神学，强调世界业已堕落，坚持因信称义、拒绝经由善功得到拯救的理念，寻求个人的属灵更新（Anderson & Friend，1995：16）。更重要的是，“圣经地带”的人们不仅把这些概念视作理论上正确无误，同时，这些概念也深入人们的思想，潜移默化，成为他们日常生活的指向仪。T. E. 休姆（T. E. Hulme）在《沉思：论人文主义和艺术的哲学》（*Speculations*：*Essays on Humanism and the Philosophy of Art*）中对此做了如下总结：“人们不仅仅把它们看作正确的观点，因为它们已成为思想意识的一部分，而且此种情况存在已久，以致人们根本没有真正意识到这一点。”（Dorough，1974：23）

奥康纳出生于位于美国南方“圣经地带”腹心地区的佐治亚州。她在文集中写作的地域还包括美国南方的田纳西州，它同样也属于“圣经地带”的核心区域。在《新教南方的天主教小说家》（“The Catholic Novelist in the Protestant South”）一文中，奥康纳指出在南方“圣经地带”，绝大多数人——无论贫富、肤色、是否受过教育——都经常阅读《圣经》，对《圣经》内容非常熟悉：“山姆·琼斯（Sam Jones）的祖母跪着读了 37 次《圣经》……在南方的农村、小城镇，甚或是一些城市中，居住的都是许多像她一样的老妇人的子孙后代。”（Sally & Robert Titzgerald，1969：201 - 202）对奥康纳来说，这一地区是现代美国仅存的把《圣经》研读融入日常生活的地区，而且，这一影响“不可能仅仅几代人的时间就消除殆尽”（Sally & Robert Titzgerald，1969：202）。奥康纳毫不掩饰对南方“圣经地带”把研读《圣经》作为日常生活一部分的习俗的好感，对“圣经地带”的人们保留的阅读和熟知《圣经》情节和典故的传统始终赞赏有加：“在南方，即便是无学识之人也知道《圣经》，穷人共有着一部神圣历史……他们与普遍和神圣之间有着联系，这就使得他们每一个行动的意义都能在永恒的层面上得以提升和看视。”（Sally & Robert Titzgerald，1969：203）南方人通过研读《圣经》，继承的是一系列强调神圣意义与世俗意义相连以及灵魂需要救赎的一整套表达。值得一提的是，奥康纳本人就是非常虔诚的《圣经》阅读者；在奥康纳宛如修道般的清修生活中，《圣经》始终是她每天必读的书籍；在生命的最后时刻，放在她病房床头的依然是一本《圣经》（Sally Titzgerald，1980：574）。

2. 耶稣意象

奥康纳的作品移置诸多《圣经》典故，借助基督教原型表达对整个人类世界命运的思考。基督教顾名思义是“关于基督的宗教”，对基督的理解涵盖了基督教所有神学和教义；而对于人的正确身份和地位的认识，依然以基督和基督的十字架为中心。约翰·麦奎利在《基督教神学原理》一书中写道：“也许事实上，人们只有知道了基督是谁，才能恰当地理解自己是谁，因为，正是在基督及其十字架的光芒之中，人实际上的罪性以及他成为神子的潜在命运才展现了出来。而另一方面，如果我们不从自身实存及对其中包含的问题的意识出发，基督就不可能对我们有什么意义。”（麦奎利，2006：218）基督的十字架是全部《圣经》的核心，是基督教信仰的基础，是基督所做的使人同上帝重归于好、为人开启通往作为上帝子民之门的牺牲。人的堕落本性和罪性已经严重到无法依靠自己得到拯救，只能靠耶稣基督十字架上的受死来成就。同样，耶稣基督也是《圣经·新约》中的中心人物，代表了上帝对人类的救赎；他也是小说家运用得最多的基督教原型，奥康纳的作品也不例外。在许多作品中，耶稣基督以自己的出现昭示了人们的罪人身份，也以自己的受难促成了人们的救赎。

奥康纳在长篇小说《慧血》（*Wise Blood*）中描绘了一个场面：黑兹尔（Hazel）和萨巴斯·莉莉（Sabbath Lily）驾驶的车在路上抛锚，此时，一位独臂男子从树林后走出来。当发现黑兹尔的车已无法修好时，这位不知姓名的男子主动给车添上了汽油，帮助他们重新发动了车。自始至终，除了开口拒绝黑兹尔勉勉强强说出的感激之语外，这位男子一直沉默不语。当他离开后，黑兹尔非常尖刻地讽刺说自己的车“可不是一群外国佬，或者黑鬼，或是独臂人造的”。此时依然沉浸在自己的夸夸其谈中的黑兹尔既没有注意到这个男子的眼睛是“天蓝色的”，也没有注意到此时一直跟随自己的那朵云已经变成了一只长着纤细翅膀的鸟儿朝相反的方向飞去了（O'Connor，

1949：126－127）。理查德·吉安诺（Richard Giannone）指出，这位莫名其妙突然从树林中出现的独臂男人很明显让人想起了《路加福音》中复活后的基督在路上遭遇两个门徒的故事："正当那日，门徒中有两个人往一个村子去；这村子名叫以马忤斯，离耶路撒冷约有二十五里。他们彼此谈论所遇见的这一切事。正谈论相问的时候，耶稣亲自就近他们，和他们同行；只是他们的眼睛迷糊了，不认识他。"（24：13－16）与路加福音中两个门徒不认识耶稣一样，黑兹尔也对这个独臂男子漠然置之，并肆意羞辱讥讽；但后者显然是基督的化身：他承受着身体的痛苦——缺失了一只胳膊，也承受着他刚帮助过的人对他的不屑和蔑视。黑兹尔如此，自使徒时代起人们也同样不认可为人类做出巨大牺牲的耶稣基督（Giannone，1989：23）。

《背井离乡的人》（"The Displaced Person"）中的波兰难民吉扎克先生（Mr. Guizac）是耶稣的另一变体。吉扎克与耶稣基督有许多相似之处：耶稣基督降世为人是"来打乱现有的平衡的"，吉扎克也是如此，他试图重新恢复不悔改的人组成的社会中的一系列不平衡（主要是种族歧视）和不平等。吉扎克想让他的表妹嫁给农场的黑人帮工，从而给这个农场带来种族融合的局面，但这是农场主麦金泰尔太太（Mrs. McIntyre）和她的阶层所不愿看到的，最后他们联手制造了他的死亡。卡特·W. 马丁（Carter W. Martin）认为在奥康纳的描写下，吉扎克不啻为耶稣的化身："吉扎克虽不是主角，但其他人物关系都围绕他展开。奥康纳把他和耶稣的形象一致化，其他人对他的看法从喜爱到憎恶有等级的区分。可以说，吉扎克就是恩典的临在的实体化。此外，吉扎克自己的行为也体现了慈爱，如他尽心尽力做农场的工作等。吉扎克是促成其他人——肖特利（Shortley）先生和夫人、麦金泰尔夫人——接受恩典的契机。"（Martin，1994：96－97）到故事最后，这个受苦受难的角色俨然已与耶稣基督联系在了一起：他（们）以血淋淋的尸体交付出了自己，从而使他人真正从之前所执迷的以自我为尊转变到放弃自我、以神为神的阶段。

《人工黑人》（"The Artificial Nigger"）中，奥康纳把拯救世人心灵的人置换成了一尊黑人塑像。在这篇故事中，海德先生（Mr. Head）带领孙子纳尔逊（Nelson）乘火车去城里体会种族差异，并试图把后者培养成种族主义者。在遭遇了形形色色的白人和黑人后，祖孙俩来到了一尊黑人塑像前。这尊黑人塑像奇妙地连接起人类的共性以及各个种族受难的特征，令人不由自主地想到了耶稣基督："无法说清这个人造黑人原本打算被塑成年轻人还是老人；他看上去太悲惨了，既不像年轻人又不像老人。原本打算把他塑成神情快活的样子，因为他的嘴角向上翘着；但那只有缺口的眼睛和倾斜的角度却让他显得痛苦万状。”（O'Connor，1986：268）对于这一尊黑人塑像在文中的意义，奥康纳在1959年5月4日的一封信中坦承道：“当时我想用人工黑人暗示的是：黑人具有某种为拯救人类而甘受苦难的品质。”有评论家因此指出，作品中的这尊黑人塑像实则是耶稣基督的重现：“由于这黑人塑像象征了受难的人类，它很容易使人联想到耶稣，就像耶稣和奥康纳笔下大多数闯入者一样，这尊黑人塑像是作为上帝拯救人类的代理人出场的。望着那似乎象征深重苦难的黑人塑像，海德先生和纳尔逊一下认识到他们罪恶深重以及他们不仅必须互相依靠而且也离不开包括黑人在内的人类大家庭。”（沙克福德，1995：59）

有时奥康纳也使用非具象的形式表达耶稣的临在。在《背井离乡的人》中，当农场主肖特利太太觉得波兰帮工的到来威胁到她一家人的生存和地位而开始萌发驱离他的念头时，基督受难的形象以不具象的方式投射在她眼前的天空中：“天空向后折起，像舞台幕布一样分成两片，一个巨大的人影面朝她站着。人影是白金色的，就是晌午后不久太阳的颜色；它的形状不确定，但一些嵌着狂热黝黑眼睛的火红的轮子围绕着它急速旋转；它是那么壮观，她根本说不清那个人影是在向前走还是往后退。为了看清楚，她把眼睛闭了闭。轮子变成了白色，而它变成了血红色。一个非常洪亮的声音说出了一个词，‘预言！’”（O'Connor，1986：210）

奥康纳有时以太阳和十字架的双重形象来表达上帝的临在。太阳是奥康纳最常用来表述神意的自然景观，在一次访谈中，有大学生问及为何作品中出现许多太阳的形象时，奥康纳坦率地回答说：“它就在那儿；非常显眼；而且，从远古起它就是神。”（转引自 Feeley，1982：41）在奥康纳的笔下，太阳已不仅是自然界一切生物得以滋养和生长的光照的来源，更重要的是它已成为神的化身，象征上帝的无所不在。在对太阳的描写中，神永恒的爱、神的审判都一一地展示出来。在《林中一瞥》（“A View of the Woods”）中，一向持冷酷实用态度的福钦先生（Mr. Fortune）第三次起身看林子时，虽然依然对太阳升空时的神秘不理解，但也不再无动于衷了，因为此时鲜红的太阳挂在高空，俨然一幅耶稣基督受难身上浸透了鲜血时的场面，让人联想到基督十字架的爱：“将近6点钟了，枯败的树干似乎被抬高，进入一圈红光里，这是落到树林背后看不到的太阳迸发的光。老人盯着看了一会儿……

好像被一种不舒服的神秘攫取住了似的，这种感觉他先前并不真正理解。在幻觉中，他看到了沐浴在血中的树林，仿佛树林背后有人受了伤。”（O'Connor, 1986: 348）《启示》（“Revelation”）中的自以为义的特平太太（Mrs. Turpin）在面对降临自身的打击百思不得其解之际，对着天空愤怒地吼道：“你以为你是谁?”此时，基督十字架的形象又一次出现了：“天地万物，田野、绯色的天空，一瞬间都似烧透一般……空中只有一道紫红色的条纹，刺穿了一片深红色的云……融入了渐合的暮色中……那道条纹宛若一座巨大的旋桥拔地而起，穿过一片熊熊火焰，向上伸展开去。”（O'Connor, 1986: 507－508）这两处关于太阳的描写显然不是为了渲染自然的美景，而是表现出基督在十字架上受难时的极度创痛。

有时奥康纳作品中也会出现加拿大文论家诺斯罗普·弗莱所说的“倒置变形”的手法，对耶稣基督的圣经意象进行扭曲和破坏，以“倒置”式的耶稣形象来体现世人的信仰缺失和冷漠，以怪诞的方式促使人们反思。弗莱指出：“现实主义的虚幻中出现的神话结构要使人信以为真，就会涉及某些技巧问题，而解决这些问题的手法则统一命名为‘置换变形’。”（Frye, 2009: 209）“置换变形”是许多现代作家采用的借助神话原型来表现现代社会状态的方法。在《救人就是救自己》（“The Life You Save May Be Your Own”）中，希夫利特先生（Mr. Shiftlet）出现在老妇人和她又聋又哑又弱智的女儿面前时，他的形象似乎与耶稣有某种关联：“他转过背，面对着落日。两条胳膊，一条全的，另一条短了一截，慢慢地向上挥起，反映出天空的广阔；他的身影组成了一个扭曲的十字架。”（O'Connor, 1986: 146）此外，他的木匠身份和无家可归的处境更是与耶稣相似。但是，随着情节的发展，希夫利特“扭曲的十字架”的身影中“扭曲”的含义渐渐盖住了起初的耶稣形象：他贪婪、虚伪，口口声声说“对有些男人来说，有些东西对他们比钱更重要”，重精神甚于物质，但故事最后他为了老妇人一辆生锈的旧车与她的智障女儿成婚，并于新婚当天冷酷地将其抛在一个小酒馆里驾车扬长而去。希夫利特先后形象的鲜明对比使读者在震惊之余也不由得陷入了深思。在《善良的乡下人》（“Good Country People”）中，“善良的乡下人”——实则并不善良，且对基督信仰“那套废话”嗤之以鼻的《圣经》推销员波因特尔（Manley Pointer）在肆意羞辱和嘲笑了自负的赫尔珈（Hulga）之后，扬长而去，此时，泪眼婆娑的赫尔珈在一片模糊中，看到的是“他的蓝色身影奋力掠过粼光点点的绿色湖面”（O'Connor, 1986:

290－291）。此处那掠过湖面的身影显然隐喻着耶稣行走水面的典故，是倒置式的基督形象。

3. 其他圣经意象

除表达救赎主题的耶稣意象外，其他的圣经意象在奥康纳作品中也比比皆是，既有助于营造神启的神秘氛围，也进一步丰富了作品的内涵。詹姆斯·A. 格雷姆肖（James A. Grimshaw, Jr.）认为，短篇小说《格林里夫》（"Greenleaf"）蕴含了丰富的宗教意象，他分析总结出的圣经意象包括牛、荆棘做的冠冕、圆环、三位一体、圣杯、卫斯理（Wesley）和斯科菲尔德（Scofield）这两个名字、数字七、祷告的治愈之效用、蛇的意象等（Grimshaw, 1981：53）；而《人工黑人》中海德先生3次否认认识孙子纳尔逊显然是彼得否认认识耶稣的重现。迈尔斯·奥维尔（Miles Orvell）把《树中一瞥》中的福钦先生视作利欲熏心的现代人的代表，他试图摧毁的土地就是伊甸园般的天堂，而他的一系列以进步的名义进行的破坏就是亚当的堕落（May, 1976：102）。《好人难寻》中也出现了多个圣经意象：老祖母一家人外出时中途小憩的地方是名叫提摩太（Timothy）的塔餐厅（Tower）。提摩太原是使徒保罗的助手，保罗第四次至马其顿传教时留他在以弗所主持教会事务。保罗唯恐提摩太缺乏经验，于是写数封信叮嘱他，传达对教徒的要求以及对异教徒的预言。这些书信经提摩太整理而成《提摩太前书》和《提摩太后书》。在《提摩太前书》第四章第1节中保罗预言道："圣灵明说：后来的时候，必有人要离弃真道，听从那引诱人的邪灵和鬼魔的道理。"故事中的老祖母一家人虽时时把上帝挂在嘴边，但他们一路上却表现出家人之间缺乏关爱、漠不关心，彼此都想牺牲对方以达成自己的愿望的做法正是背离上帝教训、"离弃真道"的异教徒的象征，他们自大狂妄的个性也符合圣经中遗忘上帝，试图建巴别塔（the Tower of Babel）以扬自己的名、显示自己力量的巴比伦人。

4. 结语

《圣经》对西方文明的重要性是不言而喻的，在一定程度上，《圣经》已进入西方集体无意识。文学界对《圣经》的关注始于18世纪中叶，此后在文学创作中，《圣经》故事和基督教教义越来越多地以象征的方式被纳入文本，以阐发深刻的寓意。有评论家总结道："《圣经》的情节几乎在所有西方文学作品中都有影响，《圣经》中主要的比喻、课题和象征也演化成有相对普适性的原型模式和符号。”（孙彩霞，2005：21）身为基督教作家的奥康纳试图以重塑基督教经典教义来解救现代社会的弊端，在作品中穿插圣经意象，一方面使作品具备强烈的基督教意义，勾起在基督教环境中长大的读者共同的文化记忆，具有明显的传教性；另一方面，对其作品本身而言，也极大地拓宽了作品的思想内涵。

正是由于奥康纳在作品中对圣经意象的广泛使用，一些从事文学研究的教师和学生热衷于挖掘她作品中的圣经意象来深化对其作品的理解，但对此种做法奥康纳不以为然。对她而言，欣赏文学作品与钻研科研问题是两码事，以科研方式来进行解读并不能拓展作品的意义，反而会把“汤滤得太稀”（Sally Fitzgerald，1980：582）；只有当读者投入了对作品的积极思考时，作品的意义才能得到展现。但同时，奥康纳也不讳言圣经意象对作品确有重要意义：“对于小说家，意象是他理所当然要采用的。你可能会说这些都是细节，但是它们在故事的文学层面起着重要作用，在深浅两方面都发挥着作用，在每个方面都提升了故事。”（Sally & Robert Fitzegerald，1969：71）

参考文献：

麦奎利，约翰. 基督教神学原理［M］. 何光沪，译. 上海：上海三联书店，2006.

沙克福德，迪·迪恩. 奥康纳作品中的黑人形象与精神启示［J］. 杨立平，张建立，译. 外国文学，1995（1）.

孙彩霞. 西方现代派文学《圣经》［M］. 北京：中国社会科学出版社，2005.

Anderson，Jon W.，William B. Friend. *The Culture of the Bible Belt Catholics*［M］. New York，NY/Mahwah，NJ：Paulist Press，1995.

Dorough，C. Dwight. *The Bible Belt Mystique*［M］. Philadelphia，Pennsylvania：The Westminster Press，1974.

Feeley，Kathleen，S. S. N. D. *Flannery O'Connor：Voice of the Peacock*［M］. New York：Fordham University Press，1982.

Fitzgerald，Sally，Robert Fitzgerald. *Flannery O'Connor：Mystery and Manners*［M］. New York：Farrar，Straus and Giroux，1969.

Fitzgerald，Sally. *The Habit of Being*［M］. New York：Vintage Books，1980.

Frye，Northrop. *Anatomy of Criticism*［M］. 上海：上海外语教育出版社，2009.

Giannone，Richard. *Flannery O'Connor and the Mystery of Love*［M］. Urbana and Chicago：University of Illinois Press，1989.

Grimshaw Jr., James A. *The Flannery O'Connor Companion* [M]. Westport, Connecticut: Greenwood Press, 1981.

Martin, Carter W. *The True Country: Themes in the Fiction of Flannery O'Connor* [M]. Vanderbilt University Press, 1994.

May, John R. *The Pruning Word: The Parables of Flannery O'Connor* [M]. Notre Dame and London: University of Notre Dame Press, 1976.

O'Connor, Flannery. *The Complete Stories* [M]. New York: Farrar, Straus and Giroux, 1986.

O'Connor, Flannery. *Wise Blood* [M]. New York: Harcourt, Brace and Company, 1949.

Spivey, Ted R. *Flannery O'Connor: The Woman, the Thinker, the Visionary* [M]. Macon, Georgia: Mercer University Press, 1995.

Biblical Images in Flannery O'Connor's Fiction

Pan Jingwen

Abstract: Flannery O'Connor is one of the most important Southern writers in America in the 20th century. Born in the "Bible Belt" in American South, O'Connor, a pious Christian herself, made much use of biblical images to preach the gospel in her fiction. This essay is intended to analyze biblical images in O'Connor's fiction and thus render her writings more understandable to readers.

Key words: Flannery O'Connor; Bible Belt; biblical images; Jesus Christ

我们为什么要讲故事？

——解读威拉·凯瑟

李　莉

（四川大学外国语学院，成都 610064）

摘　要：印第安作家莱斯利·马蒙·西尔克（Leslie Marmon Silko）指出：故事提供了现实与历史的联结点。讲故事就是一种互动方式，一种个体在相互关联的时间与空间中寻求文化身份认同的历程。我们愿不愿意讲故事，我们如何讲故事，决定着我们看待自己与他人的方式，以及我们如何在社会中确立自己的位置与身份。本论文通过对威拉·凯瑟作品中的“故事”和“讲故事”这些重要能指的解读指出：故事和讲述在日常生活中发挥着重要作用。它们是普通人确立自我意识和构建社会关系的重要途径。我们需要故事，有了故事才有我们这个群体，这个民族。人们正是通过讲故事，保留了对故土的记忆，延续了家族历史，保持并发扬了民族传统。

关键词：故事；讲故事；文化身份；记忆

过去是已经发生的一切，但它却从未远去，它总在影响我们的一言一行，并时常在我们的日常生活中显现。我们所体验到的对往事的自传式回忆，实际上是从我们对各生活阶段、各一般事件及特殊事件的知识中建构出来的。当我们将所有这些信息组织到一起时，我们便拥有了过去（丹尼尔·夏克特，1998：88）。

“我们不可能真正超越我们的过去，它早已成为我们的一部分，进入我们的血液里。”（L. Brent Bohlke，1986：15）但是，过去又很抽象很遥远，我们体验到的永远是现在。当我们尝试着在一个一个故事、一段一段记忆中去直面它的时候，历史和过去才会凸显出来，并真正具有意义，否则它就是空洞的、抽象的（吴晓东，2003：54－55）。著名的印第安作家莱斯利·马蒙·西尔克（Leslie Marmon Silko）对“讲故事”做了一个详细的定义：当我说讲故事时，我的意思绝不仅仅是指坐在那儿，讲一个以“很久很久以前”开头的老故事。我所说的讲故事，是指一种如何看待你自己、你身边的人、你的生活，以及在更广阔的背景下看待你在生活中所处位置的方式。这所谓的背景不仅仅是指你在自然界中所处的位置，它还包括你经历过的以及在其他人身上发生过的事情。

西尔克点出了故事的核心价值：它提供了现实与历史的联结点。讲故事就是一种互动方式，一种个体在相互关联的时间与空间中寻求文化身份的历程。我们愿不愿意讲故事，我们如何讲故事，决定着我们看待自己与他人的方式，以及我们如何在社会中确立自己的位置与身份（Kim Barnes，1993：49－50）。

凯瑟一直在作品中做着重建过去的努力，这最集中地体现在她的记忆书写上。记忆总是指向过去的。人类永远摆脱不了“回溯”的诱惑，所以，威拉·凯瑟那些深受读者喜爱的人物总在不停地、自觉地回忆。他们在餐桌旁、炉火边讲述往事，在缝制百衲被和制作果酱的时候讲着个人、家庭、社群和部族的故事；那些或完好或缺损的物品——图案精致的陶罐、陈迹斑斑的水罐、神态各异的圣徒雕像、栩栩如生的木鹦鹉、断了柄的砍肉刀，都刻画着岁月的痕迹，承载着丰富的记忆；房子、花园、墓地和小路，都是极富象征寓意的记忆场所。

凯瑟深谙故事的精髓与魅力。她自幼喜欢听故事，也擅长讲故事。听年长的女性讲述各种亦真亦幻、虚实相伴的陈年旧事是凯瑟接受的最早的文学启蒙。在弗吉尼亚的时候，每年的农忙季节，就会有邻村的妇女和山里来的老妇人到凯瑟家帮着缝被子、做果酱、制罐头。劳作的时候，她们似乎总有讲不完的故事。这些奇闻轶事对一个刚刚开启想象之门的孩子有着无穷的魅力和神奇的魔力。那些有源源不绝的故事流淌的日子已经成为凯瑟记忆中最美好的时光。

在内布拉斯加这个新兴的移民州，凯瑟开始接触到来自四面八方的背景各异的人群，但她认为：

> 是那些生活在农场上的老年妇女让我第一次切实感受到了大洋彼岸那个更古老的世界的气息。凭着临时学来的几句蹩脚英语，她们也能设法向我讲述许多旧世界的故事。她们和小孩子交谈远比和成年人更轻松自在，我总觉得她们对我说的每个词都顶得上20个。
>
> 那时候，我常常会和她们中的某位待上一个早晨，看她们做面包或黄油，然后，带着一种不可思议的令人眩晕的兴奋策马回家；我总觉得，她们告诉给我的远比她们实际说出的要多得多——就好像我已经钻进了她们的皮肤里面。
>
> （L. Brent Bohlke，1986：10）

凯瑟的兴奋是在情理之中的。这些故事不但打开了通向一个陌生而奇异的世界的窗口，而且大大扩展了她的文化身份。多年后，促使她提笔创作的正是这些一直储存在记忆中的故事。凯瑟的作品中穿插着许多长短不一的故事。它们亦静亦动，缓急有致，兼具散文和诗歌之特色。除了作为一种叙事框架外，它们更构成了独特的意义体系。“自《我的安东妮亚》始，凯瑟的作品明确地告知：关于草原，关于边疆，还有其他的故事可以讲述。它们也许不是全新的，但它们挖掘了一种新型的，至少是不同的人与草原的关系：草原充满了家的意象，它象征着奇异的经历、丰富的想象和原始的创造力；这是一个疗治心灵创伤，使人与自然合为一体的圣洁之地。”（Carol Fairbanks，1986：265）

交流沟通是一个充满活力的社区的基础，讲述与倾听是有意义、多样化生活的保证（Stephanie Lewis Thompson，2002：153）。北美印第安人不擅文字却长于讲述，讲故事成为他们日常生活和各种礼仪庆典的有机部分。在宗教活动中，和舞蹈相伴的是礼仪诵唱。“礼仪诵唱一般在晚间举行，从午夜到清晨，连续唱五六个小时。短的只诵唱一晚，长的可连唱九晚，诵唱的主要内容是故事。有各种各样的故事：有关于种族起源的、迁徙的、打战的、打猎的、邻族的、自然界的变化的。”（乔健，2004：94－95）这些浪漫神奇的部族起源故事、生动有趣的宗教故事、扣人心弦的英雄故事是部落共同的精神财富和灵魂支柱。在“讲述—倾听—再讲述”的过程中，他们与祖先的精神相通，找到个人生活的动力和部落发展的方向。

神学家卡罗尔·克瑞斯（Carol Christ）指出，没有故事就没有对体验和经历的表达。“没有故事，一个女人就会迷失……她不懂得珍惜自己的力量和奋斗，也不理解痛苦的意义。没有故事，她无法认清自己。没有故事，她将同那些更深的精神和宗教体验隔离。她会被囚禁在混沌无声的世界里。”（Judith Fryer，1986：259）所以，我们看到凯瑟笔下那些可爱的女性总在讲述。在《我的安东妮亚》中，叙述人吉姆·伯登多年后仍对祖母的厨房念念不忘，因为这里珍藏着太多往昔岁月的痕迹。“那只给予我们温饱和愉悦的旧炉灶是厨房的中心，陪伴我们度过了无数‘天寒地冻、星光闪烁’的夜晚。饭后，我们围坐在炉灶边，听帮工的两个小伙子讲一些有关动物的奇妙故事，或者他们曾认识的亡命之徒，也或者早年间他们自己经历的趣闻逸事。”（沙伦·奥布赖恩，1997：851）《我们中的一个》在威拉·凯瑟的作品长廊中并不显眼，因为人物形象比较平板单调，但小人物马哈丽却被塑造得真实丰满，让人过目不忘。她是一个穷苦的弗吉尼亚山地居民，家破人亡后流落到西部，被惠勒太太收留，帮着操持家务，照顾几个男人的生活起居。马哈丽目不识丁，头脑简单，但她有她的生活哲学：只要不用乞讨食物，有像样的衣服鞋袜和温暖的被窝，人们就应该知足并感谢上帝。她喜欢克劳德，克劳德对马哈丽也怀有一种朴素的感情。家里没人的时候，他们喜欢坐在厨房说说话，谈谈克劳德小的时候他们在一起做过的事情。正是这看似微不足道的的生活点滴，给了主人公克劳德家的温暖，并成为他在法国战场上英勇抗敌的精神支柱。

当然，最经常、最擅长讲述的还是草原的女儿安东妮亚。她给吉姆·伯登讲自己的波希米亚故乡，讲父亲做小提琴师的过去，讲两个俄国佬的故事。多年后做了母亲，她又给孩子们讲自己的故事，讲父亲的自杀，讲吉姆·伯登的故事，讲弗吉尼亚的故事，讲莉娜的故事……在勇敢的、不停的讲述中，安东妮亚获得了一种牢不可破的地域感，并与其他女性结成了亲密互助的群体。安东妮亚是通过积极主动地回忆过去而成功建构新生活的典范。她常常热切地回忆起波希米亚老家的那个小镇：

> 即使半夜里把我丢在那儿，我也能找到路走遍全镇。我的脚记得所有那些穿过森林的小路，还记得哪儿有裸露的大树根会把你绊倒。我永远也不会忘记我的故乡。
>
> （沙伦·奥布赖恩，1997：970）

回忆过去是为了更好地融入现在，更有效地建设和创造新生活。安东妮亚不但回忆往事，她还经常讲述这些往事。与白纸黑字的书写文本相比，口头故事更亲切，更具交际性，有更高的参与度。无论是讲述者还是聆听者，故事都提供了“声音的在场”。对童年的记忆，对故土的思念，对美好生活的向往，都在一个个或真实或虚幻，或美妙动人或惊悚恐怖的故事中得到呈现。“这些孩子同安东妮亚的关系似乎就像多年前哈林家那些孩子同她的关系一样。他们似乎也同样为她而感到骄傲，并像我们过去一样老盼着她讲故事或提供娱乐。”（沙伦·奥布赖恩，1997：1043）借助记忆和对记忆的不断讲述，安东妮亚成为一个带有些许神秘色彩的象征符号。“有时，正是某块地方或区域，构成了家庭的源泉，或者说，正是某个家庭成员的特性，变成了一个家庭共同背景的多少有点神秘的象征符号，正是从这个共同背景中，家庭成员获得了他们那些与众不同的特点。”（莫里斯·哈布瓦赫，2002：103）安东妮亚如同一块磁石将家人紧紧吸附在自己的周围，她的经历和她牢记不忘的家族往事为家庭记忆提供了一个框架。这个框架不但保持了家庭记忆的完整性，并且在实际上形成了家庭的保护层。安东妮亚是一个优秀的故事讲述者，在不断的讲述过程中，“家庭记忆”被复活并延续，而隐藏其后的族群记忆和文化记忆也悉数登场，在女主人公的身份建构中起着重要作用。安东妮亚最终在接踵而至的命运打击后重塑自信，确立了自己作为妻子、母亲和农场女主人的独立人格。

事实上，卡罗尔在前引文中的人称代词不够准确，故事及对故事的讲述对社会中的每一个人都是非常重要的。吉姆·伯登和尼尔·赫伯特始终无法适应自己的社会角色，因为他们一直在讲述别人的故事，对自己的出身、父母和童年经历却保持异样的沉默。没有故事，无法讲述故事成为他们人格塑造和身份认同的主要障碍。

当然，讲故事并非女性的特权，男性也是讲故事的好手。从作家创作初期的帮工富克·奥克托到晚期的好人罗西基（《邻居罗西基》），他们都在用自己的故事去感染和教化他人。罗西基不断地讲述他早年在伦敦寄人篱下的落魄与辛酸，以及后来和妻子在美国西部做自耕农的踏实和幸福，终于帮助儿子们树立了对土地的信心，对农耕生活的认同：他们也将在这片父辈挚爱的土地上诚实而勤恳地生活下去。

对往事的记忆和讲述帮助确立自我与群体的关系，也提供了认识过去、规划未来的平台。在不断的回忆和讲述中，我们更好地理解了生，也同样理解了死。它帮助我们更从容地面对死亡。拉都主教的晚年正是在回忆和讲述中度过的。他在寄往法国的信中说：“我正在充分享受回顾阶段的乐趣。这是充满行动的一生最愉快的结局。”（威拉·凯瑟，1998：418）在主教清晰的回忆中，童年和祖国都不再遥远。他在地中海度过的那些冬季以及在圣城的学生时代都一一浮现出来。主教沉浸在自己的意识之中，连彼时彼地的心境都触手可及。老年人对往事的回忆曾经被视为一种病理特征：怀旧当然是衰老和无法适应的表现。幸运的是，“现代的研究者不再贬低老年人对往事的沉湎，而将它看作对人生的回顾——这是一个与人生达成某种协议的、以回忆为基础的过程，它能帮助老年人理解并整合他的自我，甚至能为死亡做好心理准备……回忆过去的人生计划和人生目标，则标志着成功的老年化过程”（丹尼尔·夏克特，1998：345）。

拉都主教不仅回忆而且讲述往事。他讲他的开拓者朋友基特·卡森，讲他的印第安朋友尤萨比奥，当然，他讲得最多的是他和瓦扬神甫自少年时代起就交织缠绕的生命轨迹。讲故事和听故事是须臾不可分的，拉都主教幸运地拥有一位理想的听众。这个来自拉都主教母校的年轻学生“能预想到拉都神甫的每一个愿望，抢先给他实现，他同他一起思索，并珍爱他对往事的回忆”（威拉·凯瑟，1998：420）。因为有这样成功的老年化过程，拉都主教坦然地迎接死亡。死，是告别过去，回归尘土。而未来，则如一幅绚丽的图景，正在天际徐徐展开。

讲故事是一种特殊的记忆，是把往事诉诸声音，用它去影响一个人、一群人、一代人的过程。在讲故事的过程中，人们找到了安全感和归属感。生动有趣的神话故事、扣人心弦的英雄传奇、鲜为人知的家族故事提供了现实与历史的联结点，是这些离乡背井又分散居住的移民群体的黏合剂。“通过分享共同的制造和阅读叙事的方式，文化群体的成员将分享思考、建构、系统化、记忆、经历的方式，也就逐渐分享一个共同的集体记忆。”（奈杰尔·拉波特，2005：249）威拉·凯瑟用她细腻而精湛的笔触讲述了一个民族的拓荒史、发展史。她笔下的人物也通过不断的讲述传递了这样的信息：我们需要故事；有了故事才有我们这个群体，这个民族。人们正是通过讲故事，保留了对故土的记忆，延续了家族历史，保持并发扬了民族传统。

在世界上最大的图书馆有一个声音收藏库，这里收集了来自世界各地的人们在日常生活中的形形色色的声音：有人在讲述人生的重大事件，有人在哼唱儿时的歌谣，有人在解释家庭和社区的各种仪式庆典。这个特殊的收藏点位于“美国民间生活中心”，它是华盛顿特区的国会图书馆的一部分。这个中心是为了收集和保存被人们用口语或风俗传递的传统知识而建立的，它包括从 19 世纪末到现在的各种民间艺术、文化活动、传统艺术和普通人的个人历史。中心负责人波杰尔女士说，人们日常哼唱的歌曲、讲述的故事、制作的物品是历史的重要组成部分。所以，这个中心的所有记录都由人们自己亲口讲述，而不是由政治领导人、教授或作家转述。

经过多年的发展，民间生活中心已经收录了美国各个地区的文化风俗和传统。在这里，你几乎可以找到所有文化信息：美国印第安人的歌舞、古英语故事、歌曲和牛仔诗歌。你能听到前黑人奴隶的回忆，美籍意大利酿酒商的回忆，还有缅因州造船工人的回忆。移民们来美国定居的同时也带来了他们的民俗和地域文化，这些多姿多彩的生活元素也就成为美国生活的一部分。越来越多的人认识到民间生活是历史记录的重要组成部分。档案馆里各种各样的录音带和唱片有力地证明了声音的强大威力和魔力，听一个人讲述他自己的故事带来的信息与震撼远远胜过阅读此人的回忆录。

美国社会从政府到民间对普通人生活的重视和保护的确走在了世界前列，并具有很好的示范和借鉴作用。中国有着悠久的历史和灿烂的文明，但我们的历史书写的是帝王将相和王公贵族的大历史，我们的文化是精英的、主流的文化，而作为社会主体的普通人的声音却一直被忽视、被压抑，最终沦为“沉默的大多数”。

在全球化凯歌高进、宏大叙事统领一切的语境下，民间文化、地方生活元素（包括方言）的生存空间越来越狭小，文学、文学研究如何记录和保存普通人的声音，如何维护和推动日常生活的健康发展，确实值得我们思考。

参考文献：

奥布赖恩，沙伦. 威拉·凯瑟集——早期长篇及短篇小说［M］. 曹明伦，译. 北京：生活·读书·新知三联书店，1997.

哈布瓦赫，莫里斯. 论集体记忆［M］. 毕然，译. 上海：上海人民出版社，2002.

凯瑟，威拉. 我的安东妮亚［M］. 周微林，译. 北京：外国文学出版社，1998.

拉波特，奈杰尔. 社会文化人类学的关键概念［M］. 鲍雯妍，译. 北京：华夏出版社，2005.

乔健. 印第安人的颂歌［M］. 桂林：广西师范大学出版社，2004.

吴晓东. 从卡夫卡到昆德拉——20 世纪的小说和小说家［M］. 北京：三联书店，2003.

夏克特，丹尼尔. 找寻失去的自我——大脑、心灵和往事的记忆［M］. 高申春，译. 长春：吉林人民出版社，1998.

Barnes, Kim. *A Leslie Marmon Silko Interview* [M]. Ed. Melody Graulich. New Brunswick: Rutgers University Press, 1993.

Bohlke, L. Brent. *Willa Cather in Person: Interviews, Speeches & Letters* [M]. Lincoln: University of Nebraska Press, 1986.

Fairbanks, Carol. *Prairie Women: Images in American and Canadian Fiction* [M]. New Haven: Yale University Press, 1986.

Fryer, Judith. *Felicitous space: The Imaginative Structures of Edith Wharton and Willa Cather*

[M]. Chapel Hill: University of North Carolina Press, 1986.
Thompson, Stephanie Lewis. *Influencing America's Tastes: Realism in the Works of Wharton, Cather & Hurst* [M]. Gainesville: University Press of Florida, 2002.

Why We Tell Story? A Reading of Willa Cather

Li Li

Abstract: It is well known that story provides us the connection between reality and history. Story-telling is an interactive behavior, a process that an individual takes to establish his cultural identity in a world defined by time and space. Through a critical reading of signifiers as "story" and "story-telling", this essay points out that story and story-telling play a very important role in daily life as they help common people establish self-awareness and construct a meaningful social relationship. We need story. With story comes first, our community, then, our nation. It is by telling story that people keep alive the memory of their homeland, extend and develop their family history and national culture.

Key words: story; story-telling; cultural identity; memory

意识与无意识的对立
——拉康主体理论视域下的《热皮屋顶上的猫》[①]

游　航

（四川大学外国语学院，成都 610064）

摘　要：田纳西·威廉姆斯是美国戏剧创作史上的一颗璀璨之星。尽管学者们对他的评论褒贬不一，但他以独特的艺术风格及其大胆的创作手法给第二次世界大战后的美国文学写下了一页重要的诗篇，这一点是毫无异议的。其作品《热皮屋顶上的猫》自 1955 年发表以来就备受中外学者关注，被誉为美国 20 世纪最好的剧作之一。本文基于法国精神分析学家雅克·拉康的主体理论，分析这部剧中典型人物的意识与无意识的对立，探索他们的内心世界及其表现出的作者对人性的思考、对父权社会的反叛、对名利和谎言的憎恶以及对真理和美的追求。

关键字：主体理论；意识；无意识；二元对立；《热皮屋顶上的猫》

1．序言

《热皮屋顶上的猫》（以下简称《猫》）是田纳西·威廉姆斯的一部重要剧作，他围绕谎言、名利、死亡、追求等话题描写了一个错综复杂的家庭以及潜在的家庭危机，独具一格的田纳西·威廉姆斯更是把人物之间的矛盾、冲突及其心理特征刻画得淋漓尽致。不可否认，田纳西这一阶段的作品已经开始更多地探讨人性和心理分析。他认为一位艺术家的所有真实作品都是他个人的，无论是直接还是间接的，它们必须反映作者的情感思想。因而，对作品的解读无疑是了解作者的心理和他所生活的世界以及二者之间的关系的最好途径。本文试图从雅克·拉康的主体理论出发，阐释主体的分裂与异化过程以及意识与无意识的对立关系，分析田纳西·威廉姆斯这部剧中心智敏感而又极度压抑的典型人物意识与无意识的对立，以及由此表现出的田纳西·威廉姆斯这一主体在创作中所流露出的对人性的探索和对真理与美的追求。

---

① 基金项目：四川大学中央高校基本科研业务费研究专项项目“拉康主体理论视域下的田纳西·威廉姆斯戏剧研究”（项目代码：2082704164060）。

2. “他者”在说话

雅克·拉康在他的主体理论中指出主体不是人们所知的“自我”，而是意识与无意识活动的整个机制，它包含意识的、可知的心理和无意识的、不可知的“他者”。因为对于主体来说，无意识是主体未知的，所以拉康认为无意识首先是一个“他者”，主体因“他者”的进入而分裂、异化。而后拉康又受到索绪尔语言学理论的影响，并在巴黎大学的演讲《论符号在无意识中的重要作用》中提出：“无意识是‘他者’的话语。”[①] 并且认为语言是我们进入无意识的唯一途径。拉康坚持索绪尔二元对立统一的语言学观点，但对能指与所指的“稳定关系”产生怀疑，他认为索绪尔把能指和所指比喻成一张纸的两面颇为不妥。在拉康看来，二者对立但不统一，它们分别属于两个对立的系统，不能相互代替，而且能指先于所指。同样，田纳西·威廉姆斯也认为人这个主体内部存在着人类不可知的，又渴望知道、渴望面对的无意识；在意识层面之下人们通过梦境、创作等方式去面对自己意识中不可知的诸如悔恨、反抗和绝望等压抑情感，我们可以把这些理解为主体的无意识。所以，他的一生都在不断地写作，他认为只有这样自己才能生存下去，犹如剧中的布里克不断地喝酒一样，只有这样他们找到平静，他们才能面对真实的自己——“他者”，才可以让他们听到“他者”的语言——无意识。田纳西害怕自己一旦停止写作就会像姐姐露丝一样变得疯狂，而布里克也害怕自己一旦停止喝酒就会像父亲一样死在追求真理的路上。在剧中，布里克喝了酒便会听见那个“咔嗒”声（click），那个可以给他纷乱的生活带来平静的声音。这是“他者”之于主体的声音，是象征着真理和美的声音。而布里克之于他的塑造者田纳西·威廉姆斯，亦是“他者”之于主体在说话。在现实生活中被隐瞒的真相、被压抑的情感——被文明掩饰的无意识欲望——便借由这个“他者”之口表达了出来。

田纳西·威廉姆斯在写给奥德丽·伍德的信中说道：“我的作品只有一个主题，那就是社会如何迫使那些心智敏感而又不想循规蹈矩的人走向毁

① “无意识是‘他者’的话语”与“无意识具有语言的结构”是拉康最著名的言论。虽然拉康始终倡导“回归弗洛伊德”，但是他的无意识与弗洛伊德的无意识是有很大差别的。弗洛伊德的无意识包含三方面内容：被主体压抑的观念，未受压抑、属于自我但又不为主体所意识的观念以及前意识。而拉康的无意识是超越个体的，它首先是主体间的文化结构或社会法则，其次才是主体的无意识欲望。拉康主张从语言的角度来认识无意识，因为语言是主体间的现象，所以说无意识是超越个人的。

灭。”（Devlin，2000：220）的确，心智敏感的角色与社会体系之间的冲突渗透在田纳西的每一部剧作里，而每一个不循规蹈矩的角色与父权社会的冲突、每一次理想追求与现实压抑的对抗、每一次无意识与意识的碰撞都演绎着作者内心的挣扎与矛盾。田纳西在信中还说：“我就是那些高贵动物的一员，宁可饿死在丛林中，也不愿在笼子里长胖。”（Devlin，2000：215）一语破的，“高贵的动物”表现出他心智敏感的一面，而“宁可饿死在丛林中，也不愿在笼子里长胖”说明他和他笔下的人物一样也是一个不愿循规蹈矩的人。同时，这也让我们联想到“热皮屋顶上的猫”的形象：一只猫焦躁不安地站在热皮屋顶上，可它却宁可焦虑地站在那儿，也不愿跳下来——跳进这个世俗的社会中——随波逐流。从中我们不仅可以看出田纳西反对父权社会的传统观念，憎恶人们对成功、名利和谎言的追逐，也可以看出他本人在追求真理和美的道路上的困扰与纠结，这正是源于其意识与无意识对立而不统一的位相模式。他在意识领域里遵循着传统社会的伦理道德观念，并压抑着对真爱的追求以及对真理和美的渴望；然而，在无意识领域里，被压抑的情感活跃起来，他通过孜孜不倦的创作追求着自己心之所向的生活。这种不可知的无意识才是影响主体行为和思想的重要因素。这些无意识的因素因为不为人知，才没有矫饰，才能最真实地反映人性中不经任何文明掩饰的生命的欲望——对真理与美的追求。

3. 谎言与真理——大爹的困惑

《猫》中“大爹”的形象无疑是“父权制度”的代言人，其他的家庭成员唯有对他言听计从才能获得生活的平静与他们所期盼的巨额遗产。然而，田纳西创作此剧的目的绝非仅仅是为了表达自己对父权社会的不满，也并非是展现大爹对癌症的逃避和对死亡、对权利丧失的恐惧。正如他在另一剧作《甜蜜的青春鸟》（1959）的前言中所写：“有些东西比我们在生与死的过程中所意识到或记录的生命与死亡宏大得多。而且，我们严肃的戏剧就是对这些东西的追求，虽然还未成功，但仍将继续。”（1979：648）虽然作者并没有明确地告诉我们这种超越生死的东西究竟是什么，但是我们知道这必定是他穷尽一生心血在戏剧创作中所追求的东西，也是他剧中那些心智敏感又不想循规蹈矩的角色所追求的。或许就是《猫》中布里克听到的“咔嗒”声（click），也或许是《甜蜜的青春鸟》中强斯听到的“滴答”声（tick-tick），是超越了父亲无法逃避的死与哥哥极力追寻的生之外的更宏大的东西，是能让人不再恐惧死亡、不再争夺名利、不再虚伪做作而感到内心平静的东西，是一个无意识的声音，是对真理和美的追求。

在大爹的心里充斥着意识与无意识的对立，这种对立给他带来许多困扰。他不断强调自己的富有与幸运，字字句句流露出他的权利与优越感，这是他在镜像阶段形成的想象中的自己的形象，但他却错误地把它当成自己的真实形象，这便是“自我”的误认过程。在面对儿子布里克和玛吉的婚姻问题时，大爹振振有词地告诉布里克不要厌恶谎言，要和它一起活下去。又一次的“自我”误认让他觉得自己拥有可以和一切事物抗衡的权利和力量，甚至认为自己可以对抗死亡，可以像神话角色一样永生。然而，在第二幕中，随着大爹与布里克的争执愈演愈烈，布里克无意间透露出这将是他的最后一个生日。此时的大爹并没有选择伴随着谎言生活下去，也没有选择容忍谎言，而是不断地追问“你想说什么?”“把话说完!”其内心的矛盾清晰可见。在得知所有人都向他隐瞒实情时，大爹的“自我”误认形象崩溃了，主体因“他者”的进入而分裂、异化。他无法接受自己患有癌症的事实，甚至愤怒地大吼：“骗人，死亡，都是骗子!”（Williams，1979：481）此时的脆弱淹没了之前那个由“自我”误认形成的“高大上”的形象。然而，由于不愉快的消极情感被无意识地压抑下来，他才会在意识领域里不断地重复“我不会死的，我不会死，我不会像你们说的那样死于癌症……”（Williams，1979：449），却在与儿子布里克单独相处时说出了内心真实的声音（即“他者”的话语）：

> 大　爹：儿子，我觉得我有!
> 布里克：有什么？有什么啊，老爸？
> 大　爹：癌症!
>
> （Williams，1979：458）

正所谓无知者无畏，知者，则畏之。在剧中，大爹也说过：“无知——关于死亡的——是一种安慰。人类无法得到这种安慰，因为他是唯一知道死亡的动物，并知道死亡意味着什么。”（Williams，1979：459）大爹知道自己即将死于癌症，也清楚地知道死亡意味着失去——失去权利、失去财富、失去爱，死亡意味着一无所有，所以他才会极力否认，极力地维护自己表面上“高大上”的形象。他重复着“我不会死的，我不会死”，在这里，“能指”

是先于“所指”的，所以在无意识领域，“我要死了……就快死了……一无所有……”才是大爹内心真实的声音。否定死亡的意识与面对死亡的无意识对立、逃避真相的意识与承认真相的无意识对立、容忍谎言的意识与追求真相的无意识对立，这些意识与无意识的对立使大爹的内心充满纠结与矛盾，二者对立而不统一的位相模式造成了主体的困扰与痛苦，也表现出他无意识里对谎言的厌恶和对真相的渴望。

4. 美即真，真即美——布里克的超然

田纳西·威廉姆斯在《猫》的导读中引用了艾米莉·狄金森的诗《我为美而死去》来表现自己对美与真理的追求，也暗示了他即将展现在观众面前的是他为之生、为之死的罕见的美与真理。而美即是真，真即是美，二者同为一体。在《猫》中，大爹为真理而死，布里克为美而醉，“巧合”的是他们是该剧中仅有的两个互不撒谎的角色。在布里克看来，其他人之所以撒谎是因为他们还活着，言下之意是大爹将不久于人世，而自己却早已心死，既有对尘世的绝望，又有对上帝的渴望。他还说人们就生活在谎言之中，喝醉是一个出路，而死亡则是另一个，暗示了前者是他的出路，后者则是他父亲的结局。布里克的话像是一声钟鸣，唤醒了沉睡的无意识，让我们将真相看得越来越清楚。醉便是非生非死而又超越生死的状态，而醉所象征的无意识的状态似乎就是田纳西在前言中提到的“比我们在生与死的过程中所意识到或记录的生命与死亡宏大得多”的东西。布里克不止一次在剧中提到他喝酒是为了扫除厌恶之感——对谎言、名利、世俗的厌恶。由此可见，一扫对尘世谎言的厌恶，平静地追求美与真理便是田纳西所谓的超越生死的更伟大的东西了。

布里克追求的美是一种远离尘嚣的美！他总是对周围的事物漠不关心，别人跟他说话，他也只是漫不经心地喝着酒，冷不丁地回答一句“你说什么?”他忽视父亲的病情，当大爹对他说“我觉得我有癌症”时，他也只是简单地答了一句“嗯”；他忽视父亲的财产，在其他人百般讨好大爹以求得到一些遗产时，他却不惜激怒大爹告诉他真相。他在疏远这个社会，也在哀悼这个社会。他虽然参加了大爹的生日聚会，却不愿在玛吉准备的礼物上签名。他虽然同意和大爹交谈，却没有认可大爹的话。他虽然表面上遵循父权制度，可从未对它说过“Yes”。他用一种无声的不顺从，或者用作者的话说是“不循规蹈矩”，来表达他对社会的不满。他在不经意间说出大爹的病

情也流露出他无意识里对父权至上的社会观念的反叛，对人们为名利而撒谎的厌恶，对真理与美的渴望与追求。

布里克追求的美是一种超然的美！这一点可以从他对婚姻、对爱的态度中看出来。他和玛吉的婚姻没有真爱，因而他不愿和她同床共枕。他和斯基普原本“真实的、纯洁的”友情渐渐扭曲，因而他挂断了他的电话，间接导致了斯基普的自杀。有学者认为，作者展现在我们面前的是一个受传统社会观念约束而不愿承认自己有同性恋倾向，且勉强接受和异性的婚姻生活的布里克。可是田纳西·威廉姆斯本人都曾在电视上公开承认自己的同性恋身份，他笔下的布里克就更没有理由踌躇徘徊了。笔者认为，让布里克困扰不安的不是选择玛吉或是选择斯基普的问题，田纳西在剧中提出的也不是一个关于异性恋或是同性恋的选择题。既然创作是为了面对真实的自己，那么布里克为何不与玛吉离婚而去和斯基普一起生活？他为何还要蜷缩在这个没有真、没有美、没有爱的家里终日郁郁寡欢？他为何在得知斯基普的死讯后开始酗酒而不是随之殉情来祭奠自己的真爱？摆在布里克面前的不是同性恋或异性恋的选择，而是爱或不爱的选择。他追求的不是和玛吉的婚姻，也不是和斯基普在物质世界的爱，而是精神世界里的爱，这种爱超越了对性的渴求，也超越了男女之情。这种爱更为博大，融合了对美好梦想的向往与热情和对真理与美的渴望与追求。布里克认为自己和斯基普之间是“真实的、纯洁的”关系，而斯基普自杀是因为他无法面对真相。而且，他在与父亲的争吵中明确指出是“他的真相，不是我的”（Williams，1979：479）。这句话我们可以理解为：一，斯基普才是同性恋，而我不是；二，斯基普因无法面对自己是同性恋的事实而自杀，而我没有。斯基普自杀之后布里克便开始酗酒，一方面是为了远离这个世界，另一方面是为了找到内心的平静。他不断地说喝酒会让他听到“咔嗒”声（click），这是“他者”的话语，是来自无意识的声音，它象征着真理和美。这个声音让他平静，“突然就有了——平静”。“他者”的进入让“自我”分裂、异化，那个意识领域里“自我”误认的形象——瘸腿的（disabled）橄榄球运动员、不称职的儿子、不负责任的丈夫、有负罪感的朋友——消失了。取而代之的是无意识里追求真理和美的“能者”（able）形象。作者在塑造布里克这一角色时没有让他像大爹一样以死来摆脱一切，而是让他以超然的态度远离外部世界的浮华，接近内心的真实诉求，说明他内心的希望多于绝望，说明他仍然保持着对真理和美的渴望与执着追求。

5. 结语

戏剧是一门严肃的艺术，它模仿人的行为和思想从而反映人性。剧中情节冲突诚然重要，但田纳西·威廉姆斯的兴趣还在于通过描写人物的遭遇和情感的变化与冲突来揭露内心、探索人性。他通过塑造一个个心智敏感又不愿循规蹈矩的角色来揭示他们的意识与无意识之间的对立以及以“他者”为代表的无意识与社会主流意识之间的复杂关系。比格斯比在评论现代戏剧时写道：“《热皮屋顶上的猫》最大的优点就在于威廉姆斯融合心理、社会和形而上学的能力，在剧中现实场景掩饰了它的象征力量。”（2006：55）因此，该剧的张力和吸引力最大限度地源于其对社会环境中心理现象的分析。田纳西·威廉姆斯在剧中除了表现南方文化、父权至上和死亡欲望等主题外，还通过塑造一个个心智敏感又不想循规蹈矩的“反英雄”角色表现其内心意识与无意识之间的对立，而这种对立却以不统一的模式更深层次地反映出主体对真理和美的追求。值得一提的是田纳西本人也极其符合“心智敏感又想不循规蹈矩”的描述，因而剧中人物就像一个个“他者”从不同方面反映出田纳西·威廉姆斯无意识中真实的欲望和对真理与美的追求。

参考文献：

拉康. 拉康选集［Z］. 褚孝泉，译. 上海：上海三联书店，2001.

马元龙. 雅克·拉康——语言维度中的精神分析［M］. 北京：东方出版社，2006.

Bibler, Michael P. “A Tenderness Which Was Uncommon”: Homosexuality, Narrative, and the Southern Plantation in Tennessee Williams's *Cat on a Hot Tin Roof* [J]. *Mississippi Quarterly*, 2002, 55 (3): 380 - 400.

Bigsby, C. W. E. *Modern American Drama 1945 - 2000* [M]. Beijing: Foreign Language Teaching and Research Press, 2006.

Devlin, Albert J., Nancy M. Tischler. *The Selected Letters of Tennessee Williams, 1920 - 1945, Volume I* [Z]. New York: New Directions Publishing Corporation, 2000.

Kolin, Philip C. *The Tennessee Williams Encyclopedia* [Z]. London: Greenwood Press, 2004.

Williams, Tennessee. *Memoirs* [Z]. London: Penguin Books Ltd., 2007.

Williams, Tennessee. *Tennessee Williams: Eight Plays* [Z]. New York: Nelson Doubleday, Inc., 1979.

Binary Oppositions between the Conscious and the Unconscious: An Analysis on *Cat on a Hot Tin Roof* from the Perspective of Lacan's Theory of Subject

You Hang

Abstract: Tennessee Williams is a brilliant star in the history of play-creating in America. His remarkable work *Cat on a Hot Tin Roof*, which brings him several awards and great reputation, is all the time popular among scholars at home and abroad. The main purpose of this paper has been to analyze the binary oppositions of the conscious and the unconscious unveiled by those characters in the play from the perspective of French psychoanalyst Jacques Lacan's theory of the subject. What is most encouraging is that the inner world of those characters reveals Tennessee Williams's persistent pursuit of truth, grace and beauty, as well as his repressed emotion and rebellion against the patriarchal society, fame, fortune and mendacity in his unconscious realm.

Key words: theory of the subject; the conscious; the unconscious; binary opposition; *Cat on a Hot Tin Roof*

硬汉神话背后的真实自我
——女性主义视角下的海明威形象

王　倩

（四川大学外国语学院，成都 610064）

摘　要：本文从女性主义视角探讨了海明威硬汉神话背后的真实自我。海明威其实是一位既坚强又脆弱，既有男性的刚毅又有女性的敏感和直觉的伟人。这种复杂性与矛盾性源于他的生活环境和时代背景，体现于其作品中两种完全不同类型的女性形象的塑造上。同时，这种复杂性与矛盾性也使海明威更具人性魅力，写出了 20 世纪最伟大的小说。

关键词：海明威；硬汉神话；真实自我；女性主义视角

厄尼斯特·海明威是 20 世纪美国最伟大的现实主义作家之一。他作为诺贝尔文学奖的获得者和迷惘的一代的代言人而闻名于世，尤其是他所代表和刻画的压力下具有风度的硬汉形象和英雄气概更是倍受世人的赞赏和瞩目。在人们的印象中，海明威笔下的主人公都是些能体现男性尊严和气魄的标准男人，像拳击手、斗牛士、猎人和士兵等。这一切构筑了一个海明威的硬汉神话。然而，在神话光环背后，海明威其实是一位既坚强又脆弱，既有男性的刚毅又有女性的敏感和直觉的伟人。这种多重人格源于他的生活环境和时代背景，表现于其作品中女性人物的塑造上。海明威笔下的女主人公恰似一面镜子，映照出男主人公其实是海明威本人的真实自我。本文意欲从女性主义视角来审视海明威和他作品中的女性形象。

1. 海明威的多重人格与其女性形象塑造的互动关系

长期以来，由于很多人专注于海明威本人和他的男主人公的硬汉气概研究，其作品中的女性形象长期受到忽视。实际上，海明威的作品中有两类截然不同的女性形象。一类是以《永别了，武器》（*A Farewell to Arms*）的女主人公凯瑟琳·巴克利为代表的温柔顺从的传统女性，另一类是以《伊甸园》（*the Garden of Eden*）的女主人公凯瑟琳·波恩为代表的独立反叛的新女性。对这两位名字相同、个性迥异的女性，海明威抱有非常复杂、矛盾的态度。他喜欢和热爱遵循传统道德规范并能衬托出男性气概的女人，而对逾越传统规范并威胁其男性尊严的女人则表现出厌恶和憎恨。

海明威的女性观直接反映了他的男权观点，也进一步揭示了他所具有的多重人格。海明威一生都在尽量维护和捍卫男性尊严，这也恰恰暴露了他内心的敏感和脆弱。我们可以用弗洛伊德的多重人格理论来分析海明威复杂、矛盾的个性。弗洛伊德认为，人的心理是由本我、自我和超我三部分构成的。本我指的是没有理性的无意识层面；自我指的是有理性、逻辑性的意识层面；而超我则指的是自我的升华，它是自我的理想化。超我对人所做的约束被压抑到了无意识的层面，以伪装的形式存在（弗洛伊德，1984：13）。海明威是一个兼具本我、自我、超我多重人格的人。他不顾一切地压制他的本我——脆弱，展示他的超我——男性气概。他的自我其实就是男性气概和敏感、脆弱的结合体。海明威人格的三个层面同他笔下的女性人物的关系可以用下图表示：

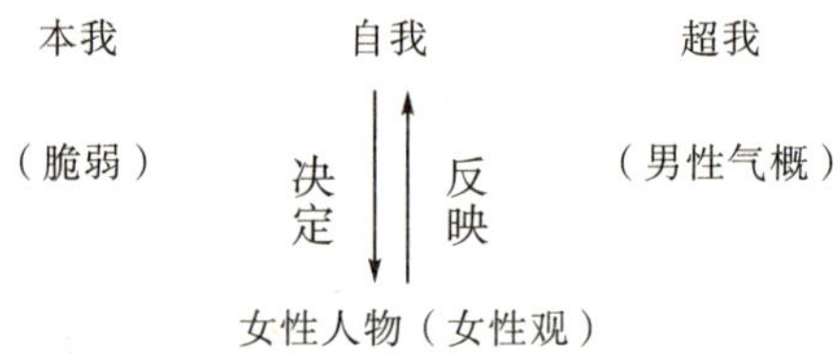

很明显，海明威的多重人格决定了他笔下女性人物的塑造。为了掩饰其内心的敏感和脆弱，海明威尽量表现他的男性尊严，在生活和作品中构筑硬汉神话。在作品中，海明威塑造了两类极端的女性形象，这两类女性都以不同的方式成为体现或检验男性尊严和气概的标准，也以不同方式暴露了其刚强外表下脆弱和焦虑的内心。

2. 多重人格产生的生活环境和时代背景

在海明威的一生中，有许多女性同其有过密切的关系。这些女性不仅成为他作品中女主角的原形，也对其多重人格的形成产生了重大影响。对海明威影响最大的女性就是他的母亲格蕾斯。令人感到惊异的是海明威终生都憎恨且仇视他的母亲，这要归因于童年时母亲对他性别属性的干预和男性气概的压制。当海明威还是婴儿时，格蕾斯就按照自己的想法把他装扮成一个女孩。“海明威留着长长的头发，穿着同他姐姐一样的衣服。”（Kenneth S. Lynn，1987：14）这种性别混淆逐渐使小海明威的心中产生了焦虑和不安。可以说海明威的童年是一个焦虑的小男孩不顾一切地证明自己是一个男性的过程。为了强化自己的男性意识，海明威渴望有一个弟弟，他不喜欢别人用带有女性色彩的名字来称呼他，他还把他的父亲当作男性的楷模，跟随父亲从事户外运动，以此来确定男性身份和尊严。不幸的是，这种渴望再次被他专横独断的母亲所击碎。海明威失望地发现他父亲竟是一个懦夫。“如果他是一个男人，他就应该勇敢地去反对那个女人。”（Kenneth S. Lynn，1987：84）父亲后来的自杀使海明威更加痛恨他的母亲。他认为是母亲一手导致了父亲的自杀，是她的专横剥夺了他和他父亲的男性尊严。

与此同时，海明威生活的时代也对他的人格产生了重大的影响。海明威生活在反传统文化盛行的时期。20 世纪以来，社会经历了巨大的变革，所有传统的价值观念都受到了挑战和冲击。社会变革也引发了性别关系的变化，男性和女性都试图重新定义他们自身的角色（Michael Kimmel，1990：137）。传统的男性权威受到严重威胁，男性的主导地位被大大削弱，社会进一步向两性平等的方向发展。伴随着 20 年代妇女通过斗争争取到了选举权，女性在很大程度上得到了解放，具有独立反叛思想的新女性大量出现。她们特意剪短了头发，穿着同男性一样的衣服，在性关系上变得更为自由开放，勇敢地向占据支配地位的习俗规范发起挑战。

在这种父权文化持续衰落、女权运动不断兴起的社会环境中，作为一个对生活具有敏锐观察力的现实主义作家，海明威明显感觉到了社会的变革。面对变革，他感到深深的焦虑和失落。作为一名男权主义者，海明威不愿看到父权文化的衰落，也不能容忍女权主义者过激的言论。源于生活的心理焦虑在日益变化的社会环境中逐渐加重。作为一名男性和男性作家，海明威选择了用他的笔作为武器，用他的作品来重拾男性尊严，构筑他的硬汉神话。

3. 海明威作品中的典型女性形象——多重人格的艺术体现

正如上帝创造了亚当和夏娃，海明威创造了他的女主人公，并且按照他的意愿来塑造她们，从而实现他的男性尊严。这些女性以不同的方式成为体现或检验男性尊严和气概的标准。在海明威的作品中有两类截然不同的女性形象。一类是以凯瑟琳·巴克利为代表的温良柔顺的传统女性，她们通常被看作天使的化身。巴克利不仅给迷惘的男主人公亨利提供温暖的爱巢，也把全身心都献给了爱人：“我会做你让我做的任何事情。”（Ernest Hemingway，1986：32）与凯瑟琳·巴克利个性完全相反的是凯瑟琳·波恩。她是一个独立、反叛的新女性，通常被看作魔鬼的化身：“我要对你做我想做的任何事

情。”（Ernest Hemingway，1986：48）

天使和魔鬼的划分体现了一种男权意识，即男性对女性所制定的标准被强加于女性身上，同时这一划分也体现了父权文化对女性的歪曲和压抑（Elaine Showalter，1985：249）。这两类女性成了表现或检验男性尊严、气概的标准。凯瑟琳·巴克利被塑造成一个完美的女人，她是为男人而存在的。巴克利被赋予美貌，符合男性审美标准的她是如此温柔顺从，从而衬托出男性的尊严；巴克利也很坚强，她帮助男主人公亨利找回了失落的自我，使他变得更加成熟。与理想中的凯瑟琳·巴克利相比，凯瑟琳·波恩则是现实中的新女性，她的存在对男性的尊严提出了巨大挑战。波恩刻意剪短了头发，穿着与男性一样的衣服，希望与男性做同样的事情。为了支配男主人公大卫撰写一部关于她的作品，波恩打破了传统的禁忌，强迫大卫玩起了性颠倒游戏。在这一通常由男性处支配地位的领域里，波恩占据了主动地位，而大卫则沦为被动。在海明威笔下，尽管波恩很聪明，但她还是被剥夺了话语权——写作的天赋和权力。真正的权力是由话语来实现的（Roman Selden，1993：158）。拥有话语权成为男性尊严的象征，从而使男性对女性具备了支配性的权力。当大卫未能满足波恩的愿望，为她撰写一部体现女性的创造力、与他们的蜜月有关的书时，波恩愤而撕毁了他的书稿，毅然离开了大卫。大卫最终摆脱了波恩的控制，开始撰写关于非洲狩猎的故事，而非洲狩猎也是男性气概的象征。这意味着男性在与女性争夺话语权的斗争中取得了最终胜利，重新确立了尊严。

海明威作品中塑造的这两类女性形象以不同的方式体现了男性的尊严和气概，同时她们也以不同的方式揭露了男主人公，其实是海明威本人作为男性的焦虑和失落。凯瑟琳·巴克利是男人心目中的完美女性，她的完美体现了男性的梦想，对她的过度美化更体现了男性对现实的逃避。当男性在现实生活中感到无所适从时，他们要借助梦想中的女人来重拾他们在现实中丧失的男性尊严。这种男性的脆弱更清楚地表现于《伊甸园》中。作为新女性的代表人物，凯瑟琳·波恩的积极主动与大卫的消极被动形成了鲜明对比。这直接反映了海明威对女权运动不断发展、新女性不断出现的焦虑和不安。《伊甸园》这一标题本身业已体现出男性对失去传统幸福乐园的焦虑和失落。

4. 硬汉神话背后的真实自我

海明威终身都在生活和作品中尽量体现和捍卫男性尊严和气概，试图构筑一个打不倒的硬汉神话。实际上，男性气概不仅成了海明威的象征，也沦为他的陷阱，一个他终身要背负的重担。在父权文化衰落、女权运动不断兴起的大环境中，海明威过度强调男性气概只能暴露他自身面临的困境和焦虑。尽管海明威不顾一切用男性气概作为屏障来压制和掩饰他内心的焦虑和不安，但这并不能令他真正摆脱心理困扰，反而暴露了在其神话光环背后的真实自我。海明威的良师葛鲁德·斯泰因就曾评说过，“海明威是在用残忍作为盾牌来掩饰他令人惊异的胆怯和敏感”（Philip Young，1996：21）。

海明威的生活和作品是融为一体的，他的作品在很大程度上就是他的生活写照。从女性主义视角来剖析海明威笔下的女性人物，我们看到了一个具有多重人格的海明威形象。海明威既坚强又脆弱，既有男性的刚毅又有女性的敏感和直觉。这种复杂性和矛盾性使海明威更具人性魅力，也使他写出了20 世纪最伟大的小说。

参考文献：

弗洛伊德. 创作家与白日梦 [M]. 长沙：湖南文艺出版社，1984.

Hemingway Ernest. *A Farewell to Arms* [M]. New York: Scribner, 1929.

Hemingway Ernest. *For Whom the Bell Tolls* [M]. New York: Scribner, 1940.

Hemingway Ernest. *The Garden of Eden* [M]. New York: Scribner, 1986.

Kimmel, Michael. *Crisis in Masculinity* [M]. New York: Oxford University Press, 1990.

Lynn, Kenneth S. *Hemingway* [M]. New York: Simon and Schuster, 1987.

Philip, Young. *Ernest Hemingway: A Reconsideration* [M]. University Park: Pennsylvania State University Press, 1996.

Selden, Roman, Peter Widdowson. *A Reader's Guide to Contemporary Literary Theory* [M]. Lexington: University Press of Kentucky, 1993.

Showalter, Elaine. *The New Feminist Criticism: Essays on Women, Literature and Theory* [M]. New York: Pantheon Books, 1985.

Evaluation on Hemingway's Image from Feminist Perspective

Wang Qian

Abstract: With feminist criticism as research approach, the essay intends to place Hemingway in the context of his life and time, to center around his two typical fictional heroines with the same name, but of different types, thus reexamining women's destiny in Hemingway's patriarchal world and exploring Hemingway's multi-personality behind his machismo myth. Actually his female characters are like mirrors, which reflect merits and defects of his male characters, namely, the image of Hemingway himself. Hemingway is a man full of complexity and contradictions. He is both strong and weak, hard and soft, and masculine and feminine. It is his complexity and contradictions that make him write down the greatest novels. The essay falls into four sections. Section One introduces mutual relationship between Hemingway's multi-personality and his female characters. Section Two analyses the causes that shaped Hemingway's multi-personality. Section Three focuses on Hemingway's two typical female characters. Two kinds of female image serve as foil to Hemingway's masculinity and reveal his concealed vulnerability in different ways. Section Four makes further comment on Hemingway's multi-personality.

Key words: Hemingway; machismo myth; true ego; feminist perspective

文　化

CULTURE

从语言学习和使用看早期美国基督会人士在康藏的文化适应与互动[①]

赵艾东

（四川大学外国语学院，成都 610064）

摘　要：美国基督会传教士在康藏地区先后以打箭炉（今康定，1904－1908）和巴塘（1908－1950）为中心从事各种活动，并在1904年至1919年的早期活动中为学好汉语和藏语设法克服了各种障碍，还为藏族学童编写了数种藏文读物（出版于印度）。然学界尚无相关探讨。文章描写了传教士学习与使用当地语言的历史，展现其对康藏的适应与东西方文化的互动、交流过程。这一探讨对深入认识近代中国与世界的关联、对康藏史研究均有学术价值，对思考当今外语教学应如何促进跨文化交际、对文化的传承与跨民族传播也有一定的启示。

关键词：基督会；语言；康藏；文化适应；史德文

近代传教士之所以能够在华从事大量活动、对中国近代化过程产生种种影响，一个重要原因就是他们极为重视汉语及方言的学习，想方设法地克服了语言障碍。通常，传教士来华后的首要任务便是学习汉语及方言。而康藏地区的语言障碍远胜中国内地其他地区：清末民初，打箭炉（今四川康定）为汉藏结合部，汉、藏居民各半；巴塘为康藏腹地，藏族居民约占90%，其余为汉族、纳西等族居民；而该时期在当地所设地方政府的官员们大多为汉人。因而，西方人无论要在康藏立足、开展活动，还是要与地方官员打交道，都离不开汉、藏语言。通晓地方语言成为他们在康藏活动的先决条件。近代巴黎外方传教会（Missions Etrangères de Paris）和中华内地会（China Inland Mission）在康藏的传教士均下了很大功夫学习语言，尤其是藏语[②]。美国基督会（the Disciples of Christ）传教士先后以打箭炉（1904－1908）和巴塘（1908－1950）为中心在康藏地区从事布道、医疗、教育、慈善等

① 国家社科基金一般项目“20世纪上半叶中西文化互动下的川藏地区巴塘社会变迁研究”（14BZS091）、四川大学中央高校基本科研业务费学科前沿与交叉创新研究重点项目“近代美国基督会在华活动与中西文化互动”（skqy201511）阶段性成果。

② 参见笔者所撰2009年国家社科基金项目结项成果文本《近代西方人在东部藏区的活动与中西文化交融研究（1846－1919）》，2013年，第257－264页，未出版。

活动。他们在巨大的语言障碍面前又是如何渡过难关、融入当地社会生活的呢？对此，学界尚未有相关探讨。故本文从语言学习与使用的角度探讨20世纪初美国基督会传教士的藏、汉语学习过程及其对汉、藏、英三语的使用，展现西方人适应康藏的过程与东西方文化的互动、交流。这一探讨对康藏史研究、对深入认识近代中国与世界的关联、对认识当今外语教学应如何促进跨文化交际及对文化的传播和传承均具有学术价值与启示意义。

1．早期美国基督会派往康藏的传教士及其活动简述

1903年美国基督会正式派遣传教士入藏①。1919年前进入康藏地区的基督会传教士有以下12人：

> 凌苏珊（Susie C. Rijnhart）女医生，1895至1898年与其丈夫曾在安多藏区生活在藏民中并学习藏语，1898年经结古（今青海玉树）来到打箭炉，在内地会逗留半年后返回北美。1904年春她与史德文夫妇（Albert Shelton and Flora Shelton）到达打箭炉，因通晓藏语，工作进展顺利，主要从事医疗并帮助妇女、儿童学习手工艺以便谋生，但因健康问题于1906年辞职回国，1908年在加拿大病逝。
>
> 史德文医生夫妇1904春入打箭炉，1908至1922年驻巴塘，1922年史德文医生在巴塘附近被土匪劫杀。
>
> 浩格登夫妇（James Ogden and Minnie Ogden），1905至1928年先后在打箭炉和巴塘活动。
>
> 罗富德医生（Zenas S. Loftis），1909年6至8月在巴塘仅6周便在医疗过程中感染天花而病逝。
>
> 哈德医生夫妇（William Hardy and Nina Hardy），1910至1928年驻巴塘。
>
> 贝克夫妇（Harold Baker and Josephine Baker），1912年来华后在南京学习汉语，1914至1919年驻巴塘，之后赴滇西传教。
>
> 马勒德夫妇（Roderick MacLeod and Esther MacLeod），1918年初至1927年驻巴塘。
>
> （Duncan，1999：6－42；Aidong Zhao and Xiaoling Zhu，2014：ix－xiii，1－11）

从总体上看，凌苏珊和史德文夫妇在打箭炉很快立足，安定下来；1905年浩格登夫妇到来时，赵尔丰在川边开始实施改土归流，康藏开始近代化进程；1908年基督会将传教点迁至康藏腹地巴塘，命名为“华西巴塘之西藏

① 从1903年起基督会的年度报告中开始出现入藏传教士的活动记录。1895至1898年凌苏珊与其丈夫曾在旧金山某基督会教堂的资助下到安多藏区活动。

基督教差会（Tibetan Christian Mission，Batang，West China），并在当地办学、行医、收养孤儿等。1909年罗富德去世，1910年哈德夫妇到来。1911年辛亥革命爆发，传教士们撤离巴塘。1914年，4对夫妇及其子女重返或新到巴塘。1918年马勒德夫妇到来，1919年贝克夫妇辞职并离开（Shelton，1923：87）。该时期，浩格登先生为差会负责人，兼与其妻负责教育及布道，与史德文负责教会的修建；史德文负责本地医疗、巡诊兼布道，史夫人从事教育与翻译工作；罗富德、哈德主要从事医疗；贝克与马勒德负责布道；贝克夫人与哈德夫人先后任差会秘书。该时期基督会在巴塘陆续修建了医院、学校、住所等建筑，活动规模不断扩大。而这一切活动均建立在一个基础之上：他们通过长期艰苦的语言学习，能够用汉、藏语与当地官民沟通。

2. 基督会成员汉、藏语的学习与文化适应、互动

基督会传教士们认识到若不通晓当地语言，便寸步难行。他们将语言学习作为首要任务和一项长期、持续性的任务，逐渐摸索出一套学习方法与课程计划，将坚持不懈的努力与实际生活中的应用有机地结合起来。

2.1 对语言学习的重视与课程计划的实施

史德文记述了到打箭炉后立即开始学汉语的情形："我从成都请来老师，开始学汉语。在汉藏边地工作，有必要学会汉、藏两种语言。"（Shelton，1921：27）学习1年汉语后，他开始学藏语，他感到藏语学习的难度远高于汉语学习，故一直未敢懈怠。史德文曾呈交给美国基督会总部一份问卷调查的回答，其中几十个问题都是针对他在康藏的经历。教会将其汇编成标题为"史德文医生与西藏"（"Dr. Shelton and Tibet"）的资料，作为介绍西藏和宣教的读物。问卷中有以下3个针对语言学习的问答：

> 问题1："史德文医生如何学习当地语言？"
> 答："聘请当地人，每天教他学习数小时；强迫自己与当地人打交道。"
> 问题2："阻碍史德文医生轻易学会当地语言的特别因素是什么？"
> 答："年龄太大不易学会；缺乏合适的起步教材。"
> 问题3："史德文医生的子女在学习当地语言方面取得的成绩如何？"
> 答："孩子们能说一口与本地人一样自然的藏语，比学英语更容易，通常较父母说得地道。"
>
> （Shelton，Unpublished）

由此可见，传教士本人与基督会都很重视语言学习并注意总结经验。

1907 年 8 月，浩格登在打箭炉雇用了自己的私人藏语老师兼藏文翻译吉村（Jan Tsen）。此人是德格藏民，他一直为浩格登服务到 1910 年 5 月（Shelton，1912：125）。1914 年浩格登重返巴塘后，制订了一套藏语学习的6 年课程计划，形成了严格的语言学习制度。基督会成员实施该计划的学习进展如下：浩夫人的学习实际进度快于原订计划，在 1914 至 1917 年近 3 年时间里便学完了全部的 6 年计划课程；哈德先生最初仅热衷于医疗，忽视藏语学习，结果发现"其后数年间将为此付出代价"，于是开始认真学习；1917 年哈德夫妇进入藏语学习的第 3 阶段，之后通过了由浩格登命题的藏语水平检测；1918 年马勒德夫妇到巴塘后便开始学习藏语，浩格登在其每个阶段的学习结束后都要命题检测其水平；1919 年马勒德夫人按课程计划进入学习的高级阶段，目标是学会用藏语讲述 40 个《新约》故事和一些藏族民间故事。此外，1912 年贝克先生来华后就开始学习汉语，1915 年便能主持教会的汉语布道（Duncan，1999：37 -39，40，45，51，34）。基督会除在组织制度上对语言学习提供保障、进行检测外，每对夫妇还聘请了藏语家庭教师。

2.2 藏语学习的艰难与困难克服

史德文的记述反映了西方人在藏语学习基础阶段的艰难：

> 我学习藏语不如学习汉语那样成功。就我而言，说藏语似乎更难，我却每天要跟着老师学好几个小时的课本。学习中的一大难题是，因我已会汉语，遇到不懂之处时老师会立即为我译成汉语，结果我会忘记在藏语中如何使用那个词。我在藏语书面阅读方面很不错，但若有藏人来诊所说"Gnedrobachig be nadoKatroKatrosmenchiza pin ro"，我却不知所云。若见到书面藏文，我则十分清楚他胃痛，想开点药。
>
> 由于学不好藏语，在不能及时理解藏语时大家都想为我译成汉语，因而我明显感到自己藏语口语能力很差。我有些厌倦，索性将书抛到一边，带了两三个男学童下乡去。
>
> 我们走了三天，到了乡下。那里无汉人，要么我得说藏语，要么压根儿就别开口，几个星期都得这样。结果在那期间我学会了一口地道的藏语。
>
> （Shelton，1921：30）

上述文字也向我们展示了学习当地语言的必要性以及如何在实际应用中

突破难关。史夫人则是边学边译，边学边教自己的两个女儿。

2.3 藏语学习中与藏人友谊的发展

在打箭炉4年间，史德文虽在藏语方面已有相当基础，但当地汉、藏人口各半，藏语的使用条件有限，因而刚到藏民占绝大多数人口的巴塘时，他因自己藏语知识和听说能力的不足而陷入困境，深知仅靠自己的摸索无法克服障碍：

> 起初很难找到藏文教师。既然无人肯帮我们，我们只好在缺乏老师的情况下极力挣扎和摸索。我近乎绝望。此时恰好有位在打箭炉结识的老友来访。我对他说："格桑旺堆，现在我束手无策，难道你就不能帮我对付一下藏文吗？"他回答："好，我很乐意助你一臂之力。"我问："我每月该付给你多少报酬呢？"他回答："唉，我根本不是为钱才帮你。作为你的朋友帮你，我很乐意，否则就不帮。"
>
> （Shelton，1921：58）

格桑旺堆①坚决不收史德文的报酬："你若不想做我的朋友了，我就收下，你若仍把我当朋友，想我再来，就收回钱。"（Shelton，1921：59）格桑旺堆就这样成了他的藏文老师，也成为他们夫妇的好友，在十余年中伴其左右并协助处理各种事务，还常陪同史德文到康藏各地旅行和医疗，充当医疗助手，甚至会注射天花疫苗（Shelton，1921：39）。1918年康藏纠纷期间他曾陪同史德文赴江卡（今西藏芒康）协助汉藏议和。

史德文的长女认为其父亲到巴塘后之所以长期坚持学习藏、汉语，目的是"深入了解当地人民及其存在的问题"。几年后，巴塘藏人常称赞史德文的藏语说得十分地道："他就像个本地出生的人。"（Still，1989：35）史实表明，精通汉、藏语为史德文与基督会在康藏的开拓与地方事务参与中发挥了重要作用。

3. 汉、藏、英三种文字的使用与文化的互动、传播

汉、藏、英三种文字的使用与文化的互动、传播主要体现在基督会的文献与藏文教材的编译、西藏民间故事的收集与编译以及出版发行所产生的文

① 格桑旺堆是巴塘藏人，史德文在打箭炉期间与他认识并曾向他学习藏语。Wissing D. A.：*Pioneer in Tibet*，2004：88，99-100。

化传播等方面。

3.1 基督会的编著与藏文教材的编写、编译

史夫人从一开始便确定自己的工作是在藏语老师的协助下，从事英、藏文的编译工作，并计划将各种所需文献与教材陆续译为藏文（Duncan，1999：16）。在巴塘数年间，她陆续将精选出的故事、地理和天文学知识、赞美诗等编著成书，与格桑旺堆一起将其译为藏文（Shelton，1921：125 - 126）①。史德文记述道：

> 过去几年中，格桑旺堆和我太太成了翻译家。
>
> 我太太在格桑旺堆的帮助下，译完了一本教堂赞美诗歌集，配有音乐和20首儿歌；一本供学校使用的最佳故事集，包括32则故事；一本融地理和天文于一体、阐释地球和天体关系的普及读物，其需求广泛。这几本书已付梓并交付出版，教堂传教和学校教学对其需求量都很大。
>
> （Shelton，1921：125 - 126）

上述3本书均由印度加尔各答浸信会的印刷厂印刷发行，供藏区的学校与教会使用。其成书情况与主要内容如下：

《赞美诗》（*Songs of Service*）汇集了95首赞美诗歌，如"God Will Take Care of You""The Cloud and Fire""Holy, Holy, Holy""The First Christmas""Help Somebody Today""The Great Physician""Rock of Ages""My Pigeon House""Once There Was a Little Kitty"等。每首诗歌均有英、藏文标题，歌词为藏语并配有五线谱。诚然，赞美诗集的编译是为了教会的宣教和学校的教学，但不可否认，部分诗歌也是了解西方文化和音乐的材料。

史夫人在《藏族儿童故事书》（*A Story Book for Tibetan Boys and Girls*）前言中指出，浩格登夫妇对故事书的编译有所贡献，书中所选33个经典故事"已在多种语言中被许多国家的许许多多儿童所分享"。每个故事标题为英、藏双语，内容为藏语，配有数十幅生动的插图。故事来源如下：

---

① 翻译并出版的部分书籍照片见赵艾东、朱晓陵：*Far, Far Away in Remote Eastern Tibet*，2014：129 - 130；1916年史夫人完成了上述赞美诗和短篇故事的翻译，参见Duncan M. L.：*A Flame of the Fire*，1999：36 - 38。

表1 《藏族儿童故事书》中33个故事的来源①

故事来源	数目	所选故事说明
Aesop's Fables	15	《伊索寓言》中有关多种动物与人的寓言故事
Junior Classics	9	有关动物、物品等的幼儿经典故事
Kipling	2	诺贝尔文学奖得主、儿童读物经典作家吉卜林（Rudyard Kipling）的作品
The Old Testament	1	《以斯帖的故事》（"The Story of Esther"）
Grimm Brothers.	1	选自德国格林兄弟所著《格林童话全集》
Norse Folk Tale	1	北欧民间故事《为什么海是咸的》（"Why the Sea is Salt"）
Russian Folk Tale	1	俄罗斯民间故事《飞船和伊万》（"The Flying Ship and Ivan"）
Green Fairy Book	1	英国安德鲁·兰（Andrew Lang）《绿色童话书》中的故事
Fifty Famous Stories Related	1	《成吉思汗和鹰》（"Chengis Khan and His Hawk"）
Harvard Classics	1	《一千零一夜》中的《阿里巴巴和四十大盗》（"Ali Baba and the Forty Thieves"）

由表1可见，史夫人挑选故事时兼顾了故事内容的丰富性和来源的多样性，所选经典故事已经广泛流传，呈现了世界文化的多姿多彩。

《地理》（*Geography*）这本教材成稿于1921年。史夫人指出，它是东西方人合作的产物：驻巴塘的中医兼药剂师补晓岚先生对书中的中国农历日期和历史知识有所贡献，边军驻巴塘分统刘赞廷为该书的编撰提供了地图和中文参考书籍，"巴塘某藏人为该书绘制了地图与大部分插图，马勒德先生绘制了部分插图，马勒德夫人用打字机打出了书稿，巴塘教会的语言主任浩格登先生审读了书稿"（Shelton & Gezong Ongdu，1922c："Preface"）。经笔者考察，该书是西方人编撰并译为藏文、在藏区学校使用最早的世界地理教材。全书共15章，113页，包括以下章节：藏人和西方人的地理观，哥伦布对美洲的发现，地球的运转，地球与其他星球的关系，地球的形成过程，地球上各种自然现象、事物的成因及藏人的观念，大陆的划分，北美，南

① 笔者根据该书中目录与注明的故事来源整理而成，补充了部分相关信息。

美，欧洲，大洋洲，亚洲，印度，圣地（耶稣、穆罕穆德、孔子等宗教圣人的诞生；阿拉伯、波斯、蒙古），非洲，西藏（藏汉法律、人民、树木、水果、动物、粮食、鸟类、花卉、早期历史、边界、旅行者、迷信、闻名的偶像；地域大小、河流、海拔高度、主要城市、进出口、宗教、狩猎、矿产资源、风俗礼仪）（Shelton & Gezong Ongdu，1922c："Contents"）。教材反映了东西方的地理观，将西藏纳入世界地理的范畴，但也存在时代局限性，主要体现在：史夫人的其他著述虽可反映出她承认康藏是中国的一部分，但该教材并未对中国进行充分的介绍，未突出西藏是中国一部分这一事实。因而，该书作为教材兼儿童科普读物虽可带给学生丰富的世界地理知识，但无法让学生建立起全面、正确的世界观。

此外，藏人喜好喝青稞酒。1915 年基督会印刷了一本史夫人与格桑旺堆编译的有关饮酒的藏文小册子（Duncan，1999：36－38）。

浩格登先生除为自己聘请了藏语老师外，还雇用了一个藏文教师协助编写学校所用的各种藏语教材。他本人同时也将许多英文歌译为藏文，编写了短文和儿童读物以及地理、生理学等教材。他还雇用了一名汉文教员（Shelton，1912：94）。

3.2 西藏民间故事的收集与编译及其在全世界的传播

该时期，传教士利用身处康藏前沿的优势，常常从事文物与情报收集、动植物标本采集、康藏民间风俗与文化考察与研究等活动。史德文是其中的典型。除在打箭炉、巴塘进行医疗活动外，他还热衷于到康藏各地旅行和行医，喜好深入各地去了解藏人的风俗与民间文化。在历时 15 年的考察中，他收集了 48 个藏族民间故事并将其译为英文。1922 年史德文去世后，史夫人将其已译为英文的故事汇编为《西藏民间故事集》（*Tibetan Folk Tales*），于 1925 年在纽约出版。1930 年该书汉语版在中国出版，此后数次再版或再编[①]。

史夫人评价道："书中的小故事是人们围坐在熬着滚烫茶水的营地火炉（由三块石头架起）旁讲述的，是由父传子、母传女的形式流传下来的，虽

---

① 当时国内学界不知"史德文"这一中文姓名，产生了多种音译名；有的中文译本仅选译了其中部分故事。参见远生编译：《西藏民间故事》，上海：世界书局，1930 年；薛尔登著、胡仲持译：西藏故事集，上海：开明书店，1931 年第 2 版；西尔顿编著、佚名译：《西藏故事集》，上海：世界书局，1932 年；锡尔登编著、佚名译：《七个王子》，上海：启明书局，1941 年；谢尔顿编著、佚名译，《西藏的故事》，上海：亚东图书馆，1939 年.

常带迷信色彩，但均有些许的诙谐并带有令人颇为惊异的道德寓意。”(Shelton，1925：“Preface”；胡仲持译、薛尔登著，1931：序言）根据内容与角色，可粗略地将书中的49个故事分3类统计：(1）有关动物的故事共26个，含单纯以动物为角色的故事16个，涉及人与动物的故事共10个。此类故事共出现了以下39种不同种类的动物及其亚种的角色：青蛙、狐狸、蝙蝠、布谷鸟、戴胜鸟、老鼠、羚牛、乌鸦、狐狸、大象、虱子、鹦鹉、跳蚤、母马、马驹、奶牛、牦牛、公牛、牛犊、绵羊、山羊、大黄蜂、独角兽、小猫、虎、狮、鸭、狗、鹤、鹿、豹、猴、兔、马、驴、蛇、熊、兔、猪。(2）以人物为角色的故事共19个，含45个不同的人物角色：国王、女王、喇嘛、法官、官员、头人、旅行者、猎人、强盗、画家、木匠、男孩、小女孩、女人、穷人、仆人、父亲、兄弟、妻子、姐妹、伐木工、儿子、官员、王子、小偷、老人、凡人修士、拉琴人、音乐家、老妪、杂耍人、女婿、巫师、牧羊人、商人、富婆、穷妇、乞丐、愚人、富人之子、木匠之子、画家之子、医生之子、银匠之子、农夫。(3）涉及超自然神灵鬼怪的故事共4个，含女神、神、鬼魂等角色（Shelton，1925：“Preface”；胡仲持译、薛尔登著，1931：序言）[①]。

由此可见，藏族民间世代相传的口头故事包括人物、动物、植物、鬼怪、神灵等角色，反映了康藏民间传统文化、伦理道德观、宗教观、人与自然的种种关系以及藏族民间生活的丰富性。其中相当一部分故事具有“圣神性”，“有关藏族祖先的来源、世界的形成、佛祖的诞生、圆寂、转世、教义等”(Shelton，1925：“Preface”)。经史德文的艰苦收集和翻译之后，百年前的藏族民间故事得以保存并流传至今，传向世界，这对藏文化的传承、传播无疑是一个贡献。这些故事进而被译成中文，传回中国内地，对于当时和今天的国人了解藏族民间传统文化和宗教均有重要的意义。

3.3 对通晓汉、藏、英三语人才的培养

三语人才的培养主要体现在学校教育和传教士对孤儿的收养与教育上。巴塘基督会的幼稚园与小学均开设了汉、藏、英文学习的课程或班级。截至1917年，“所有的课程均用藏文开设；中文、英语、圣经的学习以及一些共同科目在幼稚园、初小和高小班级中均有设置”；同年，幼稚园有30名儿童，其中两个班的儿童须吟诵藏文，一个班的儿童须吟诵英文；小学部则专

---

① 此处信息由笔者与马博宇同学整理和统计。48个故事的中文译名参见胡仲持的译本。

门聘请了一位宜宾籍的杨姓中文教员负责汉语教学（Shelton，1921：39）。同时，每个传教士家庭均收养了孤儿，他们的共同生活为传教士与孤儿彼此之间的三语学习提供了真实的语言环境。譬如，史德文夫妇在打箭炉时收养了藏、汉混血孤儿李国光。他既是史家成员，也接受学校教育，后来在浩格登一家的照料下成长。李国光最终成长为精通藏汉双语、通晓英文的巴塘教会牧师和医疗助手[①]。

3.4 汉、藏语言的通晓及对地方事务的参与

该时期通晓藏文的当地汉官极少。在史德文正式为巴塘地方政府担任译员之前，有个通晓汉、藏语的本地通事为县政府效力。该通事为了牟利，常向汉、藏当事双方说谎，结果在一次汉、藏重要人士的会晤中被请去参加会谈的某个精通汉、藏语的人士识破（Wissing，2004：36）。当时史德文因医术高明、人品正直，在当地已有很高声望，接着他便被县政府正式聘为译员和调停者，取代了前任通事，协助地方政府解决各种汉、藏纠纷。美国学者霍尔评论道："住在这动荡的边境地区的中国人和西藏人不时发现可利用谢尔顿设立的良好机构来调停纠纷。1916 年在巴塘的中国官员就通过谢尔顿跟一伙西藏匪徒谈判。中国人之所以很需要他，一则由于他在西藏人中享有很高的威望，二则由于他还精通藏汉两种语言。"（霍尔·N. C. 著、成军译，1993：289）[②] 1918 年 3 月至 5 月，史德文在康藏纠纷中受边军驻巴塘分统刘赞廷之邀前去江卡与藏军首领色新巴谋求议和，最终促成刘赞廷亲赴江卡与藏军首领面晤，使巴塘免遭藏军的军事进攻。其后，史德文又应藏军昌都总管噶伦喇嘛强巴丹达的邀请，远赴昌都治疗汉藏伤兵并就康藏和世界局势等问题与强巴丹达之间有过大量的交谈（详见赵艾东，2008：71－79）。史德文精通汉、藏语言的优势得到充分体现。基督会也因其参与当地事务而与地方政府、社会、文化有着大量深层次的互动。

3.5 婚礼上的语言及文化互动

由于史德文等传教士精通汉、藏语，他们往往为当地汉、藏基督徒和长大成人的学生及孤儿主持婚礼。史德文还应其骡官"牛牛"的请求，按基

---

① 李国光及其家人照片、巴塘教会名录参见赵艾东、朱晓陵：*Far, Far Away in Remote Eastern Tibet*，2014：94，196－199，125；Shelton A. L.：*Pioneering in Tibet*，1921：144－145。

② 谢尔顿即史德文。

督教的结婚礼仪为这个汉族青年与其藏族新娘主持了婚礼①。这对汉、藏结合的新郎与新娘在婚礼举行之前尚不认识，更未见面。史德文对这桩奇特的婚礼记述道："新郎抬头打量新娘长什么样儿，对方显得十分腼腆。男孩不懂一句藏语，新娘不懂一句汉语。因而，我不得不用汉语为新郎主持仪式，对新娘则用藏语。他俩婚后一段时间里，若想彼此交谈，得请翻译。"（Shelton，1921：63）这一实例生动地反映了语言是文化互动的基础，是文化传播的工具。

3.6 文化互动与交融的特殊见证：3 种语言的丧葬仪式与墓碑

1922 年 2 月史德文在巴塘城外的旅途中不幸被劫匪刺杀身亡。基督会与当地汉、藏官民为其举行了隆重的追悼会，参加者甚多（照片见赵艾东、朱晓陵，2014：147－148）。史德文身前居所的正门梁柱上贴着一对褒扬其贡献的汉语挽联："舍己救人爱人过于爱己，立身行道灭道即是灭身。"（照片见赵艾东、朱晓陵，2014：147）其葬礼颇为独特：葬礼上基督会人员同时用英、汉、藏 3 种语言主持仪式；参加葬礼的 7 个人除汉、藏两族的中国人外，还有美国人、英国人、法国天主教士（葬礼详见 Shelton，1923：87；Anon，1922：1）。其墓碑上以汉、藏、英 3 种文字铭刻下了褒扬这位在康藏 18 载的西方人的碑文："大美国教医士史德文""非以役人乃役于人（Not to be ministered unto，but to minister）"②。2010 年笔者在巴塘调研中，在藏族老人格旺家里见到了史德文墓碑的残存部分——近代康藏东西方文化交融的特殊历史见证。

---

① 新郎和新娘的故事见 Shelton A. L.：*Pioneering in Tibet*，1921：62－63；新郎、新娘分别身着华美汉、藏礼服的结婚纪念照见赵艾东、朱晓陵：*Far，Far Away in Remote Eastern Tibet*，2014：94。

② 墓碑照片同时来源于基督会档案，参见赵艾东、朱晓陵：*Far，Far Away in Remote Eastern Tibet*，2014：148－149；碑文源自《新约·马可福音》第 10 章第 45 节经文"Not to be served but to serve"（不是要受人的服侍，乃是要服侍人）。

图1 史德文在巴塘的墓碑和坟墓原貌（Still，1989：111）

4. 结语

综上所述，美国基督会成员入藏的主要目的是宣教，其活动必定带有宗教、文化、时代的局限性。然而，其汉、藏语学习经历却发人深省。

首先，从基督会角度看，传教士在汉、藏语学习方面付出了极大努力。这一行为既是他们出于在康藏立足、宣教的需要，也是他们极力适应当地文化的重要策略与融入地方社会的途径。从客观方面看，语言学习过程是这些西方人了解汉、藏文化的过程，也是该时期康藏地区东、西方文化交流、交融的基础和体现。传教士作为西方文化的个人载体，在通晓汉、藏语的过程中必定产生频繁的文化互动与交流。如史夫人通过与藏人的密切合作，将数种英文编著翻译为藏文，并在康藏百姓中流传、在教会与藏区学校中使用，这个过程本身就是文化传播与交流的过程。其活动反映了语言是文化互动的基础，而对语言的通晓程度则直接影响到文化互动的深度和广度。从其活动也可窥见文化交融是如何发端并逐渐完成的。

其次，挖掘西方人在语言学习基础之上与康藏之间的文化互动、交流、交融的史实，不仅让我们窥见历史上东、西方文化交流的生动情形，也让我们了解到一些以往鲜为人知、色彩斑斓的康藏历史图景，了解到近代中国与世界的种种关联。这无疑对在多种文化的视野下研究近代中国的发展和康藏的历史具有重要的史料价值和学术意义。

第三，从某种意义上讲，外语学习在方式、方法上是超越时代的，或者说，无论是在过去还是在今天，外语学习中的某些方面具有共通性。早期美国基督会人士学习汉、藏语的独特经历对今天的大学外语教学仍具启示意义。尤其是，对于思考如何将外语学习与大学生的实际生活、工作、学习的需求有机结合起来并建立一种“大外语观”，我们可从其经历中获得以下四点启发：

（1）外语学习是实践的过程。将书本学习与实际使用紧密结合起来、边学边用是学好外语的唯一有效途径。就今天的大学生而言，可将外语学习与其专业学习、学术问题研讨等实际活动结合起来，使其尝试用所学外语知识和技能获取专业领域中的新知识，表达自己有关专业问题的观点，撰写学术论文并与本专业的学长、学者进行交流等。

（2）近百年前美国人在康藏学习汉、藏语言的经历，向我们展示了语言在跨文化交际与沟通中的必要性与功能。在今天全球化和信息化的猛烈浪潮中，我们应重视着眼于培养具有超强的信息获取能力、能够适应多元文化、能够应对国际交流与合作的“跨领域”人才。落实到教学中，就是要适当增添有关世界不同文化与外事实践的教学内容，丰富大学生对世界文化多样性的认知，培养学生对不同文化的适应能力与外事处理能力。

（3）将语言学习与文化传承、传播结合起来，既是外语学习的有效途径，也对文化交流、人类文化的传承具有重要贡献。在教学中可考虑推出为期 1 至 2 年试验性的教学项目。如，师生共同参与并完成的“工坊”、有关中华文化的传承和海外传播的作品或项目。作品可以是用外文来表达的文化展览、翻译作品的成稿、围绕某个文化主题的外语视频节目、有关跨文化的研究项目及学术论文稿等。总之，用边学边做的“项目—成果”的实践形式来替代部分传统的大学外语班级授课不失为一种有益的尝试。

（4）将大学外语教学与国别研究结合起来。同样可通过工作坊、项目等形式，让教师、学生挑选自己感兴趣的国家，以外语为主要语言工具，在“做中学”“学中做”。从长远来看，这种形式不仅可使学生、教师、学校三方受益，还可充分发挥我校人力资源的优势，在教学的过程中逐渐形成一系列大大小小的国别研究成果，有效促进我校大力倡导的国别（区域）研究。

参考文献：

霍尔·N. C. 美国、西藏与中国［M］. //成军，译. 张植荣. 国外藏学研究译文集：第十辑. 拉萨：西藏人民出版社，1993.

远生. 西藏民间故事［M］. 上海：世界书局，1930.

薛尔登. 西藏故事集［M］. 胡仲持，译. 上海：开明书店，1931.

西尔顿. 西藏故事集［M］. 佚名，译. 上海：世界书局，1932.

锡尔登. 七个王子［M］. 佚名，译. 上海：启明书局，1941.

谢尔顿. 西藏的故事［M］. 佚名，译. 上海：亚东图书馆，1939.

赵艾东. 美国传教士史德文在1917—1918年康藏纠纷中的活动与角色［J］. 西藏研究：2008（6）：71－79.

Anon. The Last Word from Batang［J］. *World Call*, 1922（6）.

Duncan M. L. *A Flame of the Fire: The Batang Tibetan Mission of the Disciples of Christ Missions*［M］. Spring Hill: Marian L. Duncan, 1999（注：该书作者亦为出版者）.

Shelton A. L. *Pioneering in Tibet: A Personal Record of Life and Experience in Mission Fields*［M］. New York: Fleming H. Revell Company, 1921.

Shelton A. L. Disciples of Christ Historical Society［G］//*Albert Leroy Shelton*（*Missionary*）*Collection*, Box 1, Nashville, USA. Unpublished.

Shelton F. B. *Shelton of Tibet*［M］. New York: George H. Doran Company, 1923.

Shelton S. B. *Sunshine and Shadow on the Tibetan Border*［M］. Cincinnati: Foreign Christian Missionary Society, 1912.

Shelton, A. L. *Geography: Containing a Few Simple Facts about Nature and the World, for Tibetans*［M］. trans., Gezong Ongdu of Batang. Calcutta: Printed at the Baptist Mission Press, Calcutta, and Published by the Writer, 1922c.

Shelton, A. L. *A Story Book for Tibetan Boys and Girls: Being Translations of Fairy Stories and Fables Including the Story of Esther*［M］. trans., Gezong Ongdu of Batang. Calcutta: Printed at the Baptist Mission Press, 1922b.

Shelton. *Songs of Service: Containing Words and Music of Sacred Hymns, and Including Selections from Amundsen's Hymn-Book as Well as Twenty Kindergarten Songs*［M］. trans., Gezong Ongdu of Batang. Calcutta: Printed at the Baptist Mission Press, 1922a.

Still D. S. *Beyond the Devils in the Wind*［M］. Tempe: Synergy Books, 1989.

Wissing D. A. *Pioneer in Tibet: The Life and Perils of Dr. Albert Shelton*［M］. New York: Palgrave Macmillan, 2004: 88, 99－100.

Zhao, Aidong, Zhu Xiaoling. *Far, Far Away in Remote Eastern Tibet: The Story of the American Doctor Albert Shelton and His Colleagues from the Disciples of Christ 1903－1950*［M］. St. Louis: Lucas Park Books, 2014.

The Early Cross-Cultural Adaptation and Cultural Interaction of American Missionaries from the Disciples of Christ Reflected in Their Efforts to Learn and Use Target Languages in Eastern Tibet

Zhao Aidong

Abstract: The American missionaries from the Disciples of Christ stationed in Tachienlu (present-day Kangding) from 1904 to 1908 and Batang from 1908 to 1950 in Eastern Tibet or the Kham Tibetan Area. In their early activities from 1904 to 1919, they tried all means to overcome obstacles in order to learn the Chinese and Tibetan languages well. They had also compiled several books for Tibetan children, published in India then. No academic research, however, has been done on this problem. This thesis, focusing on the process of the missionaries' target language learning and use, attempts to present the way they adapted themselves to the Kham Tibetan society and the picture of Eastern-Western cultural interaction and exchange produced in the process. The study is of academic value to a better understanding of the link between China and the world in the modern times and to the further study of the Kham Tibetan history. The paper also seeks to shed light on how foreign language learning and teaching today may improve intercultural communication and transnational cultural diffusion and transmission as well.

Key words: The Disciples of Christ; language; Eastern Tibet (or the Kham Tibetan Area); Batang; A. Shelton

文化领导权视域下的美国文化中心

杨　光

（四川大学外国语学院，成都 610064）

摘　要：建立美国文化中心是美国从2010年开始的对华文化外交工程，截至2015年已经在国内高校建成24个，覆盖全国主要中心城市。美国文化中心的建立在增强中美高校之间的教学和科研合作、增进中美双方相互了解的同时，也交织着美国文化的输出功能。以葛兰西文化领导权思想来分析美国文化中心，可以观察到美国正以长期利益为着眼点，以中国知识分子为文化传播主要受众，在中国市民社会传递美国价值观，美国文化中心是美国在文化领域与孔子学院展开竞争的重要手段。

关键词：美国文化中心；文化外交；文化领导权；葛兰西

在世界外交史中，文化外交是继政治外交、经济外交和军事外交之后外交活动的第四个层面（Philip Coombs，1964：16）。美国历来重视对华文化外交，在不同历史时期，美国对华文化交流体现出不同特点。从19世纪末到20世纪初，美国机构或个人在中国各地兴办医院、开办学校、发行报纸，主要是出于美国作为“山巅之城”的宗教使命感，他们希望通过教育、新闻和医疗机构在知识、道德和精神上的引领，达成中国进入西方文明社会的使命。第二次世界大战期间，美国对华开展以文化援助为内容的文化外交，目的是抵御轴心国的文化宣传，稳定亚太地区反法西斯战场，从而赢得第二次世界大战。1979年中美恢复正常外交关系后，两国文化交往迅速升温，美国在接收大量中国留学生的同时，也派出大量专家学者开展以教育交流为主要内容的文化外交，目标是把逐渐开放的中国引领到以美国为主导的世界政治、经济和军事秩序之中（胡文涛，2008：300）。进入21世纪后，随着中国国力的不断增强并成为世界第二大经济体，中国文化在世界范围的影响力不断提高，美国和中国在政治、经济、军事领域的交流合作与竞争也延伸到文化外交领域。从2010年开始，美国在中国高校实施“美国文化中心”工程，截至2015年，已经建成的美国文化中心总数达到24个，形成了一个在华的文化传播网络。要正确看待新时期的美国文化外交，除了需要了解美国的历史和传统及其意识形态影响，也需要从不同的视角对其加以分析。“文化领导权”思想是马克思主义理论家安东尼·葛兰西政治理论的核心，近些年通过国内外学者们的研究得到了更全面的阐释，并被用于国际关系研究（Stephen Grill，1993：5－6）。本文以葛兰西“文化领导权”思想解析近年美国在中国高等院校实施的“美国文化中心”工程，以期透过表象更好地解读新的历史时期美国建设文化中心的真实意图。

1．关于“美国文化中心”

长期以来，美国依靠其强大的文化产业，向全球输出诸如好莱坞、麦当劳、摇滚乐一类的文化产品，并在世界相当大范围内掌握了文化话语权。但是美国的文化输出也有非常大的局限性，有学者认为，过去的美国文化输出并非内容上的文化输出，而更多的是形式上的文化输出（余日昌，2010：127－128）。虽然这种观点不一定准确，但也反映了美国过去注重文化传播的广度，而缺乏让目标受众从更深层次了解美国文化的事实。美国前国家安全助理布热津斯基也认为，“美国的全球霸权被公认为有很大的广度，但是受国内外条件制约，其深度有限”（布热津斯基，2007：30）。美国政府显然已经充分认识到从深度上加强文化交流的重要性，同时，中国经济的快速发展使中国文化的传播范围越来越广，影响越来越大。孔子学院规模的不断扩大和取得的成效给美国带来强烈冲击，也给美国文化外交的实施方式和运作模式带来新的启示。在此背景下，美国文化中心的筹建工作于2010年被美国国务院提上日程，当年6月亚利桑那州立大学与四川大学签署合作备忘录，开始筹建校际学术交流机构：四川大学——亚利桑那州立大学美国文化中心（SCU-ASU Center for American Culture）。同年12月13日，中心的揭牌仪式在成都举行，第一个美国文化中心宣告正式成立。时任美国驻华大使洪博培（John Huntsman）专门致信表示：“该中心在两国人民心中将起到桥梁和纽带的作用，将帮助两国人民加强相互了解，从而更积极有效地应对国际事务。”由于该中心在促进中美高校文化研究领域表现出的巨大潜力，美国驻华大使馆于2011年决定继续建设新的美国文化中心，至2015年底，共计24个中心已经建成并开始开展文化交流活动。从2012年6月起，由亚利桑那州立大学发起、福特基金会北京办事处赞助、美国驻华大使馆全程参与的“美国文化中心主任联席会议”形成制度，每年举行一次。该会议成为美国文化中心讨论资源共享和可持续发展等问题的一个平台。

2. 葛兰西与文化领导权思想

美国政府很早就已经意识到文化在经济全球化、政治民主化的过程中一定会发挥越来越重要的作用，而且也积极利用自己的软实力不断在全球加强美国文化的影响力。软实力在安东尼·葛兰西的“文化领导权思想”中早有提及，因此安东尼·葛兰西的“文化领导权思想”为解析美国文化外交提供了一个独特的视角。安东尼·葛兰西是意大利共产党创始人，他在监狱中创作的《狱中札记》和之后经整理出版的与家人和朋友通信的书信集《狱中书简》在理论上对马克思主义的继承和发展做出了重要贡献。需要特别注意的是，作为葛兰西政治理论核心的“文化领导权”思想，其英文“cultural hegemony”的中文译文一直存有分歧，进而导致理解上的偏差。中国社会科学出版社 2000 年出版的《狱中札记》中译本里，“cultural hegemony”被译为“文化霸权”。有学者认为，“霸权”一词的含义比“领导权”一词更广，它除了“霸权”的意思，也有“支配权”“控制权”和“主导权”的内涵（周凡，2005：20）。也有相当多的学者对葛兰西著作中的“cultural hegemony”采用了“文化领导权”的译法。例如，由葆煦翻译的人民出版社 1983 年版的《狱中札记》、由徐崇碧翻译的重庆出版社 1990 年版的《实践哲学》、由陈越翻译的上海世纪出版集团 2006 年版的《现代君主论》以及由田时刚翻译的人民出版社 2007 年版的《狱中书简》。在这些译者看来，相较“文化霸权”而言，“文化领导权”没有暴力的意思，排除了“霸”的意味，它是社会中的多数人通过自愿的认同来实现的文化意识形态控制手段，因此用“文化领导权”这个词来译“cultural hegemony”更为贴切（张其学，2005：64）。综观葛兰西的著作，其对“hegemony”一词的使用，也不是指一个国家对另一个国家的统治，而是指居于支配地位的团体的思想和道德领导，这种领导不是通过“霸权”以暴力或强制力来实施，而是通过社会大众的认同形成的，因此“领导权”更能反映葛兰西的真正意图。

葛兰西“文化领导权”思想的提出与他“完整的”国家学说以及市民社会理论密切相关。按照经典马克思主义理论，国家是阶级统治的工具，在社会经济中占主导地位的阶级借助国家机器功用的发挥，成为在政治上占主导地位的阶级，并利用国家机器剥削和镇压被压迫阶级，因此国家也被理解为政治社会的强制机构。葛兰西在经典马克思国家理论的基础上，提出

“国家的一般概念中有应该属于市民社会概念的某些成分（在这个意义上可以说，国家 = 政治社会 + 市民社会，换句话说，国家是披上了强制的甲胄的领导权）”（葛兰西，1983：22）。在葛兰西看来，完整的国家既包括政治社会，也包括市民社会：政治社会主要由政府、军队、法律、国家机器等构成，市民社会则包括学校、教会、新闻机构、艺术团体等相对自主的社会团体。政治社会与市民社会在国家的整体中是不可分割的，二者有机地统一于国家这一整体中：政治社会主要依靠带有暴力或强制力的国家机器发挥作用，而市民社会的作用方式则表现在居于支配地位的团体凭借市民社会积极同意而取得道德和哲学的领导。相比较政治社会，葛兰西更强调市民社会的存在及其文化领导权作用的发挥。

在国家学说和市民社会理论基础上建立的文化领导权思想，其内涵首先体现在文化领导权必须通过市民社会获得，并在市民社会中实施，包括学校、新闻机构、文艺团体等在内的市民社会是制定和传播意识形态的机构，“这个市民社会的活动既没有‘制裁’，也没有绝对的‘义务’，但是在习惯、思想方式和行为方式、道德等方面产生集体影响并且能达到客观的结果”（潘西华，2012：72）。在市民社会中，支配团体要获得文化领导权，就要使市民社会的团体和成员接受其世界观，从客观上制造条件和氛围让广大民众将支配团体的“世界观”当“常识”来自觉信奉。同时支配团体在不损害自己根本利益的前提下，把部分权益让渡给从属团体，使从属团体认为他们的利益与支配团体的利益一致，从而达成“自愿”的认同。基于此，支配团体要获得文化领导权，就必须知道“自己团体的利益在它们现在和未来的发展中要超越作为纯粹经济利益的这个团体的局限，并能够且一定也要变成其他从属团体的利益”（转引自韩铁，2004：353）。因为正是超越了支配团体的纯粹经济利益，支配团体才能使从属团体意识到两个团体的利益是一致的，从而获得从属团体对支配团体领导权的认同。因此，文化领导权的获得并非居于支配地位的团体通过强制力或者通过“文化操纵”进行统治，而是一个从属团体在参与国家政治、经济和文化过程中不断获取他们的肯定、认同的过程（潘西华，2012：72）。

在文化领导权思想中，知识分子扮演着重要角色。知识分子是文化领导权的组织者与传播者，知识分子与广泛的各社会阶层有着密切的联系。实际上，“每一个社会集团都有自己的知识分子阶层或者在努力制造这种阶层”（葛兰西，1983：319）。知识分子将所在阶层群众的实践活动所提出的原则与问题加以研究并整理成一个完整的体系，使群众的实践与理论相结合。在这样的情形下，知识分子成为社会集团“有机的”组成部分。在葛兰西看来，“任何正在走向统治地位的集团，其最重要的特点之一就是从‘意识形态上’竭力同化并征服传统的知识分子。这种同化和征服的工作做得越快，越有成效，则该集团在精心造就自己有组织的知识分子的工作中就越成功”（麦克莱兰，2004：203）。

3. 美国文化中心的“文化领导权思想”解读

美国文化中心的建设可以被视为近年来美国在中国开展的最大的文化外交项目之一，美国文化中心的各项活动也遵守美国文化外交的基本原则：避免一切宣传活动以及情报收集工作（Richard Arndt，2005：xi），因此美国文化中心的活动严格局限于教育与文化交流领域。从葛兰西“文化领导权”思想看，美国文化中心的着力点在传统的市民社会和学校，而不是通过强制力控制的政治社会，因此美国文化中心着眼于传递美国价值观，以获得更多中国民众对美国社会文化的“自愿认同”。从葛兰西文化领导权思想的角度，美国文化中心的建设和运作模式体现了以下四个特点。

3.1 聚焦于中国高等院校这一市民社会核心领域

在葛兰西看来，市民社会是“完整的”国家不可分割的组成部分，它包括整个思想文化体系以及整个知识和精神生活（马斯泰罗，2000：49）。不言而喻，高等院校正是知识和精神生活最集中的区域，获得这一领域的文化领导权，就更容易获得更广范围的文化话语权。从美国文化中心的布局可以看到，在美方所选25所中方伙伴高校中，19所属于教育部“985工程”和“211工程”重点建设高校，其学子多是在高考中表现优秀的同学，属于年轻人中的佼佼者。他们未来的思想更有可能成为今后社会的主流思想，以美国文化影响他们，也就影响了中国的未来。正如首届美国文化中心主任联席会议公报所指出，“美国文化中心的任务是从深度和广度上讲述美国文化，其重要目标是超越美国流行文化的影响，鼓励大学生对美国文化、社会、政府、语言、法律、经济体系，以及美国价值观的更深理解，因为大学生就是中国未来的领导阶层”。从美国文化中心的地域分布看，美方在布局时充分考虑了覆盖地区的广度，24个美国文化中心已经形成涵盖国内东西南北主要城市的网络化布局，“美国文化中心”工程已经成为近年美国在文化外交领域对中国开展的涉及范围广、内容有深度的文化交流活动，其未来的影响力不可低估。

3.2 传递美国价值观，以期得到更多“自愿”认同

美国文化中心的首要任务是增进中国高校师生对美国文化的深入了解，因此，在过去两年多的时间里，分布在各地的美国文化中心举办了包括“美国音乐节”“美国文化日”“中美学生艺术节”以及“美国周”等各种美国文化主题活动，美方高校也派出专家学者在中国高校举办各类学术讲座，开设与美国研究相关课程。据四川大学美国文化中心统计，自成立以来该中心共接待亚利桑那州立大学学者 35 人次，举办了 50 余场讲座和座谈，内容涉及文学、历史、高等教育、艺术、政治及宗教研究等领域。在这些讲座中，美国专家学者均以深入浅出的内容介绍美国相关领域的研究成果，在与中方高校进行科研和学术合作的同时，传递美国主流文化和价值观，加深中国师生对美国的了解。根据第一次“美国文化中心主任联席会议”汇总的数据，已经成立的 12 个中心举办的各种文化交流活动总计达到 300 余场。2012 年下半年，美国大使馆专门聘请乒乓策划公司作为文化演出的组织机构，邀请美国艺术团体到中国高校进行“美国文化之旅”文艺表演。其中在北京、上海等地高校进行的印第安土著舞蹈以及美国戏剧表演使中国高校师生身临其境地感受了美国艺术强烈的感染力，加强了中国民众对美国文化的认同。

3.3 注重从深度上影响中国知识分子

在葛兰西看来，作为统治阶级一部分的知识分子，承担着统治阶级意识形态的制定和传播职责，而从属阶级的知识分子，则通过制定和传播统治阶级的意识形态来整合其他阶级和阶层的知识分子，使大众在潜移默化中认同支配集团的统治（潘西华，2012：86）。基于此，对知识分子的争夺成为获取文化领导权的关键。美国文化中心的各项交流活动完全围绕中国高校的知识分子群体展开，除了邀请来自美国高校的专家学者在相关学术领域开设课程、举办研讨会以及组织讲座，美方也通过政府高层的访问和演讲，提升美国文化中心对中国知识阶层的影响力。2011 年 6 月 24 日，美国驻华使馆副大使王晓岷博士参观了四川大学美国文化中心，并与外国语学院师生举行座谈会，座谈会内容广泛，从美国大选到美国民众对购买住房的态度等热门话题均有涉及。同年 8 月，美国副总统拜登抵达成都，按照美国驻成都总领事馆官方博客的解释，拜登选择访问成都的原因之一是因为“这里有一个成

功的美国文化中心，使中国学生能学习更多关于美国的知识”。8 月 22 日，拜登在四川大学就中美关系发表主题演讲，并回答了热点问题。12 月 13 日，驻成都领事馆总领事何孟德先生（Peter Haymond）在四川大学作“相互依存世界里的中美关系”演讲，阐述了中美关系的重要性。美国高层的频繁访问提高了媒体的关注度，特别是拜登副总统的来访吸引了大量的新闻记者，对提升美国文化中心的知名度起到了客观推动作用。在其他高校美国文化中心，情况也颇为类似，经常能看到美国大使馆或美国驻各地领事馆高层官员的文化交流活动。美国文化中心的各种学术活动以及美国政府官员的访问和演讲，均以文化交流方式传递着美国价值观，对包括高校师生在内的中国知识分子的影响不容小觑。

3.4 注重长远利益

从美方参与美国文化中心建设的单位来看，美国文化中心已经突破了由单一机构负责的模式。在参与建设的美方机构中，除了美国驻华使领馆等政府单位，美国的高等院校、福特基金会以及美国相关艺术团体也积极参与其中，形成多方参与的态势。因此，美国文化中心超越了某一个团体的短期利益，反映出这一项目的长远利益观。首先，在项目运作中，美国官方出资，从经费上支持各地美国文化中心开展各类文化交流活动，各地的总领事馆参与相关文化活动的协调工作。在这一点上，美国文化中心可以说是一个平台，通过它，美国相关机构可以方便地开展文化外交的各项活动。其次，文化活动的具体策划由每个中心对口的美国高校具体负责，美国高校在学术领域的长处得到充分发挥，所开展活动种类的广度和内容的深度得到保证，实现效果最大化。第三，民间机构开始参与美国文化中心的运作。美国福特基金会除了赞助在北京召开的首届“美国文化中心主任联席会议”，已经同意拨出一笔专用经费，在未来 3 年继续赞助美国文化中心主任联席会议，而会议的目的就是讨论美国文化中心的总体发展，并协调各个中心，实现资源共享。除此之外，美国的相关文艺团体也开始参与美国文化中心的各项交流活动，带来具有美国特色的各类文艺表演，以面对面的方式感染中国观众，使中国高校师生更直观、更生动地感受美国艺术的风格和魅力，以达到对美国文化的“自愿”认同。

4. 结语

在美国“重返亚太”的战略背景下，美国也在实施积极的文化交流策略，美国文化中心的建设及其数量的不断增加就是这一策略的直观反映。在加强中美双方相互沟通和相互了解的同时，美国在文化领域与中国开展竞争并力图在更大范围获得文化领导权的意图也是不争的事实。美国文化中心在各高校教育与文化领域开展的活动，一方面对国内高校相关领域的教学科研起到了良好的促进作用，另一方面也对中方如何有效应对美国文化外交带来的挑战提出了新的课题。同时，美国文化中心的交流活动主要由国内高校具体实施，牵涉国家的外事方针政策，在美国文化中心数量不断扩大的情况下，如何在政策层面规划、组织和管理各中心的工作，是一个值得深入研究的课题，如果措施得当，则将更有利于中美文化交流，有利于繁荣社会主义文化事业。

参考文献：

布热津斯基，兹比格纽. 大棋局：美国的首要地位及其地缘战略［M］. 中国国际问题研究所，译. 上海：上海人民出版社，2007.

葛兰西，安东尼. 狱中札记［M］. 葆煦，译. 北京：人民出版社，1983.

韩铁. 福特基金会与美国的中国学［M］. 北京：中国社会科学出版社，2004.

胡文涛. 美国文化外交及其在中国的运用［M］. 北京：世界知识出版社，2008.

马斯泰罗. 一个未完成的政治思索：葛兰西的《狱中札记》［M］. 黄华光，译. 北京：社会文献出版社，2000.

麦克莱兰. 马克思以后的马克思主义［M］. 李智，译. 北京：中国人民大学出版社，2004.

潘西华. 葛兰西文化领导权思想研究［M］. 北京：社会科学文献出版社，2012.

余日昌. 论当代美国文化安全的战略特点［J］. 世界经济与政治论坛，2010（6）.

张其学. 关于“文化霸权”概念的再思考［J］. 广东社会科学，2005（5）.

周凡. 重读葛兰西的霸权理论［J］. 马克思主义与现实，2005（5）.

Arndt, Richard T. *The First Resort of Kings: American Cultural Diplomacy in the Twentieth Century* [M]. Dulles: Potomac Books, Inc., 2005.

Coombs, Philip H. *The Fourth Dimension of Foreign Policy: Educational and Cultural Affairs* [M]. New York: Harper & Row, 1964.

Grill, Stephen. *Gramsci, Historical Materialism and International Relations* [M]. New York: University Press of Cambridge, 1993.

Center for American Culture in the Perspective of Cultural Hegemony

Yang Guang

Abstract: The Center for American Culture (CAC) is the American imitation of Chinese Confucius Institute. While enhancing Sino-US mutual understanding, CAC takes spreading American culture as its main purpose. Analyzing CAC with Gramsci's cultural hegemony theory, it is easy to observe that the United States is spreading American values in Chinese civil society with Chinese intellectuals as its main targets. CAC is the embodiment of US efforts to gain cultural hegemony.

Key words: Center for American Culture; Cultural hegemony; Cultural diplomacy; Gramsci

从“文明标准”的演变来透视欧洲身份

严天钦

（四川大学外国语学院、欧洲研究中心，四川成都 610064）

摘　要：在很大程度上，欧洲身份的建构体现了一种二元对立的思维模式，“他者”被假想出的潜在威胁是“欧洲身份”形成的重要因素。不断演进的“文明标准”是欧洲区分“自我”与“他者”重要的参考，体现了欧洲文明的优越性，也使“欧洲身份”具有可以感知的元素。不可否认，欧盟所确定的入盟条件中涉及的规范和标准与以往的“文明”标准存在很强的相似性。欧盟不断扩大的过程与历史上欧洲文明扩张的过程之间也存在一定的连贯性，因为它不仅在欧洲创立了一个新形式的文化、政治共同体，也把欧盟的价值观传播到更广阔的范围，把“野蛮的他者”转变成“文明的自我”的一部分，从而形成一种新的共同身份。

关键词：文明标准；入盟标准；“他者”；欧洲身份

无论是在十字军东征期间（1096－1291）还是在19世纪的殖民扩张时期，被欧洲人征服的地区在政治、经济和文化领域都受到了欧洲文明的强烈冲击。在欧洲进行殖民扩张之前，其他一些国家和地区都有自己高度发达的文明。比如中国、印度和阿拉伯世界等，它们各自都有鲜明的政治管理体系、法律体系和文化属性。然而在欧洲殖民扩张时期，这些本来享有高度文明的非欧洲国家和地区的人们在欧洲人眼中却成了“异教徒”和“野蛮人”。可见，“我”的身份总在与“他”的比较关系中确立。为了证明“我”的合法性，主流意识形态和文化通常会刻意建构出异己的、丑化的“他者”形象。著名人类学家列维·斯特劳斯（Claude Lévi-Strauss）认为，绝大多数人都坚持自己的独特性，认为自己与他人不一样，倾向于认为他人的习俗既怪诞又令人反感，甚至不把拥有这些习俗的人看成完整的人（转引自王晓路，2004：385）。显然，这种故意丑化“他者”的做法为歧视和压制“他者”找到了合理的借口，并给“他者”带来痛苦和迷茫，甚至身份危机。在建构“欧洲身份”的过程中，欧洲人除了强调欧洲内部的共性，同时也在刻意强调欧洲与外部世界的差异。欧洲人在不同时期确定的“文明标准”在很大程度上可以被理解为欧洲人区分“自我”与“他者”的参照体系，体现了欧洲文明的优越感。

1. “他者”与欧洲身份

卡斯托拉迪斯（Cornelius Castoradis）认为，“他者”是建构欧洲身份最重要的元素。自我身份的确立离不开对“他者”的排斥，这种排斥源于自我对“他者”的贬损和憎恶。“‘欧洲’能否成为一个有意义的身份不仅仅依赖于其内在的文化、政治、经济一体化，也在于是否存在可以与之相提并论的他者身份。”（Cederman，2001：48）

欧洲人往往会把欧洲与文明、基督教、民主、自由、科学、现代性等事物等同起来，把野蛮、异教、暴政、奴役、愚昧、落后等特性赋予与自己相异的“他者”。芬兰学者哈勒（Vilho Harle）认为，有关敌人的观念构成了欧洲主义的真正基础。在他看来，欧洲主义自始至终都体现了一种二元对立的思维模式。导致欧洲统一的共同敌人从宗教上来说是伊斯兰教，从经济上来说是日本和其他亚太地区的国家，从经济、政治和安全等方面来看是美国（转引自 Mikkeli，1998：232）。法国哲学家瑞库尔（Paul Ricoeur）认为，当我们意识到有与自己文化相异的文化存在时往往会感到受到威胁。“他者”无处不在，当我们身处“他者”之间时，我们自己也成了“他者”（转引自 Mikkeli，1998：233）。在区分不同文化时，我们很难摆脱歧视和偏见，这也不难理解为什么在界定“欧洲特性”或欧洲身份时，欧洲人对“他者”总是采取一种敌视的态度。朱丽安·克里斯蒂娃甚至认为“他者”就是一张隐藏在我们自己身份背后的脸。正是与“他者”保持一定的距离才使我们彼此认同（Kristeva，1991：20）。历史上包括非洲人、犹太人、俄罗斯人和土耳其人在内都曾充当建构欧洲身份的“他者”角色。长期以来，伊斯兰世界都是作为基督教欧洲对立的“他者”而存在的。欧洲身份的形成在很大程度上是由于欧洲长期与作为“他者”而存在的伊斯兰世界有联系（Delanty，1995：84）。

显然，在建构欧洲文化身份的过程中，基督徒并不能跳出传统的二元对立思维模式。“自我”一定是好的、优秀的，“他者”一定是不好的、拙劣的。贬损他者形象可以衬托自我形象的高大和完美；对他者形象的建构是为建构自我形象服务的。给“他者”一个恶名，就可以为压制、歧视、征服甚至消灭“他者”找一个看似合理的借口，就可以使自己的行为合理化、合法化。弱势的“他者”永远没有话语权，甚至“他者”的生存权都掌握在强势的“自我”手里。从刚有自我意识的幼儿到眉头一皱就会让世界颤抖的君王都很容易接受二元对立的思维逻辑。在女人/男人、黑人/白人、同性恋/异性恋、非欧洲人/欧洲人、基督徒/穆斯林等二元对立的关系中，强势的一方都喜欢套用这种逻辑去压制、歧视或征服弱势的一方。

工业革命的发生和启蒙思想的普及使一些欧洲国家在19世纪末期无论是在工业、军事领域还是在政治、经济领域都遥遥领先于其他各大洲的国家。这为欧洲人到海外拓展殖民地提供了技术和财力保障。在海外拓殖的过程中，欧洲殖民者先是打着“传播福音”的旗号，自诩“让异教徒和野蛮人改宗”；然后打着“传播欧洲文明”的旗号为殖民活动找到某种合法性。“传播欧洲文明”的修辞曾一度成为欧洲殖民者在海外拓殖的遮羞布，有了它，法国对阿尔吉尼亚的征服就并没有违反国际法，因为像阿尔吉尼亚这样“野蛮”的国家并未得到欧洲国家的认可（Lorimer，1883：160－161）。我们不得不承认自工业革命以来，欧洲在科学技术领域的发展方面一直处于世界先进水平。当欧洲人走出欧洲来到“蛮荒、愚昧”的殖民地与非欧洲的“他者”接触时，他们自然就会产生一种“欧洲文明优越感”。欧洲的殖民者自认为是“传播文明的使者”，认为自己代表着权威和秩序，非欧洲“野蛮”的地区注定要接受他们的领导。他们总是把自己的愿望强加于非欧洲世界，往往沉浸于“自认为无所不能和自我满足的幻觉中”（萨义德，2007：10）。他们认为欧洲的先进在很大程度上得益于他们优秀的文化和价值观，非欧洲地区要摆脱蒙昧和蛮荒就必须接受他们的文化和价值观。到了20世纪，当独立民族革命的浪潮席卷亚、非、拉美各大洲时，当面临被帝国蚕食的风险时，一些民族独立运动的领袖也很自然地接受了殖民者的这些观念，并在文化改革运动中参照这些“文明标准”。

2. 欧洲“文明标准”的演变与欧洲身份

19世纪，为了增强在国际体系中的地位，许多非欧洲国家开始努力寻求加入由欧洲国家主导的国际社会。当然，所谓的“国际社会”应该由一系列具有共同利益、共同价值观的国家组成，并受共同规则的约束（Bull，1995：13）。非欧洲国家要融入国际体系必须满足欧洲国家制定的条件或“文明”标准。格奥尔格·施瓦曾伯格（Georg Schwarzenberge）认为，在欧洲国家海外拓殖的过程中，作为人为设计的法律框架，“文明标准”为非欧洲国家融入欧洲主导的国际体系设定了一定的基准线。一个国家要想被认定为“文明”国家，该国政府在国际法的框架下必须既有能力也有意愿保护在该国居住的外国人的生命权、自由权和财产权（Schwarzenberger，1995：220）。根据美国学者江文汉（Gerrit W. Gong）的论述，“文明”标准包括如下内容：

> 一个“文明”的国家应该保障人的基本权利，如生命权、人的尊严和财产权，旅行、从事商业和宗教活动的自由，特别是外国人在该国享有这些权利；一个“文明”的国家具有有组织的政治官僚体系，能使国家机器以较高的效率运转，有能力组织自我防御的力量；一个“文明”的国家能遵守被广泛接受的国际法，包括战争法，具有完备的法典和司法体系，通过惩罚犯罪能保障本国司法管辖内的外国人和本国公民享有司法公正；一个“文明”的国家要履行国际体系规定的相关职责，能为正常的外交关系和对外交流长期缴纳足够的费用；而且一个“文明”国家应该能基本遵从已被广泛接受的“文明的”国际社会的规范和惯例，比如殉夫、一夫多妻和奴隶制都是“不文明的”，因而也不能为“文明”国家所接受。
>
> （Gong，1984：14－15）

上述标准看似阐明了“文明”国家应该具有的特征，实际上反映出欧洲国家所尊崇的价值观和规范，比如对人权的保护和对法制精神的倡导。在现实层面，不同的学者对“文明”的国家应保障的基本权利有不同的理解，对于应该具体采取什么措施去保障这些权利并不清楚，所以在实践中这些基本权力很难得到切实保障。而且欧洲国家很难判定哪些国家达到了欧洲文明的标准，这也就意味着为了达到所谓的“文明”国家的标准，非欧洲国家必须不断进行国内改革，至于何时才能被欧洲国家完全接纳却不得而知。

“文明标准”的确立既可以把“文明”的欧洲国家和“野蛮的”非欧洲国家区分开，也给欧洲国家赋予了很多特权，特别是为其开展殖民活动提供了看似合理的借口：因为非欧洲国家不够“文明”，它们当然不可能得到与欧洲国家平等的权利，而只能依附于欧洲或被欧洲国家殖民。由此可见，“文明”标准观念在实践中往往成为欧洲维护其道德霸权的合法外衣：“它可能通过创建一种法律规范（如治外法权）以保护‘文明’国家的海外利益，并通过赋予‘文明’国家‘开化’落后国家的‘历史使命’，合理地对落后国家进行压迫与剥削。”（潘亚玲，2006）如果非欧洲国家要在国际体系中获得与欧洲国家同样的特权，它们必须依照这些标准在政治、社会和经济等各领域实施欧洲化改革，否则，它们就不可能被贴上“文明国家”的标签。因此，通过炮制“文明”标准，欧洲国家在很大程度上希望世界变得越来越同质化，从而在国际事务中维持自己的霸权。

在第二次世界大战结束以后，传统的区分殖民地与宗主国之间的“文明”标准变得明显不合时宜，也因此遭到了诸多学者的批评。赫施·劳特帕奇特（Hersh Lauterpacht）、施瓦曾伯格和科林伍德（R. G. Collingwood）都认为，在20世纪依然固守“文明国家”与“野蛮国家”之间的区分体现了一种非常陈旧的思维模式，即使欧洲人眼中不太文明的国家也应该在国际法的框架下得到欧洲国家的承认（Bodwen，2002：4）。他们担心，所谓的“文明”标准如果不能废除，它不仅会使非西方国家在文化上形成自卑的心理，同时还会使它们在国际政治舞台上沦为西方国家的附庸。尽管旧的“文明”标准在新的国际形势下已经无法发挥以往的功效，但根深蒂固的二元对立的思维逻辑和欧洲文明中心论必然会促使欧洲国家炮制出新的标准以区分“自我”与“他者”，使“自我”能在当代国际社会中继续维持自己的特权甚至霸权。随着联合国宪章和《人权普遍宣言》的出炉，人权标准逐渐成为旧“文明”标准的替代品。杰克·唐纳力（Jack Donnelly）认为“国际社会承认人权在很大程度上已成为新的国际‘文明标准’”。他认为，只有认真贯彻《人权普遍宣言》和国际人权公约的理念和原则才能防止一些野蛮的主权国家滥杀无辜，只有做到尊重人权，让自己的行为符合“公正”“仁慈”和“文明”，一个主权国家才有资格被接纳为国际社会的一员，其合法的国际地位才能被承认（1998）。戴维·费德勒（David Fidler）则认为，国际法是旧文明标准的另一个替代品，正是国际法帮助欧洲国家把文明带给了非西方文化圈（2001）。随着全球化进程的加快，有些学者如墨赫迪·莫扎法瑞（Mehdi Mozaffari）认为，全球化为“全球文明标准”的确立提供了条件，这种新的标准关涉一整套制约国家行为并为国家行为体提供参照的法律制度、规范、价值观和习俗。这个所谓的“全球文明标准”就是经过几个世纪才逐渐形成的“欧洲文明标准”的产物（2001）。

不同的学者对于新的文明标准有不同的界定，费德勒认为新的文明标准大致包括这些内容：保护基本的民权和政治权利，市场自由化以促进商品、服务和资金的自由流动，良好的治理和反对腐败，强调法制、政府管理的合法性建立在民主的基础之上，有能力参与到全球化进程中并能参照国际法来处理全球化进程中的争端，非西方国家愿意在牺牲本国传统和惯例的基础上采纳西方的个人主义、消费主义和世俗主义等。在全球范围内运用新的文明标准时，国际法和相关国际司法机构将起到至关重要的作用（Fidler，

2001）。

现代国家在17世纪开始形成，文明观的形成在很大程度上开始受现代欧洲国家的政治发展和意识形态的影响。对很多欧洲国家来说，文明的观念与国家发挥职能的方式相关。非欧洲国家要想变得跟欧洲国家一样文明，必须以欧洲国家的组织形式为原型，否则就不能被认为是文明国家。至于现代国家到底应该建立在什么原则基础上，历史上长期存在不同的政治主张。总体看来，在欧洲现代国家发展的过程中，自由主义逐渐取代了保守主义，开明的君主逐渐取代了独裁君主，议会民主制取代了立宪君主制。到后来，民主制逐渐被视为西方资本主义国家的产物，同时民主观念也随着资本主义的扩张而得以广泛传播。甚至在第一次世界大战结束后，西方民主国家被视为“文明”国家最高级阶段的发展状态（Stivachtis，2006）。

在冷战时期，民主制开始演变成区分“自由世界”或“文明的西方”与“专制、野蛮的东方”的重要标准。一些重要的国际组织如国际货币基金组织和关贸总协定以及一些地区性组织如欧洲经济共同体，可以被看作由自由民主国家组成的俱乐部，实行民主制是加入这些组织最重要的条件之一。在托马斯·M. 弗兰克（Thomas M Frank）看来，一个国家要想完全被国际社会所接受，它不仅要尊重人权而且应该拥有民主政府，只有既尊重人权又尊重民主原则的主权国家才会遵从国际规范，不主动挑起战争（1995：136－137）。因此，为了维护世界和平稳定就必须迫使不民主的“他者”走上民主化的道路。欧共体成员国1990年在巴黎召开的关于欧洲安全与合作的大会和1993年在维也纳召开的世界人权大会都强调了尊重人权和民主原则是维护世界和平、保障自由和正义的基础。从某种程度上说，第二次世界大战后“文明的”民主国家与“野蛮的”集权主义国家之间的划分取代了历史上“文明”国家与“野蛮”国家的区分。在西方看来，信奉自由民主主义的西方国家是“文明国家”，而以前以苏联为首的社会主义阵营的国家则既“专制”又“野蛮”。随着苏联的解体和共产主义影响的减弱，有些学者如弗朗西斯·福山（Francis Fukayama）做出了“历史本身已经走向终结”或“民主自由主义最终战胜了共产主义”的论断。在西方国家眼中，苏联的解体表明西方的自由民主主义最终战胜了东方的极权主义。因此，自由主义也逐渐成为衡量一个国家是否文明的新标准。本尼迪克特·金斯伯利（Benedict Kingsbury）认为，自由的国家享有高度法制文明，自由的西方是促使全球法制秩序发生转变的先锋，是自由的西方设定了新的文明标准，也正是自由的西方在促使其他落后国家向新的文明迈进（1999：90）。西方国家领导者认为，对“野蛮的他者”实行民主改造是世界和平和稳定的重要保障，他们对“他者”实行民主改造的手段和工具多种多样。比如，为希望加入某一组织的候选国设定政治、经济条件并监督其达标，利用外交手段、对外援助、经济制裁甚至军事干预等。苏联的解体为西欧国家改造和接纳东欧国家提供了机会，同时也使得西欧的资本和价值观念得以在更大范围内扩张。

西方国家，特别是欧洲国家在殖民时期的胜利很容易让欧洲人把全球文明等同于欧洲文明。面对异质文化和文明，欧洲人往往会用自己设定的标尺去衡量，得出的结论通常是非欧洲国家不具备欧洲国家所具有的特质，因而是落后的、愚昧的甚至是野蛮的。正是非欧洲国家的“野蛮”衬托了欧洲国家的“文明”。在面对这些“野蛮”的非欧洲国家时，实际上存在很大异质性的欧洲各国似乎找到了它们之间的共性，彼此更加认同。在共同参与设定“文明”标准时，它们更强化了彼此之间的共性。因此，从某种程度上说，不管是旧的文明标准还是新的文明标准都是“文明的”欧洲国家区分“自我”和“野蛮的”非欧洲国家的标尺。“文明”标准的设定一方面预设了欧洲国家具有优秀的共同文化传统，因而是“文明”的，另一方面也预设了一个“野蛮的他者”；因此，“他者身份”的存在在某种程度上成为欧洲身份存在的前提。设定和言说“文明”标准，并运用这些标准对非欧洲国家进行规训的过程也是一个建构共同的欧洲身份的过程或缔造一个“想象共同体”的过程。因为在这个过程中，欧洲人至少能明确说出他们具有哪些共性，他们与非欧洲人在哪些方面存在差异，“野蛮的”非欧洲人怎样才能变得“文明”。此外，虽然“文明”标准的内涵在不断演变，学者们对“文明”标准的界定和对“欧洲身份”的界定具有很多重叠之处。比如，唐纳力认为现代性也是旧“文明”标准的另一个替代品，现代性以两种形式呈现：一是生活水平或生活质量提高，二是“世界大同主义文化标准”，即全球化进程中文明国家之间一些共享的价值观、规范、法律制度等（Gong，1984：92）；葛兰·瑟波（Göran Therborn）则认为，现代性与欧洲意识的诞生密切相关，欧洲是现代性的主要组织者，欧洲通过建立海上霸权得以在海外建立殖民地、投资以及从事洲际贸易，这些活动使基督教信仰和管理技术得以传播。从事这些活动的行为主体都是世俗化的民族国家，科学技术在这些国家得到发展，启蒙运动在这些国家展开，民族主义和东方主义等意识形态也在这些国家泛滥（1995：19）。值得注意的是，“文明”标准的设定与欧洲共同的文化遗产都与殖民主义和帝国主义具有一定的渊源。苏珊·桑塔格（Susan Sontag）认为除了科学，欧洲文化遗产还包括基督教、殖民主义和帝国主义。在她看来，欧洲一体化的启动与欧洲各国在殖民体系崩溃之后所面临的共同命运分不开（转引自 Therborn，1995：208 ）。在殖民体系瓦解之后，欧洲在世界范围内的政治影响大幅下降，欧洲一体化是欧洲各国应对这一困境最好的解决办法。欧洲一体化只有 6 个创始成员国，如今其成员国已经发展到 28 个，在欧盟不断扩大的过程中，并不是任何欧洲国家都可以轻易加入，特别是那些原本被视为“野蛮”的东欧国家，他们要得到欧盟的接纳还得根据新的“文明”标准或入盟标准不断对自身加以改造。

3．从入盟标准与“文明标准”的关联性来看欧洲身份

自冷战结束以来，欧盟在很多政策领域都开始重视对相关条件的规定。不管是欧盟东扩、签订外贸协定或贷款协定，还是向非成员国提供援助，相关国家都必须满足欧盟规定的相关条件。欧盟的这一做法无疑与世界银行和国际货币基金组织有相似之处。比如，在希腊债务危机中，希腊要想获得欧盟的贷款就必须满足相关条件，如削减政府财政支出。欧盟的候选国要想获得正式成员国资格也必须满足哥本哈根标准。具体而言，入盟申请国必须满足 4 个条件才有可能成为欧盟的正式成员国：第一，候选国政治稳定，能保障民主、法制、人权和尊重并保护少数群体的权力；第二，候选国需要具有成熟的市场经济，有能力应对欧盟内部的竞争性压力和市场压力；第三，候选国有能力履行成员国的义务，如坚持欧盟政治、经济和货币方面的目标（Stivachtis，2008）；第四，候选国有能力贯彻实施欧盟法。“哥本哈根标准”是成员国接纳新成员的重要依据，也为候选国的国内改革提供了明确的导向。不难发现，入盟标准与新的“文明”标准之间既有延续也有一定发展。与很多重要的国际组织如联合国、世界贸易组织、国际货币基金组织一样，欧盟对成员国的入盟要求也涉及市场自由化和政治民主化两方面。经济方面的标准往往要求候选国为实现市场自由化而调整经济结构和经济政策以利于资本主义的扩张，政治方面的标准则要求候选国在民主改革方面有一定的作为。这些相似的标准在一定程度上体现了欧洲共同的文化遗产，正是这些遗产成为建构欧洲身份的主要因素。

一旦入盟标准被制定出来，欧盟在对候选国进行考察的时候就会严格遵

照。为了使其达标，欧盟会不断给候选国施加外部压力。比如，为了让候选国在民主改革方面达到欧盟标准，欧盟会在很长一段时间内对候选国的民主改革进行定期监督检查。如果候选国不能满足相关的政治条件，入盟谈判就会中断或暂停。一旦欧盟认定候选国在政治改革方面跟欧盟的标准相差甚远，就会在年度检查报告中对候选国提出警告，然后欧盟委员会将派高级官员到候选国进行正式的访问和调查。一段时期之后如果候选国还是不作为，这种状况将在下一个年度的考察报告中被记录下来。如果候选国仍不积极采取措施弥补过失的话，欧盟理事会将做出与候选国暂停入盟谈判的决定。

在欧盟的压力和督促之下，候选国必须不断进行体制改革和法律改革以使国内法与欧盟法协调一致，从而早日获得正式成员国资格。可见，满足“哥本哈根标准”的过程对于候选国来说也是一个学习和模仿的过程或社会化的过程，同时也是欧盟传播新的规范和价值观的过程。也正是这些标准促使欧盟申请国不断发生转变，从而在很多方面与成员国更趋同质化。只有成员国之间更趋同质化，欧盟才能保证在成员国数量不断增加的情况下还能继续保持有效运转。同质性的增强也自然更有利于共同身份的建构。

仔细审视欧盟所确定的入盟条件中涉及的规范和标准，我们就会发现，它与以往的“文明”标准有很大的相似性。欧盟东扩的过程与历史上欧洲文明扩张的过程之间也存在一定的连贯性。东扩不仅可以满足成员国扩大市场的经济目标，也会深刻改变欧盟本身，比如，欧盟在国际经济和政治领域将会扮演愈来愈重要的角色。同时，东扩的过程也可以理解为一种有计划的文明扩张的过程，因为它不仅在欧洲创立了一个新形式的政治共同体，也把欧盟的价值观传播到更广阔的世界（Linklater，2008：385）。在原有成员国的领导下，欧洲在欧盟东扩的过程中重新走向统一，东欧国家开始实现现代化。在东扩的过程中，西欧国家拥有一种明显的优越感，很多西欧国家的人往往把欧洲文明仅仅视为西欧的成就。从这个意义上来看，欧盟东扩的过程也是西欧国家与东欧国家分享文化、经济和政治成就的过程。鉴于第二次世界大战期间和冷战期间东欧国家特殊的历史遭遇，西欧国家觉得它们有道德义务去这样做。

从多方面来看，旧的文明标准与入盟标准之间都存在很大的相似性：欧洲国家特别是西欧国家都自认为是确定标准的权威；两者都明确界定了非成员国加入特定组织所要经历的步骤和过程；两者都建立了一个西欧国家居于中心而其他国家居于边缘的国际政治秩序（Behr，2007）。不管是旧的文明标准还是新的入盟标准都把西欧国家和非西欧国家置于不平等的位置。虽然入盟是一些国家的自愿选择，但是在谈判的过程中，申请国永远都是被动的一方，欧盟的标准由正式成员国制定，申请国只能选择遵守。候选国能否正式成为欧盟的成员国要经历非常严格的考察，从某种意义上来说，老成员国对于想要入盟的候选国来说既是考官，也是拉康意义上的精神之父。另外，即使是在欧盟内部，各成员国之间的关系也并非完全平等，法国和德国是欧盟的轴心，在两国的外围有申根区和欧元区，欧元区内部的一体化程度更高。但无论怎样，“文明”标准与入盟标准的设定都使欧洲国家看起来具有了一些共性。在达标的过程中，欧洲变得越来越同质化，一个“想象共同体”不断被实体化，同时也使被反复言说的“欧洲身份”有了更具体的内涵。

4. 结语

自古希腊时期开始，人类就习惯于把不同于“自我”的文明贴上“野蛮”的标签，这一二元对立的思维逻辑贯穿了人类历史发展的长河。在殖民时期，“文明”标准被赋予新的内涵，它既成为欧洲列强进行海外拓殖的合法外衣，也在一定程度上成为建构“共同欧洲身份”的重要维度。当然，从“文明标准”到入盟标准，其内涵在不断发生变化，但这些标准无疑都是区分欧洲与非欧洲最重要的标志。入盟标准即使不是文明标准的翻版，也至少与之有一些相似性；也可以说，入盟标准与“文明”标准之间具有一定的延续性。欧洲，特别是西欧在对外交往的政策中往往把传播自由观和民主观视为重要的使命，因为自由观和民主观的传播在很大程度上能帮助欧洲国家建立一种国际政治、经济新秩序，新秩序的形成显然有利于资本的扩张或资本主义影响的扩大。通过“文明”达标或满足入会条件，成员国与非成员国之间的分界线逐渐变得模糊，欧洲国家在敦促和监督非欧洲国家达标的过程中，欧洲文明得以扩张。同时，“文明”标准和入盟标准的确立也为欧洲集体身份的建构提供了具体的要素和内涵，在某种程度上使“想象共同体”变得更能为普通人感知。另外，从建构主义的角度来看，对这些标准和条件的言说、学习和达标的过程也是一个社会化的过程，这个社会化的过程既重新建构了国际行为体的利益，也建构了国家行为体的身份。尽管还很难说世人在多大程度上已经接受了存在共同欧洲身份的事实，但欧洲人，特别是欧盟成员国的公民拥有很多共同的规范和价值观是一个不容置疑的事实。然而，欧洲身份的确具有多重性：从外部来看，欧洲文明具有同一性，但从内部来看，欧洲的民族、语言和文化又具有多样性。处理好欧洲文化同一性中的多样性和多样性中的同一性问题是欧盟继续深入推进一体化进程的关键所在。欧盟在积极建构集体身份的同时，也力图使文化多元主义得到较好的贯彻和实施。因此，“多样性中的统一”就成了欧盟重要的宣传标语。欧洲人一直认为，多样性是创造力的源泉和根基，缺乏多样性的统一只会扼杀创造力。欧盟试图倾力建构的欧洲身份像一组同心圆，也像俄罗斯套娃，多重身份之间既存在差异性也存在统一性。然而，“多样性中的统一”这一宣言本身就对欧盟的文化整合问题提出了挑战：欧盟很难平衡“多样性”与“统一性”，欧盟倡导的多元文化主义对少数族裔，特别是移民群体的文化还需更具包容性。

参考文献：

潘亚玲.“文明标准”的回归与西方道德霸权［J］. 世界经济与政治，2006（3）：39－44.

萨义德，艾德华·W. 文化与帝国主义［M］. 李琨，译. 北京：生活·读书·新知三联书店，2007.

王晓路，石坚，肖薇. 当代文化批评读本［M］. 成都：四川大学出版社，2004.

Behr, Hartmut. The European Union in the Legacies of Imperial Rule? EU Accession Politics Viewed from a Historical Comparative Perspective [J]. *European Journal of International Relations*, 2007, 13 (2): 239－262.

Bowden, Brett. Globalization and the Shifting "Standard Civilization" in International Society [Z]. Refereed Paper Presented to the Jubilee Conference of the Australasian Political Studies Association, October 2002: 1－19.

Bull, Hedley. *The Anarchical Society: A Study of Order in World Politics*, 2nd *edn.* [M]. London: MacMillan, 1995.

Cederman, Lars-Erik. *Constructing Europe's Identity: The External Dimension* [M]. Colorado: Lynne Rienner Publishers, Inc., 2001.

Cooper, Frederick, Ann L. Stoler. *Tensions of Empire: Colonial Cultures in a Bourgeois World* [M]. Berkeley: University of California Press, 1990.

Delanty, Gerard. *Inventing Europe* [M]. Houndmills: The Macmillan Press, 1995.

Donnelly, Jack. Human Rights: A New Standard of Civilization? [J]. *International Affairs*, 1998, 74 (1): 1－24.

Fidler, David. The Return of the Standard of Civilization [J]. *Journal of International Law*, 2001, 36 (1): 137 - 157.

Frank, Thomas M. *Fairness in International Law and Institutions* [M]. Oxford: Clarendon Press, 1995.

Gong, Gerrit W. *The Standard of Civilization in International Society* [M]. Oxford: Clarendon Press, 1984.

Kristeva, Julia. *Strangers to Ourselves* [M]. New York: Harvester Wheatsheaf, 1991.

Kingsbury, Benedict. Sovereignty and Inequality [A]. A. Hurrell, and N. Woods. *Inequality, Globalization* [C]. Oxford: Oxford University Press, 1999.

Linklater, Andrew. A European Civilizing Process? [A]. Christopher Hill, and Michael Smith. *International Relations and the European Union* [C]. Oxford: Oxford University Press, 2008.

Lorimer, James. *The Institutes of the Law of Nations*, Vols II. [M]. William Blackwood and Sons, Edinburgh and London, 1883, Vol. I.

Mikkel, Heikki i. Europe as an Idea and an Identity [M]. New York: Palgrave, 1998.

Mozaffari, Mehdi. The Transformationalist Perspective and the Rise of a Global Standard of Civilization [J]. *International Relations of the Asia-Pacific*, 2001 (1): 247 - 264.

Stivachtis, Yannis A. Civilization and International Society: The Case of European Union Expansion [J]. *Contemporary Politics*, 2008, 14 (1): 71 - 89 .

Stivachtis, Yannis A. Democracy: The Highest Stage of "Civilized" Statehood [J]. *Global Dialogue*, 2006, 8 (3 - 4): 101 - 112.

Therborn, Göran. *European Modernity and Beyond: The Trajectory of European Societies 1945—200* [M]. London: Sage, 1995.

A Study of European Identity in Terms of "Civilization Standard"

Yan Tianqin

Abstract: To a large extent, the construction of European Identity embodies a kind of binary opposition, and the imagined potential threats from the "Other" are important for shaping "European Identity". The constant changing "Civilization Standard" is an important measurement which distinguishes "Self" from the "Other", and it also embodies the superiority of European civilization; what is more, it endows "European Identity" with some substantial elements. There is no denying the fact that there are some similarities between the norms and criteria set by the European Union for the candidates and the old "Civilization Standard". The enlargement of the EU can be regarded the continuity of the expansion of European civilization: the project of European integration not only created a new form of cultural and political community, but also spread European values to a larger world; in the process of enlargement, the EU begins to turn "Barbarian Other" into part of "Self" according to the "Civilization Standard", hence a new common identity begins to take shape.

Key words: "civilization Standard"; criteria of EU accession; "other"; European identity

欧盟国家移民和公民政策发展趋势及简析

陈昕彤 石 坚

（四川大学外国语学院，成都 610064）

摘 要：欧盟国家在对待境内的移民和少数族裔政策的制定上由于历史和文化不同而采取不同的政策原则，在特定时期形成了"排斥模式""共和模式"和"多元文化模式"等。随着社会发展和移民问题的凸显，传统的模式已无法有效地解决移民问题和适应欧洲一体化发展的现状。近年来，欧洲国家和欧盟成员国在调整和发展各自移民和整合政策方面显示出了传统模式差别的缩小和趋同、对公民政治认同观念的强化以及跨民族和超国家性质的增强等新趋势。本文对这一发展趋势加以观察与总结，并试图分析其背后的原因和影响因素。

关键词：欧洲移民；移民政策；公民政策；移民整合；公民认同

在当前国际移民人口呈快速增长的总趋势下，欧盟国家内部也各自面临着日益严重的移民和少数族裔问题。各国历史、政治和经济发展状况的不同，导致移民在不同地区和国家之间的流动在数量上具有相当的规模。而各国具体的人口状况，包括少数族裔占人口的比例，对移民群体的整合和融入有举足轻重的影响，相应的政策制定也关系到这一地区对少数族裔文化传统的保护问题。当然，欧洲各国不同的历史文化背景、在接受移民和对待少数族裔方面不同的经验以及对移民背景的少数族裔社会地位的公众观点差异，也影响着不同少数族裔和移民政策的形成。而这些政策方针也反过来影响着各国对移民和少数人口的观念和态度。

移民历史背景使得这些国家在制定移民整合和反歧视的法律政策时做出迥然不同的选择。尽管一个国家的政策会随着不同的历史时期以及当时的社会情况而转变，但从移民大量涌入欧洲地区的 20 世纪来看，欧洲各国在制定移民政策方面采用了几种不同的政策法理。在这些移民和少数人口整合政策的思路和依据中，有相对较为开放的模式，也有比较保守的认同单一民族国家的模式，它们大致可以归纳为"多元文化主义"模式、"共和主义"模式和"单一民族主义"模式。这些根据不同政治、哲学、法学理论和社会文化理论制定的政策模式在欧洲内部都可以找到典型。例如，英国和荷兰属于比较典型的传统"多元文化主义"模式，在对待境内少数族裔群体的政策上，多元文化主义提倡在维护和保持少数族裔文化认同和传统习俗的前提下推行宽容的整合；法国则为“共和主义”模式的代表，法国国内确立的世俗的共和民主制度在保障宗教信仰的同时也将国家公共事务和宗教事务完全分隔开来，法国政府要求居住在法国境内的公民认同并接受这种自由、平等的共和文化，并且刻意避免强调不同宗教信仰和少数族裔文化的差异性，以维护世俗的宪政共和政体的权威性和凝聚力；强调“单一民族主义”，并导致排斥性倾向的移民及整合政策的典型为德国和奥地利。例如，德国宪法中“德国人”的定义不仅仅限于德国公民，还包括居住在德国国土之外的并非德国公民但却拥有德意志民族血统的人。基于这种观念，德国在对待德意志民族后裔（Aussiedler）和其他族裔移民时采取厚此薄彼的政策，使得在接纳和整合外来移民时显示出一种封闭和排斥的态度，因此也有学者将其归纳为“排斥模式”①。

当然，上述各种模式的形成和划分并不是僵硬不变的，大多数国家在自身特点形成的过程中也经历了探索和转变的过程，在不同的时间段实行过不同倾向的政策，并且随着时间推移，当前欧盟各国也正在经历着新的移民和公民政策的发展和变化。实践证明，无论是单纯的开放政策，还是一味的保守政策，都不能完全适应时代发展和社会现实，无法解决移民和少数族裔的存在及增长带来的一些社会问题。因此，大多数国家也在左右摇摆中尝试找到平衡，摸索最适合实际情况的政策法规。总体来看，欧洲国家和欧盟主要成员国在移民和公民整合政策上出现了以下三种主要趋势。

1. 各传统模式之间差别的缩小和趋同

在对具有代表性的欧盟成员国移民和少数族裔政策的比较研究中可以看出，欧盟各国移民法规的制定明显受历史因素的影响。这些历史因素表现为差异化的政治文化背景、移民历史经验以及政治环境等，导致了上述三种不同的模式的形成。然而，这些传统模式在近年来显示出趋同的现象，从德国、英国和荷兰等国家在最近十几年间经历的移民政策调整可看出，原本较

---

① 国内关于欧洲国家移民政策的分类和比较的主要研究和讨论如下。宋全成：《欧洲的移民问题与欧洲一体化——以德国为例》，载《北京大学学报（哲学社会科学版）》，2002 年第 39 卷第 1 期，第 141 - 147 页；李明欢，卡琳娜·盖哈西莫夫：《“共和模式”的困境——法国移民政策研究》，载《欧洲研究》，2003 年第 4 期，第 119 - 139 页；傅义强：《欧盟国家的移民问题与移民政策》，载《世界民族》，2008 年第 1 期，第 31 - 42 页。

为明显的差别逐渐缩小。

首先，德国具有从保守转向开放的趋势。德国传统的具有排外性质的公民观中，最有代表性的规定为“血统原则”（*ius sanguinis*）[①]，这个受到广泛批评的原则在2000年新移民法实施后得到了改变。新移民法第一次引入了“出生地原则”（*ius soli*），即在德国本土出生的小孩，无须参考父母的国籍，都具有获得德国国籍的资格。这一革新被广泛视为德国从保守的民族主义观念向接受和容纳境内大量的外来人口的理念靠拢。然而，值得注意的是，这并不意味着德国的制度和规定已转向全方位包容性的多元主义。首先，如果德国出生的小孩通过“血统原则”拥有其他国家的国籍，而其本人在年满23周岁之前并未主动声明正式放弃该国国籍，则他通过“出生地原则”获得的德国公民资格将自动解除。其次，德国在2004年又通过了新的移民法修订案，增加了对国籍申请人父母在德国境内居住的要求细则，由此实际上给第二、三代移民的国籍申请带来了很大限制（Hart & Oers，2006：321）。除德国以外，西班牙、比利时、葡萄牙和卢森堡等国也在20世纪末和21世纪初引入了类似的原则和制度。

另一方面，原本长期采取“出生地原则”的国家也纷纷修订自己的移民法规和政策，对原本宽松的国籍制度加以限制和收紧。典型的例子是英国。自1983年起，英国规定出生于英国境内的非英国公民子女必须在其父母符合特定居留规定的情况下才能获得英国国籍（Groot，2005：201）。在英国修改规定之后，爱尔兰在很长时间内成为欧洲几乎唯一实施“出生地原则”而无附加规定条件的国家。不过这种情况在最近也有所改变：爱尔兰于2004年增加了对该原则的限制性要求，即出生在本土的非公民子女需要父母双方中的至少一方有三年以上的合法居留时间才能获得爱尔兰国籍（Honohan，2010：811－827）。

可以看出，总体上，当前大多数欧洲国家采取了“出生地原则”和“血统原则”相结合的方式。一方面，在现代自由主义政治思想和以公平、公正为原则的国际法规影响下，结合本国国内移民和少数族裔人口增长、影响增大的客观事实，传统的强调以族群和文化为基础构建公民共同体的国

① “血统原则”（*ius sanguinis*）与“出生地原则”（*ius soli*）相对，为德国、比利时、希腊等国家采取的传统人口政策，即国籍和公民身份的获取主要取决于父母双方或一方拥有本国的国籍或者在种族、文化或血缘上被认定为民族共同体的成员；而后者则指无论父母为何国籍，只要出生于本国的国境内，就自动拥有该国国籍。

家，趋向于在一定程度上放开原本相对保守的公民和移民制度。与此相对，长期坚持相对自由和包容的公民和移民政策的国家，在日趋庞大的移民群体对社会文化环境和福利体系造成的冲击面前，与国内民众对此的反弹情绪造成的政治压力下，不得不频繁修改和制定更加符合当前本国现实利益的移民和融合政策，以期对涌入的移民和少数人口进行更有效的调控和管理。这两种趋势造成了当前欧洲国家在移民和公民政策上的一种向中间靠拢的趋势。

2. 对公民政治文化认同观念的强化

在英国的移民和种族整合政策中，除对申请公民身份的移民子女增加了居留条件的相关规定之外，另一个重大变化是对移民申请人增加了公民文化和语言的考试。这可以看作英国在传统和放任的“多元文化主义”政策受到广泛批评和质疑后做出的调整，也代表了类似情况的一批西欧国家在此方面做出政策调整的趋势。在长期忽视和放任境内移民群体和少数人口的政策之后，这个群体边缘化和隔阂化所带来的问题日渐凸显。永远居住在境内的“外来人口”衍生出一系列摩擦、冲突等影响社会安定的问题。

作为对此的回应，英国、荷兰、丹麦和法国等国家纷纷增加了对移民申请长期居留和入籍时的语言和公民文化知识要求，有些国家甚至引入了“美国式”的入籍程序和宣誓仪式。首先，对本国官方语言的掌握被视为融入所在国社会的一个基本能力和前提条件。据此，丹麦、德国、荷兰在移民入境时就设置了语言要求，法国和英国也有相应要求，但目前尚未严格实施；奥地利、比利时、法国、德国、荷兰和英国等在颁发移民长期居留许可时有较高的语言要求，并设置了强制性的语言培训课程。其次，除语言能力之外，对所在国文化、历史的常识性了解和对政治制度和观念的理解也被认为是移民参与当地社会和政治生活的重要保障。基于此，丹麦、法国、德国、荷兰和英国还增加了针对上述内容的“移民融入考试”“定居考试”以及“公民培训”“整合课程”等内容，要求长期居留或入籍的申请人必须接受并通过。最后，在通过一系列审查、培训和考试后，符合要求的入籍申请人还需参加旨在加强其公民归属感的入籍仪式，并进行宣誓。采取或增加了这类措施和要求的欧洲国家有奥地利、德国、希腊、爱尔兰、意大利、荷兰和英国。

表1 欧盟10国移民和公民整合政策语言和公民文化要求统计简表（2009）

国家	入境	定居		入籍	
	语言要求	语言课程	公民文化培训	语言和公民考试	宣誓和仪式
奥地利	0	1	0	1	0.5
比利时	0	0.5	0	0	0
丹麦	1	1	1	1	0
法国	0.5	1	1	0.5	0.5
德国	1	1	1	1	0.5
希腊	0	0	0	0.5	0.5
爱尔兰	0	0	0	0	0.5
意大利	0	0	0	0	0.5
荷兰	1	1	0.5	0.5	0.5
英国	0.5	1	0.5	0.5	0.5

注释：上表中0表示无此项要求或规定；0.5表示有此要求或规定，但执行相对宽松或要求不高；1表示要求严格，必须通过相应考试①。

当然，上述移民和公民政策的实施引起了广泛的争议。有学者提出，新的语言和公民文化考试事实上已经成为拒绝和筛选新移民入境和居留以及控制移民人口数量的手段，带有强烈的民族主义和排外色彩。如库普曼斯（Ruud Koopmans）指出："这些要求只强加于移民本身就是明显违背普世的个人权利思想的，至今还没有任何本地人被要求通过这些考试来证明自己对国家制度和历史的熟悉程度。"（Koopmans，2012：22－30）也有学者认为，应该区别看待各国政策的具体不同，从而判断和评估其政策的意向和实际效果。古德曼（Sara W. Goodman）在比较和总结了15个欧盟国家的公民整合政策后对其进行了大体分类，其中德国、丹麦等国的政策总体偏向禁止和排斥；芬兰、爱尔兰和比利时的政策显示出将公民身份视为获得平等地位和权利的机制；而荷兰、英国和法国的政策则被视为有条件地接受和筛选被认为更有能力和意愿融入主流社会的移民群体，将公民身份的赋予作为融入的

① 此表参考下表制出：Civic Integration Requirements in 2009（CIVIX 2009），Table 2. in Sara W. Goodman，"Integration Requirements for Integration's Sake? Identifying，Categorising and Comparing Civic Integration Policies"，*Journal of Ethnic and Migration Studies*，2010，36（5）：753－772，p. 763.

“奖励”（Goodman, 2010：753 -772）。尽管存在争议，总体来说，公民整合政策并没有完全排斥和拒绝不同的民族和文化，用前任英国首相托尼·布莱尔（Tony Blair）的话来说，公民整合政策的目的在于在强化“共同价值观”（common values）的同时，保持“对多元化的尊重”（respect for diversity）（Tony Blair, 2006）。因此，这些整合政策在很大程度上反映了各国对强化共同公民观念的重视。

3. 跨民族和超国家性质的强化

另一个具有普遍性的趋势是欧盟成员国公民身份政策跨民族色彩的强化，主要表现在对双重国籍的包容倾向和欧盟因素影响的加强两方面。这两个影响都反映了在制定和实施移民融合和公民身份政策时，各成员国越来越清醒地认识到在欧洲一体化的大背景下，公民和移民政策已经无法仅仅从本国国内的角度进行考虑，而必须参考和顾忌到这些政策对相关国家带来的影响以及对欧洲和国际公约的遵守。在移民和公民政策领域，跨民族和超国家因素的制约显得更加清晰。

3.1 欧洲委员会关于国籍制度的公约

欧洲委员会（Council of Europe）是总部位于斯特拉斯堡的一个国际性政治组织，成立于1949年，最初由10个欧洲国家组成，现在已经扩大到了47个成员国。欧洲委员会并非欧盟的官方机构，但一直与欧盟保持密切关系，两个机构的议会每年召开一次联席会议。欧洲委员会在确定欧洲社会的法制、司法及民主标准等方面发挥了积极作用，而人权保护领域更是其关注重点。早在1963年，欧洲委员会就在斯特拉斯堡签署了《减少多重国籍和多重国籍情况中的兵役制度公约》（Convention on the Reduction of Cases of Multiple Nationality and Military Obligations in Cases of Multiple Nationality，简称《斯特拉斯堡公约》）。公约制定的目的是减少因婚姻而自动获得配偶方国籍导致的丧失原住国的领事保护以及随之而来的兵役义务等问题。因此，《公约》明确规定签约国公民在主动获取另一签约国国籍时，需通过法律手段注销之前的国籍。当时法国、德国、荷兰、比利时、丹麦、意大利等10个欧洲国家签署了此公约，以减少双重国籍或国籍不明带来的国籍管理混乱。

然而，最初对多重国籍现象的刻意避免，在随后的发展中遇到了争议。

原因之一是，跨国婚姻的增多导致其子女根据“血统原则”获得父母双方国籍的情况增加；此外，从20世纪五六十年代起大量进入西欧各国的劳工和移民大部分选择在当地定居，其中很多人希望获得所在国国籍并实现融入，但又不愿意放弃原住国或者父母甚至祖父母原住国的国籍，从移民整合的角度来看，通过更宽松的条件以赋予公民身份的方式增进境内的外来人口融合成为很多国家现实的考虑。在这样的大环境下，经过长时间的讨论，1963年公约的《第二协议》于1993年制定，其中详细列举了多条在自动获得外国国籍时不会丧失原国籍的例外情况。然而，大多数西欧国家在2000至2010年间纷纷退出该约定，到2010年，只有荷兰一国仍然认可《第二协议》，导致该协议已经丧失了实际上的约束意义。

作为回应，欧洲委员会于1993年起着手起草一个更清晰的国籍原则指导性约定，这就是于1997年在斯特拉斯堡签署的《欧洲国籍公约》。该公约的意义在于它是一个考虑和融合了国际和各国相关法规新发展和形势的单一法规文本。尽管由于现实条件的限制，《欧洲国籍公约》在国籍的授予方面规定较为模糊，但其中详细列举和陈述了允许剥夺国籍的情况。总体来看，《公约》在约束签署国剥夺国籍权利方面做出了较明确的规定，这体现了对签约国公民权利的保护，对个人选择的尊重，在一定程度上避免了发生无国籍等权利丧失的情况。此公约于2000年开始生效，迄今已有19个欧洲国家签署，这些国家在遵循公约的基础上调整了本国公民国籍政策的制定和实施。

3.2 欧盟成员国因素的影响

作为欧盟成员国的大多数西欧国家，在移民和公民政策制定中的另一个跨民族趋势是，不得不更多地考虑来自欧盟的压力和限制。尽管《欧洲联盟条约》中规定，个人是否拥有成员国国籍完全由该国国内法律决定，“联盟公民身份是国家公民身份的补充，并不取代国家公民身份”①，但由于大多数成员国参与了申根协议，成员国的人口可自由流动，因此在实施移民和公民法规的时候不得不考虑到对彼此的影响。总的来说，影响和限制这些政策独立性的情况有下列几种：首先，当某个成员国决定将公民权赋予某一个较大的非欧盟移民群体时，可能需要事先与布鲁塞尔协商，否则可能对其他

---

① 《欧洲联盟条约》第二编“民主原则条款”第9条。参见程卫东等译：《欧洲联盟基础条约（经《里斯本条约》修订）》，北京：社会科学文献出版社，2010年，第35页。

成员国造成影响，引起负面反应；其次，成员国在违反国际法规规定的基本公共权利的情况下赋予或取消某公民资格时，可能面临其他欧盟成员国对此公民资格的赋予或取消是否予以承认的复杂问题，因而限制了成员国在此问题上的完全自由；最后，更典型的情况是公民和移民政策中普遍存在的因长期在境外居住将丧失国籍或公民身份申请资格的规定，对此规定的严格实施可能导致欧盟境内人口的自由流动受到限制。

针对这些情况，已有一些国家修改了相应规定，增加了对欧盟因素的考虑。如奥地利和意大利对欧盟公民在申请入籍时的居留时间要求比对非欧盟申请人的时间要求更短；荷兰则针对在境外永久居留将取消国籍的规定，将欧盟和欧洲经济区国家列为例外；德国自 2007 年起规定，其公民在获得欧盟或欧洲经济区及瑞士的国籍时，可以免于取消其德国国籍，与此相应，来自上述国家的公民申请加入德国国籍时，也不需要申明放弃其原国籍（Vink & Groot，2010：713 －734）。这些情况表明，欧盟境内的人口自由流动已经开始影响成员国自身移民和公民法规的制定和实施，这一领域的超国家因素的影响日益凸显。反之，要在欧盟内部完全实现人口的自由流动，也需要各成员国的进一步协调和合作，而欧盟委员会和欧盟法院等超国家机构在此领域的调节作用也有必要强化。

3. 小结：欧盟成员国公民和移民政策变化的影响因素探讨

综合来看，欧盟成员国在移民政策方面的调整和发展显现出同一化的趋势。其中，针对欧盟外的第三国移民的语言和公民文化考试和培训，提高了进入欧盟的门槛。而对已经居住在欧盟境内的人口，欧盟成员国内部的边界和差异进一步模糊，在国籍和公民身份的要求上出现了更多弹性和超国家色彩。这一现象折射出欧盟及其成员国的移民政策制定，在特定历史背景下受到社会发展、政治环境等各方面因素的影响。

首先，可以说欧盟成员国的移民和公民整合政策发展方向反映了欧洲一体化进程在司法和内务合作方面的进展。在传统政治体系中，一个国家的移民和边境管控政策是国家独立主权最为重要的组成部分之一，关系到国家利益。因此，欧盟成员国在此方面的主权让渡还显得比较谨慎和保守，也不愿意轻易放弃对移民入境以及入籍的最终决定权。然而，在欧洲一体化进程难以逆转的形势下，欧盟内部边界的完全开放使得各成员国已经无法孤立地考虑移民及整合问题，而在制定政策的时候不得不顾忌到对其他成员国的影响，以及来自欧盟层面的约束和压力，这些因素最终必然导致了欧盟各成员国公民和移民政策趋同现象的出现。从欧洲一体化的角度来看，在欧盟内部，一个对内加强融入和整合、对外加强统一筛选和把关的移民整体政策已经初具雏形。

其次，移民和公民政策的制定不仅反映了主权国家对内外政治利益的考量，也受到特定社会历史发展阶段政治和伦理观念的影响和指导。大部分西欧国家在移民政策上都经历过“较少限制—严格限制—加强调控”的发展过程：第二次世界大战后移民劳工大量涌入；20 世纪六七十年代的限制移民、遣返劳工；20 世纪八九十年代，经过尝试和调整，渐渐形成了具有各自特色的移民和公民政策理念及模式。从本文所提及的“排斥模式”“共和模式”“多元文化模式”中可以梳理出其背后所蕴含的社会、政治以及伦理观念。这些观念在相应历史时段和相应国家地区的盛行，产生了相应的政策，而当今欧盟成员国移民和公民政策的变化趋势也反映出其背后政治观念的发展。一方面，兴盛于 20 世纪 80 年代的“多元文化主义”思潮在 20 世纪末受到了多方的批评和质疑，在美、加、英等国家和地区实施多年的“多元文化主义”被批判为固化了不同族裔和文化群体之间的差别和隔阂，弱化了族群间文化交流和发展与融合的事实，难以在族裔多元的基础上形成更高层次的社会整合和统一①。对这些问题的反思使得欧洲内部原本以多元文化主义为导向的国家纷纷加强了对政治文化认同的强调，增加了移民和公民政策中的公民文化培训要求；而另一方面，过去在政策导向上以排斥和拒绝为主的国家，则在面临境内外籍人口激增的现实以及更加完善的国际公约和人道主义伦理的压力下，转而打开了封闭的大门。以研究美国移民史闻名的社会政治学家阿里斯蒂德·祖伯格（Aristide R. Zolberg）在其著作中曾提出，国内政策的制定受世界变化的影响，因此移民政策研究也应该考虑到世界体系变化的背景。而加拿大学者阿兰·卡恩斯（Alan C. Cairns）在其研究中则进一步强调国际伦理变化对理解加拿大移民政策转变的关键影响（何宗强，2006：61－67）。根据这一以伦理制度为框架研究国际移民政策的理论，可以观察到欧盟及成员国移民政策的选择和调整，从某一方面来

① 对“多元文化主义”的争论和批评可参阅李明欢：《“多元文化”论争世纪回眸》，载《社会学研究》，2001 年第 3 期，第 99－105 页；戴晓东：《加拿大的多元文化主义与文化安全》，载《现代国际关系》，2004 年第 4 期，第 23－29 页。

看，也可以说是在伦理背景转变的环境下重新调整和寻求政策合法性的行为。由此可见，欧盟成员国近期的移民政策趋势也受到当前政治伦理观念发展——强调自由和平等的国际人道主义环境以及欧洲正在兴起的公民社会政治认同整合的理论思潮——的影响。

最后，欧盟内部移民和公民政策的发展趋势顺应了当前社会全球化发展的大潮，也可以说前者是后者重要的有机组成部分。当今社会资本、商品、信息和技术资源等在全球范围的流通不可避免地带来了劳动力和人口的大规模流动，这已经成为大多数社会学家的共识。在这样的大趋势下，单个国家要通过孤立的边境和移民政策阻挡和调控人员的流动如同螳臂当车，注定难以收到好的成效。从根本上看，这是以民族主权国家为核心的政治模式对社会问题全球化应对乏力的表现。本文述及的欧盟国家国籍制度的跨民族和超国家性质的强化，也正是顺应了当前全球日渐形成的现实，即信息和交通技术的高度发达使得国际移民显现出越来越明显的“跨国化生存”趋势，人们在日益频繁穿越国界的同时，也消费着跨越国界的信息和文化产品，这些使得传统的单一民族国家身份认同受到前所未有的挑战和冲击，“归属感”和“地域”的关联日益割裂（Castles，2000：131）。实质上，广泛存在的“双重国籍”或“多重国籍”促使更多国家在客观上开始承认和容忍这种跨文化、跨民族的认同现象。当前欧盟成员国的政策调整，可以说是针对这一现象的尝试。

欧盟作为区域化和跨国化治理的范本，可以说为未来的全球问题提供了探索思路。在欧盟范围内实行统一的移民治理是否比单一国家行为更加有效？欧盟的经验和方法是否值得其他跨国组织和国际机构借鉴？这都是在全球化的大背景下关注和研究欧盟及其成员国公民和移民政策以及其发展可能具有的价值和意义。

参考文献：

何宗强. 二战后加拿大和美国移民政策的转变［J］. 国际论坛，2006（3）：61－67.

Castles, Stephen. *Ethnicity and Globalization: From Migrant Worker to Transnational Citizen* [M]. London: Sage Publications, 2000: 131.

Goodman, Sara W. Integration Requirements for Integration's Sake? Identifying, Categorising and Comparing Civic Integration Policies [J]. *Journal of Ethnic and Migration Studies*, 2010, 36 (5): 753－772.

Groot, Gerald. R. de. Conditions for the Acuisition of Nationality by Operation of Law ex lege or by Lodging a Declaration of Option [M] //Hildegard Schneider. *Migration, Integration and Citizenship: A Challenge for Europe's Future*, Vol. I. Maastricht: Forum Maastricht, 2005: 201.

Hart, Betty de, Ricky van Oers. European Trends in Nationality Law [M] //Rainer Baubock. *Acquisition and Loss of Nationality: Policies and Trends in 15 European States*, Vol. 1. Amsterdam: Amsterdam University Press, 2006: 321.

Honohan, Iseult. Citizenship Attribution in a New Country of Immigration: Ireland [J]. *Journal of Ethnic and Migration Studies*, 2010, 36 (5): 811 -827.

Koopmans, Ruud. The Post-Nationalization of Immigrant Rights: A Theory in Search of Evidence [J]. *The British Journal of Sociology*, 2012, 63 (1): 22 -30.

Tony Blair. The Duty to Integrate: Shared British Values [EB/OL]. Speech on 8th Du., 2006 at 10 Downing Street [2013 -05 -17]. http. mercury. ethz. ch/serviceengine/Files/... / 1147_ blairimmigration. pdf.

Vink, Maarten P., Gerard-Rene de Groot. Citizenship Attribution in Western Europe: International Framework and Domestic Trends [J] *Journal of Ethnic and Migration Studies*, 2010, 36 (5): 713 -734.

New Trends in the Immigration and Citizenship Policies in EU Countries and Analysis

Chen Xintong　Shi Jian

Abstract: The EU countries vary in immigration and citizenship policies due to different history and cultural traditions. Traditionally, the principles can be divided into "exclusive", "republican", and "multiculturalist" models. With social development and the problematizing of immigrant issues, the traditional models proved inefficient in integrating immigrant and ethnic populations, and failed to respond to the challenges posed by European integration movement. In recent years, the European countries and EU member states adjusted their immigration and citizenship policies, and displayed the general trends of convergence, strengthening emphasis on civic identity, and increasing transnationalism and supernationalism. This article scrutinizes these trends and tries to analyze the causes behind the changes.

Key words: European immigration; immigration policy; citizenship policy; immigrant integration; civic identity

基督教文化与儒释道文化比较
——起源与发展、核心价值观、在现代社会中面临的挑战及其应对[①]

苏德华　张贵芳

（四川大学外国语学院，成都 610064）

摘　要：基督教是西方文化的核心内容之一，基督教文化的起源和发展、核心价值观等对西方文化的形成和发展具有十分重要的影响。儒释道则是中国文化的核心内容之一，其起源和发展、核心价值观等对中国文化的形成和发展具有非常重要的影响。不管是基督教还是儒释道，它们都在不断变化的现代社会中进行自我调整，以应对现代社会对其提出的挑战，在此情况下，各种具有现代特色的新的神学派别和神学思想出现了。

关键词：基督教；儒释道；核心价值观；现代社会

西方传统文化的一大特点就是以基督教为核心，因为基督教对西方文化的形成和发展具有很大的影响；而中国传统文化的一大特点则是以儒释道为核心，因为儒家文化、佛教文化和土生土长的道教文化对中国文化的形成和发展有着决定性的作用。

基督教从耶稣（公元 1 世纪）创教伊始发展到今天已经有2 000多年的历史，对整个西方的历史发展产生了非常大的影响，可以说西方历史在很大程度上就是一部基督教的运动史。而儒家自先秦孔子（公元前 6 - 前 5 世纪）创立以来，也有2 000多年的历史。两汉之交（公元 1 世纪初），佛教传入中国，逐渐融入中国文化。到了东汉顺帝（公元 2 世纪），张道陵入川创立天师道，道教开始形成。自此之后，中国历代统治者为了巩固自己的统治，稳定社会秩序，都借鉴了儒、释、道三家的学说，故以儒释道为核心的学说为中国文化的重要组成部分。

本文分别就西方的基督教文化和中国的儒释道文化的起源与发展、核心价值观，以及它们在现代社会中面临的挑战及其应对措施进行简要的回顾，

① 本文受到四川大学中央高校基本科研业务费研究专项项目“加拿大差会在四川的传教活动及影响”（skqy201315）资助。本论文由国家留学基金资助。

以期对中西文化进行粗略概括。

1. 起源与发展

基督教和儒释道产生的时间相差几百年，在产生之后各自都沿着自己独特的路径发展。对它们的起源和发展历程进行考查有助于对它们的整体运动历史进行把握。

1.1 基督教的起源与发展

公元1世纪初，拿撒勒人耶稣在巴勒斯坦地区创立基督教，它是一个脱胎于犹太教的教派。公元313年，君士坦丁《米兰敕令》的颁布标志着基督教在罗马帝国的合法化；到公元392年，罗马皇帝狄奥多西一世宣布基督教为罗马的国教。公元395年，罗马帝国分裂为西罗马帝国和东罗马帝国两部分，东罗马帝国定都君士坦丁堡，后来的学者把它叫作拜占庭帝国。基督教在东罗马帝国逐渐发展为东正教，并在西亚和俄罗斯取得牢固的地位。到了1517年，马丁·路德发动宗教改革，创立抗议宗，即通常所说的新教[①]。

在西欧，天主教和新教势均力敌。天主教是一种上下隶属关系，最高教职为梵蒂冈教皇，下面的主教等其他教职听命于教皇。新教各教派无直接的上下隶属关系，各自为政，但都奉上帝为主，笃信耶稣。东正教的主要流行地域则限于俄罗斯及从苏联分裂出去的东欧国家。

现在全世界大约有21亿基督徒（武立波，2011：133），其信奉的主要经典是《圣经》及各卷《次经》，尤以《圣经》为主。《圣经》分《旧约》和《新约》，《旧约》主要介绍以色列的历史及与上帝的交往史，《新约》也称为《福音书》，主要介绍耶稣的福音及其门徒的传道史。《圣经》是绝大部分基督徒的必读经典。

1.2 儒释道的起源与发展

由于儒家、佛教、道教在中国起源的时间不同，所以下面分别对它们的起源与发展进行介绍。

1.2.1 儒家的起源与发展

公元前6至前5世纪，孔子（名丘，字仲尼）创立儒学，后来又得到

① 新教在中国一般称为“基督教”，而传统的基督教在中国则称为“天主教”。为了表述方便，本文中的“基督教”在宗教改革前指的是“天主教”，在宗教改革后指的是“天主教”和“新教”，但不包括“东正教”。

孟子（前4－前3世纪）、荀子（前4－前3世纪）等的完善和补充。源于东周春秋时期的儒学（亦称儒家学说）是“道家”“墨家”“法家”“阴阳家”等诸子百家之一，自汉朝汉武帝时期起，成为中国社会的正统思想。

从孔子算起，儒学绵延至今已有2500余年的历史。随着社会的变化与发展，儒家学说从内容、形式到社会功能也在不断地变化与发展。中国儒家的发展，分为先秦原始儒学、两汉儒学、宋明理学、近现代儒学四个阶段。第一阶段：克己复礼——先秦原始儒学（前6世纪－前221年）。原始儒学是由孔子开创的，其代表人物就是我们常常讲的孔子、孟子和荀子。它提出了一个理想的社会和对应这个理想社会的理想人格，并提出了许多具体的道德规范。第二阶段：独尊儒术——两汉儒学（前3世纪－3世纪初）。两汉的儒者努力想把儒学宗教化、政治化和制度化。第三阶段：理一分殊——宋明理学（10－17世纪）。宋明理学家着手于儒家形而上学的东西，同时还借鉴了很多佛、道的理论，把儒家的许多具体的解释提升到了形而上的理论层次。第四阶段：以西学解释中学——近现代儒学（19世纪至今）。近代西方思想对儒学的冲击很大，儒学开始吸收西方的理论，如儒家的仁与基督教的爱人是可以融会贯通的。

自儒学开创以来，绝大部分中国人都受到其影响，甚至可以说绝大部分中国人都是它的信徒，其经典就是所谓的“四书五经”，它是“四书”和“五经”的合称。“四书”指的是《论语》《孟子》《大学》《中庸》；而五经指的是《诗经》《尚书》《礼记》《周易》《春秋》，简称为“诗、书、礼、易、春秋”。“四书五经”是南宋以后儒学的基本书目，儒生学子的必读之书。

1.2.2 佛教的起源及其在中国的发展

佛教发源于公元前6世纪至公元前5世纪的印度，由印度王子释迦牟尼创立，在两汉之交（1世纪初）传入中国后，逐渐实现了中国化，实现了世界佛教中心由古印度向中国的转移。可以说，佛教是中国外来的宗教中中国化最成功的教派。不同时期、不同派别的佛教传入中国后，经过长期的传播发展，逐渐与中国传统文化相融合。现在，三大语系佛教在中国都存在，即汉地佛教（汉语系）、藏传佛教（藏语系）、南传佛教（巴利语系）。与藏传佛教和南传佛教相比，汉地佛教在中国历史上的地位最重要、影响最大。

佛教传入汉族地区后大致经历了五个阶段（王作安，2010：16－19）。

第一阶段是东汉和三国时期（1－3世纪），是初传阶段，其显著特征是依附性强，即把自己置于道术的保护之下生存下来并逐步发展。第二阶段是魏晋南北朝时期（3－6世纪），其显著特征是佛教开始走上相对独立的发展道路，开始形成具有中国特色的教义。第三阶段是隋唐时期（6－10世纪），其显著特征是佛教义学蓬勃发展，出现了汉语系大乘佛教所特有的宗派（有的甚至传播到国外），佛教在中国的发展达到顶峰。第四阶段是唐末至新中国成立前（10－20世纪中叶），其显著特征是佛教由极盛逐渐走向衰落。第五阶段是中华人民共和国成立至今（1949年至今），其显著特征是通过改革废除了封建特权和剥削压迫制度，寻求新的发展道路，努力与社会主义相适应。

现在全世界大约有3亿佛教徒（武立波，2011：217），中国约有2亿汉地佛教徒①，流传下来的经书可按“三藏十二部”分。“三藏”即经（说定学）、律（说戒学）、论（说慧学）；由于这些经书的经文体裁和所载的事不同，故从“三藏”分出十二种名称，通称“三藏十二部经”。

1.2.3 道教的起源与发展

道教是发源于中国、由中国人创立的宗教，所以许多人称其为“本土宗教”。我国史学界和道教界一般都认为道教形成于公元2世纪。中国上古的巫术、秦汉时代的神仙方术、起源于战国形成于西汉的黄老道学，是道教早期的思想渊源。东汉顺帝时（2世纪），张道陵入四川，创立五斗米道，又名天师道，把老子（前6－前5世纪）奉为教主，奉《老子五千文》（即《道德经》）为主要经典，这标志着道教的初步形成。史学界一般认为张道陵是道教的创始人。至于道教所崇奉的老子（太上老君），则完全是对著有《老子五千文》的古代大哲学家老子的神化（王作安，2010：22）。

道教的发展经历了从形成、昌盛到衰微的过程。道教初创时（2世纪）的重要派别五斗米道和太平道，因其教义简单、组织单纯，被称为原始道教。它注重在民间发展，发动民众起义，如太平道创始人张角发动的黄巾起义（184－192年）。从魏晋（3－5世纪）开始，道教出现两个发展方向，一种是继续在民间发展，一种是把道教引向上层，以取得合法地位，而后者后来成为道教发展的主流。南北朝时期（5－6世纪）道教开始分化为南、

① 中国汉地佛教徒的数量有各种说法，没有统一的统计数据，一般认为是1亿~3亿，这里取一中间值2亿，这个数值包括善男信女在内，其中皈依的僧侣有10万左右。

北天师道。唐朝和北宋时期（7－12世纪），封建统治者对道教大力推崇，道教由此兴盛，成为中国最有影响的宗教之一。到了元代（13－14世纪）南、北天师道逐渐合流归并为正一派。金代王重阳（1112－1170年）创立了以道为主、兼融儒释的全真派。从此，正一、全真两大教派一直流传至今。进入清代（17－20世纪初）以后，由于道教自身的原因，也由于统治者不再大力支持，道教逐渐衰落，以往的盛况不复出现。

中国现有道教徒2万~4万（武立波，2011：242），其信奉的经典主要有《道德经》（即《老子》）、《南华经》（即《庄子》）、《黄庭经》。其余各派别各有尊奉，都被收录到《道藏》之中，《道藏》是道教经籍的总集。道教经书很多，但一般道士只念诵《玉皇经》《清静经》《三官经》等。文化高一些的道士才奉习《道德经》《南华经》《黄庭经》《悟真篇》《坐忘论》《参同契》等。

2. 核心价值观

以基督教为基础的西方文化和以儒释道为基础的中国文化有着明显的差异，这些差异体现在社会生活的各个重要方面。

从社会关系来看，西方人重视契约关系，而中国人则重视宗族关系。西方文明的一大基石基督教的源头民族以色列人由于长期的动荡迁徙和人神立约，形成了善于冲破传统的进取精神和彼此合作的契约精神，而中国人长期以来的儒家思想则形成了中国人安居乐业的求稳心态和注重血缘的宗族思想。这种动与静、打破与维持、创新与保守[①]形成了中国人肯定与西方人否定的思维方式，由此成为影响中国血缘关系的维持与西方契约关系的建立的精神因素（林滨，2011：71）。

从人神关系来看，基督教倾向于否定血缘关系，认为只有上帝才和自己真正相关。基督教伦理由人转移向上帝，由人本主义转到神本主义（林滨，2011：146），是一种自上而下的关系。西方的契约关系可以从上帝与人的“立约”中找到源头。而儒家则重视血缘，以人为本，由人到神，是一种自

① 也有学者提出，这种东西文化差异源于地理和自然环境。他们认为，西方文明的源头是古希腊，古希腊与中国的自然环境不同，中国的自然环境就形塑了中华民族保守与肯定的思维特点，而古希腊的自然环境则造就了西方人创新与否定的民族气质，而否定与肯定的不同思维特点和民族气质恰恰对血缘关系的打破与维持有着不可否认的作用。参见林滨：《儒家与基督教利他主义比较研究》，北京：人民出版社，2011年，第68页。

下而上的关系。儒家强调的是一种以“忠”“孝”为核心的宗法制度。

从社会实践来看，基督教认为人性恶，儒家认为人性善，所以基督教重信仰，儒家重实践。基督教从天堂永生出发，导致了宗教与道德的密合；儒家从内圣外王出发，走向了道德与政治的联姻。因此，在伦理道德对社会秩序发生作用时，呈现出基督教“宗教化”与儒家“政治化”的显著不同（林滨，2011：207-208）。基督教所关心的是每一个个体生命和整个人类生命的终极意义的获救，而不是当下的、现世的价值；而儒学讲内圣外王，内圣是仁义道德、心性修养，外王是德治、仁政、王道。儒学实际上是政治哲学。孔子、孟子都生活在礼崩乐坏的时代，他们把救世济民作为自己的历史使命，因此，其思想与学问均围绕着一个目标，即如何建立合理、有序的统治秩序。

2.1 基督教的核心价值观

基督教的基本教义有：（1）上帝创世；（2）三位一体；（3）原罪；（4）救赎；（5）因信称义[①]；（6）灵魂与永生。从其教义可看出，上帝排在第一位，所以“爱上帝”就是首要的要求，其核心是“爱”，由“爱上帝”推及“爱人如己”。

从基督教的基本教义可以看出，基督教重视神，而不是人，因为人是神创造的，所以其道德的立足点是“爱上帝”，强调爱之神性，然后才推及“爱人”。基督教重视神的诫命，一切不是从人自身出发，而是从神出发。与儒家人的向善依靠人自身修身养性、自给自足的特点不同，基督教虽然认为人可以获得救赎，但仅仅靠自身的力量却是不行的，人只有通过耶稣基督的中介才能得救。西方文化中的人要成为神，得通过上帝的承认，单凭人自身的努力或“内圣外王”的方式是办不到的。基督教人际关系“爱人”原则的提出，与建立在现实人伦关系的基础上的儒家伦理道德不同，它是来自上帝的神圣诫命与道德律法的绝对要求。

基督教的行为要求可以从被基督教传承的犹太教的诫命来考察。犹太教的十诫如下：（1）除了耶和华之外不可有别的神；（2）不可为自己雕制和崇拜任何偶像；（3）不可妄称耶和华的尊名；（4）当守安息日为圣日；（5）当孝敬父母；（6）不可杀人；（7）不可奸淫；（8）不可偷盗；（9）不

① “因信称义”这一说法主要是新教在提倡，而天主教则不太提倡。天主教强调人的罪要通过教会这一耶稣的肢体才可获赦。

可作伪证陷害人；（10）不可贪婪他人的一切。其中，前四条诫命是关于人神关系，后六条诫命则是关于人人关系，实际上就为世俗的行为制定了伦理规范。

从基督教的神圣诫命可以看出，上帝实际上已经为他的选民制定了行为规范，与他们立了约，这实际上就为西方的契约制度奠定了神圣的基础。西方民主关系的契约是对人神关系的摹写，而西方的民主政治体制是建立在契约的基础之上的。基督徒都希望通过“成圣”与上帝和解，而“成圣”的解码器是基督教的契约伦理。因为基督教的成圣观需要一个载体去实现其理想，而契约伦理就是一种宗教礼仪和信仰生活的实现（何除，2006：147），所以，西方文化中的“契约原则”价值观可以从基督教中寻求根源。

在某些基督教神学家看来，人有善恶两重性。他们认为，人作为自然人，要在世俗世界追求物质享受，他为了自己的利益可以像动物一样伤害别人，有“作恶”的倾向。尼布尔认为这可体现在基督宗教的“原罪”观上，因为人类有先天的罪孽（徐大同，2003：389）。但作为精神人，他要在精神世界追求完善，有“行善”的倾向，这可体现在人对“上帝”的信奉上。

2.2 以儒释道为基础的中国传统文化核心价值观

在我国漫长的封建时代，儒释道是封建统治阶级的三大精神支柱（徐大同，2003：389），这就决定了儒释道在中国传统文化中的核心地位。中国发展到唐代（7 世纪），以儒为主、释道相辅的格局已经基本形成。下面分别对儒学、佛教、道教的核心价值观进行考察，然后再对它们进行综合，以得出中国传统文化核心价值观的基本内容。

2.2.1 儒学的核心价值观

儒家要求人做到“内圣外王”。儒学发源时中国正处于礼崩乐坏的社会形势之下，所以儒家的第一要务就是要解决社会纷乱问题，以求得社会的稳定。儒学要求“仁”，重视血缘关系，形成了一套基于“仁”与“血缘”的宗法制度。儒家的“仁”强调以人为本，从人性出发，儒家重视人，而不是神。儒家要求立足于现世，所谓“齐家、治国、平天下”就是要从以血缘为基础的家族开始，推而治理国家，造福天下。在儒家看来，人的向善依靠人内在的修身养性和外在的造福社会，即要求“内圣外王”。儒家的仁爱具有维护现有的人伦关系和保持社会秩序稳定的功能（林滨，2011：277）。

由于儒学对人的要求是“内圣外王”，其目的是解决当时的社会动乱问题，后来统治阶级也利用它来达到稳定社会秩序的目的，所以儒学从一开始就与政治联系紧密，儒学伦理具有一种政治取向，其道德与政治的联姻倾向十分明显。

2.2.2 中国佛教的核心价值观

对于中国人来说，除了儒学对其价值观有传统影响，佛教对其文化也有2000余年的影响，虽然绝大部分中国人并非真正的佛教徒，其宗教观念也并不十分强烈。中国人有一种"见庙烧香、见佛磕头"的习惯，佛教的教义也影响到了中国人的价值判断。

早期佛教的基本教义是：四谛圆融、诸行无常、诸法无我、涅槃寂静、有漏皆苦、十二因缘。这些教义长期影响着中国人的价值观。比如基于"十二因缘"，中国人就形成了"善有善报、恶有恶报"的观点，影响了中国人的道德价值观。

关于修行，佛教提出"六度"。度，梵语是波罗蜜多，即到彼岸，指从烦恼的此岸到觉悟的彼岸。六度是六种方法：（1）布施：分财施、无畏施和法施三种；（2）持戒：分防止一切恶行、修集一切善行和饶益有情三种；（3）忍：难行能行、难忍能忍、利乐有情；（4）精进：不懈努力地自度度他、自觉觉他；（5）禅定；（6）般若：即智慧。这些方法实际上在很大程度上影响了中国人的日常社会行为，在某种程度上为中国人的行为制定了规范（武立波，2011：219-220）。

同时，汉传佛教的特别戒律有：（1）道安以后僧徒皆以"释"为姓；（2）素食；（3）不行乞食，安居寺中修行，由寺供养；后禅宗倡农、禅兼修，僧人可务农自养；（4）受菩萨戒，唐代已有烧身供养以示愿行坚固，后渐变为燃顶（即烧香疤，现已废除）。这结戒律虽然只对佛教徒有强制作用，但对普通中国人也有参照作用。比如儒家所说的"不食嗟来之食"就与佛教的"不行乞食"相互印证（武立波，2011：220）。

2.2.3 道教的核心价值观

道教是中国土生土长的宗教，长期以来对中国人的思想产生了重要影响。在中国农村的很多地方，人死之后要"做道场"以安抚亡灵，帮助死去之人顺利通过"奈何桥"以便早日"投胎转世"。

道教的某些戒律与佛教相同：（1）不杀生；（2）不偷盗；（3）不邪淫；（4）不妄语；（5）不饮酒；（6）不得杂卧高广大床；（7）不得香油华饰；（8）不得耽着歌舞。而某些戒律却是其特有的：（1）不得违戾父母师长；(2）不得屠杀割截物命；(3）不得叛逆君王、谋害家国；(4）不得淫乱妇女；(5）不得毁谤道法；(6）不得污慢静坛；(7）不得欺孤寡、夺人财物；（8）不得裸露三光、厌弃老病；（9）不得耽酒任性、两舌恶口；(10）不得恃强逞凶、自作威福（武立波，2011：243)。这些戒律对世俗的道德规范带来很大影响，除个别宗教性特别强的戒律外，其余都与中国人的世俗道德价值观有相同的取向。如“不得叛逆君王”就要求“顺从”，不鼓励个性化发展，这与中国人长期的“奴性思想”不无关系。

2.2.4 以儒释道为基础的中国传统文化核心价值观

以儒释道为基础的中国传统文化价值观，其核心是儒家思想，以儒为主、释道为辅。儒家不强调个体性和突破性，要求听天由命。儒家以逆取顺，通过改造世界来顺应天命，顺应世界的发展趋势。佛教也是要求“随缘”。道教是以顺取逆，通过顺应规律来实现个人目的，因返本真状态（武立波，2011：241)。不管怎么说，儒释道都不要求对现状的“突破”，而是要求人们“顺应规律”“顺应趋势”，以“服从”为价值取向。

儒家强调“血缘”和“宗族”。儒家的“仁者爱人”与基督教的“爱人如己”出发点是不一样的。儒家的“仁爱”往往局限于血亲熟人范围，而基督教的“爱人”却常常囿于教徒之间。儒家的“仁爱”原则在中国封建社会成为维护封建统治的人伦之道；基督教的“爱人”在西方社会则是出自对上帝的信仰与对神圣诫命的遵从，成为达到彼岸天堂与永生的救赎之途。

以儒家为核心的中国文化重视血缘关系，以人为本，而不是以神为本，人要成圣还得从自身修行出发，故中国文化的伦理关系是一种自下而上的关系。儒家重视人，而不是神。儒家要求立足于现世，所谓“齐家、治国、平天下”。中国文化中的人要成为神就得通过“内圣外王”的途径，要注重自身修养和世俗贡献。

3. 两种文化在现代社会中面临的挑战及其应对

汤因比先生在《历史研究》一书中明确提出，任何一种文明或文化的发展都要接受挑战，文明或文化只有在挑战中才能发展。文化冲突不失为挑战的一种，而全球化时代的文化冲突已经深入文化最核心的部分，触及关乎文化存亡的最关键的保护性硬核。在这样的文化冲突面前，任何文化都必须吸收其他文化的长处与精华，并保存自身的质，兼收并蓄，才能够存在和发展，因而文化融合就成为必然的选择（林滨，2011：6－7）。不管是西方以基督教为核心的传统文化，还是中国以儒释道为核心的传统文化，在现代性的语境下都不断面对冲突，它们在冲突中倔强地生存了下来，但都经过了不断的革新，从自身内部进行改革，对自己进行新的解读。

3.1 在现代社会中面临的挑战

人类社会进入现代以后，生产力水平得到极大的提高，但是，高度发达的生产力所带来的并不都是正面的东西，它也带来了贫富不均、环境污染、精神危机、民族危机、殖民主义、强权政治等各种对人类发展极为不利的问题，而两次世界大战更如两记闷棍敲在现代人的头上。人类社会发展过程中的这些矛盾对传统的基督教文化和以儒释道为核心的中国传统文化产生了强烈的冲击。

基督教的“爱人如己”与儒家的“仁者爱人”都与现实存在矛盾。基督教的“爱人”在西方社会常常是出自对上帝的信仰与对神圣诫命的遵从，成为达到彼岸天堂与永生的救赎之途。“爱人”也常常囿于教徒之间，它的超脱性使其很难成为真正具有现实普世价值的思想。而儒家则源于其现实性无法超越血缘关系，“仁爱”往往局限于血亲熟人范围，儒家的“仁爱”原则在中国封建社会往往成为维持封建家族王朝统治的人伦之道。

同时，基督教文化与儒家文化的道德规范本身也有其逻辑上的缺憾。基督教文化的道德教育由于长期过于重视人与上帝的关系和道德的终极性而忽略了道德的现实意义，从而很难在现实上达到世俗的要求。而中国在儒家文化传统的形塑下在相当长的时期内道德与政治过于密切，在一定程度上使道德对人的发展的终极意义夭折，道德的现实性遮蔽了道德的终极性，道德很多时候仅仅是一种外在的需要，一种服务的工具，难以真正做到道德的自律（林滨，2011：12）。因此，在现代社会，让道德回归社会与人便是现代道德教育的内在诉求，也是当今时代社会与人发展的真正需要。

3.2 为适应现代社会宗教对自己的新的解读

现代社会充满了各种各样的矛盾和冲突，而这些矛盾和冲突似乎又是人类自身很难克服的，那么，宗教在这里也许能够发挥一定的作用。吕大吉认为，宗教在调剂、制约、维护超阶级的公共关系方面所发挥的社会政治作用是不能视而不见的（吕大吉，1998：708）。宗教作为人的有限性的延伸，其无限性特征似乎为人类克服这方面的困难提供了一条道路。因此，世界各主流宗教为人类在现代社会中的困境提供了相应的道路和方向。为了主持公道，宗教提出了自己的方法，力图在世上建立“上帝之国”，否则就只能是“公道毁则信仰绝”（霍布斯，1985：90）。在面临现代社会的各种冲突和矛盾时，西方的基督教文化与中国的以儒释道为核心的传统文化，不管是出于自身生存的需要还是出于对人类社会的关注，都自觉或不自觉地对自己进行了新的解读，以适应现代社会人类发展的需求。

3.2.1 基督教各种新神学派别的出现

针对现代社会发展给人类社会带来的累累伤痕，为了趋利避害，克制人的“作恶”动机，某些基督教神学家提出了他们的神学观点来克服现代社会生活中的某些弊病。基督教所蕴含的丰富的社会生态思想可以帮助人们摆正人、社会、自然之间的关系，维护世界的整体和谐，实现人类社会的可持续发展（毛丽娅，2006：257）。

自第二次梵蒂冈大公会议开始，天主教神学实现了从中世纪的“神本论”到现代的“人本论”的转变，开始以人为本，关注世俗。有的神学家致力于倡导“普世神学”和“全球伦理”，神学理论也开始与现实相结合，反映社会的呼声，出现了希望神学、革命神学、解放神学、女权神学、黑人神学、新政治神学等回应现代社会顽疾的神学思想。

希望神学反映了人在世俗方面的希望和要求。其代表人物莫尔特曼认为，人类的希望不在于彼世的乐土，而在于全人类的新的未来。因此，基督徒肩负社会政治义务，应该是在“神的应许”下改变现实社会的战士。革命神学作为一种社会政治运动，主要是基于北美和拉丁美洲天主教基层的政治解放运动。其代表人物戈尔维策尔将革命表述为“民主、权利平等和权利保障、摆脱贫困和对国家权力的恐惧、教育机会的平等、对少数民族的保护”，其神学基础是“上帝的统治是革命”（徐大同，2003：392－394）。他呼吁教会应该站在“穷苦的、不幸的人们和被弃的人们”的立场上，以便从福音中获得社会革命的目标和相应的策略。解放神学针对的是殖民主义在南亚、拉美等地区留下的殖民后遗症，开始于20世纪70年代，发源于帝国主义殖民地的南美，首先是秘鲁（陈麟书，2003：371）。在解放神学那里，上帝被打扮成革命者的上帝。解放神学强调为人民服务的理念，认为在上帝面前人人平等，这些国家也应当与西方资本主义国家一样获得独立。女权神学针对的是长期以来妇女在职场、家庭等场合受到的不平等待遇，兴起于20世纪70年代的美国，后来传到欧洲，它表达了妇女的心声。上帝被打扮成女性的上帝，并试图从《圣经》中寻找男女平等的词句，以期对男女平等进行论证。比如，她们解释说，神那无所不包的无条件的爱，体现的正是母系社会的爱。在希伯来文中，上帝的慈爱意味着“子宫”；“圣灵”一词在希伯来文中本是阴性的，到希腊文中成了中性的，只是到拉丁文中，才演变成阳性。为此，她们主张用“it”这个中性一词来指称上帝，有人甚至主张用“she”来取代“he”（徐大同，2003：398）。黑人神学针对的是黑人受到的不公正待遇，反映的是黑人的愿望，由马丁·路德于20世纪60年代在美国创立。黑人神学甚至认为，上帝并不是白人，而是黑人。新政治神学针对的是现代人重世俗而轻信仰的趋势，出现于20世纪50年代。其代表人物默茨“力图寻求一种既能参与公共知识领域的批判，又能保有基督教思想的独特语式的神学范式”。这里的“政治”并不是狭义的政治，而是广义上的社会共同事务。他举出奥斯维辛集中营作为例子，认为这一惨景给现代文明的发展及其理想蒙上了深深的阴影，“人们已不能无视那场大屠杀的场景，也不能无视第三世界中穷人和被压迫者那无言的苦难”（徐大同，2003：399）。

这些基督教现代神学思想的一个共同特点就是，他们都旨在克服伴随现代社会出现的各种社会顽疾，力图从宗教的角度来协调人类社会的现代生活，它们都体现了基督教对现代社会发展的以人为本的深深关切。

3.2.2 儒释道在现代社会中的新思想

传统儒学在现代社会中究竟有没有价值，有些什么价值？有一些学者从维护和发扬儒家思想出发，对“儒学”作了充分肯定。例如现代新儒家认为，从内圣之学可以开发出适合现代民主政治的“外王之道”，而且儒家的“心性之学”可以发展出认识论的系统。他们认为，“三纲五常”仍有其价值。还有一些学者认为，儒家学说在五四时期已被否定，今天再把它推到至高的地位，无疑是历史的倒退。

针对儒学的这种褒贬不一的观点，汤一介先生对传统儒学在现代社会中的价值提出了这样的看法：第一，任何历史上的思想文化没有绝对正确，其自身往往包含着内在矛盾，儒学也是一样。因此，“儒学”必然在某些方面存在历史的局限性，不能适应现代社会生活的要求。即使是其中的精粹部分，也往往要给予现代的诠释。第二，虽然思想文化在不断发展，但是古代哲学家提出的哲学问题和哲学思考，并非都不如今天，有些问题可能是万古常新的。例如，中国哲学中讨论的“天人关系”（人与自然关系）的问题，仍然是我们现代中国哲学讨论的主题之一。第三，任何文化要在历史长河中不断发展，必须不断地吸收其他民族的文化，相互交流，特别是在全球化的今天。在全球化的形势下，我们必须充分地、系统地吸收和消化西方文化和其他各民族的文化，中国学术文化才能适应人类社会发展的要求和我们民族自身的新发展。因此，我们的文化必须是民族的又是世界的。第四，要有文化的主体性，任何一个民族的文化必须扎根在自身文化的土壤中，只有对自身文化有充分理解和认识、保护和发扬，它才能适应社会合理、健康发展的要求，它才有深厚地吸收其他民族文化的能力（汤一介，2015）。基于以上看法，他认为，要对"儒学"进行分析，也许可以从不同角度来看待它。他提出从三个角度来看"儒学"，即政统的儒学、道统的儒学和学统的儒学。"政统"的儒学，是指儒学曾长期与中国历代政治结合在一起，无疑它对封建集权专制统治起过重要作用。"道统"的儒学，是指任何一个成系统、有历史传承的学术文化派别，其学术文化的发展和影响，必有其传统，西方如此，中国也是如此，中国历史上有儒、释、道三家，都有其传统。"学统"的儒学是指其学术传统，是指它的学术理念，也许在这方面，儒学的正面价值比较多，它可以为人类社会提供比较有意义的思想资源。

佛教界在面对现实社会中的各种矛盾时提出了"人间佛教"，认为人人都应享有现代化的果实。"人间佛教"是近代佛教运动的一种，是于民国初年（20 世纪 10 年代）开始因应儒家伦理、基督教慈善、科学思潮的一种佛教运动。"人间佛教"注重入世而非出世，重视利他而非自利，更注重度生（照顾活着的人）而非度亡（超度已去世的人）。人间佛教创始人太虚大师在《怎样来建设人间佛教》中明确了"人间佛教"的真正意义："人间佛教，并非表明教人离开人类去做神做鬼，或皆出家到寺院山林里去做和尚的佛教，乃是用佛教的道理来改良社会，使人类进步，把世界改善的佛教。"使近代佛教人间化、革命化的先导们，首先认为佛教不是无为的、消极隐退的宗教，而是救国救民的、入世致用的宗教；不是隐遁自修、息隐山林的"死的佛教"，不是超度亡灵的"鬼的佛教"，也不是个人祈福的工具，而是与近代中国政治、经济、文化息息相关的大有作为的部分，其包含的思想价值和精神潜能是不可替代的（韩凤鸣，2015）。现代佛教界的"人间佛教"，十分重视人们现实生活的改善和人类社会的建设，重视处理好入世与出世、做人与成佛、世俗生活与宗教生活的关系，处理好佛教与国家、社会、政治、经济、科技、文化等的关系，对促进人类社会的和平与发展无疑会起到积极的作用。人间佛教认为人类应当与自然和谐相处，以保证人类社会的可持续发展。

道教界提出的“人间道教”与“人间佛教”一样，从某种程度上消解了宗教与世俗之间的对抗和冲突，提出要更加关注现世性的世俗生活，从而建立一个人、社会、自然三者更为和谐的世界。

从政治的层面来讲，中国政府在处理宗教问题时也力求把宗教引到社会建议这一方向上来。江泽民在全国统战工作会议上提出的“三句话”标准成为这一时期处理宗教问题的准绳和原则。这标志性的三句话就是“一是全面、正确地贯彻党的宗教信仰自由政策，二是依法加强对宗教事务的管理，三是积极引导宗教与社会主义社会相适应”。其核心是“积极引导宗教与社会主义社会相适应”，同时也指出了党的基本宗教政策和以法制为手段的管理方法。胡锦涛后来提出的科学发展观、尊重和保障人权、构建和谐社会等思想，也要求在新形势下充分调动信教群众社会主义建设的积极性，共同构建和谐社会。

参考文献：

陈麟书，陈霞. 宗教学原理［M］. 北京：宗教文化出版社，2003.

韩凤鸣. “人间佛教”的历史逻辑［EB/OL］.［2015－06－18］. http://foz. xuefo. net/show1_ 24956. htm.

何除. 基督宗教之成圣观与契约伦理［M］//何除，林庆华，主编. 基督教与道教伦理思想研究. 成都：四川大学出版社，2006.

霍布斯. 利维坦［M］. 黎思复，黎廷弼，译. 北京：商务印书馆，1985.

林滨. 儒家与基督教利他主义比较研究［M］. 北京：人民出版社，2011.

吕大吉. 宗教学通论新编［M］. 北京：中国社会科学出版社，1998.

毛丽娅. 试论道教与基督教的社会生态思想［M］//何除，林庆华，主编. 基督教与道教伦理思想研究. 成都：四川大学出版社，2006.

手岛佑郎. 犹太教起源［EB/OL］.［2013－05－08］. http://book. sina. com. cn/longbook/1098758717_ youtairen/78. shtml.

汤一介. 儒学的现代意义［EB/OL］.［2015－06－18］. http://www. gmw. cn/01gmrb/2006－12/14/content_ 521953. htm.

王作安. 中国的宗教问题和宗教政策［M］. 北京：宗教文化出版社，2010.

维基百科.［2015－6－18］. http://zh. wikipedia. org/wiki/% E4% BA% BA% E9% 96% 93% E4% BD% 9B% E6% 95% 99.

武立波. 世界宗教十三讲 [M]. 北京：中国物资出版社，2011.
徐大同. 现代西方政治思想 [M]. 北京：人民出版社，2003 (12).

A Comparative Study of Christianity and Confucianism, Buddhism, and Daoism: Their Origin and Development, Core Values, and Approaches to the Challenges in the Modern Society

Su Dehua　Zhang Guifang

Abstract: Christianity is one of the major elements in Western culture, and its origin and development, core values have exerted a great influence upon the formation and development of Western culture. Confucianism, Buddhism and Daoism, on the other hand, are among the major elements in Chinese culture, and their origin and development have exerted a great influence upon the formation and development of Chinese culture. In the ever changing modern society, all these religions are adapting themselves to meet the challenges in the modern world, which results in the burgeoning of various new religious denominations and theological ideologies.

Key words: Christianity; Confucianism; Buddhism; Daoism; core value; modern society

俄罗斯科学院改革焦点分析

池济敏

（四川大学外国语学院，成都 610064）

摘　要：2013 至 2014 年俄罗斯学术界最轰动的事件莫过于俄罗斯科学院改革。这一充满争议的改革由政府自上而下推动，在学术界引起了轩然大波。改革将如政府所愿，推动俄罗斯科学技术的腾飞，重振古老的俄罗斯科学院的辉煌，还是如学者们担忧的那样，导致俄罗斯科学的突然死亡？推行改革的激烈方式和剥离研究所、剥离科学院财产这三大焦点引发了政府、科学院以及社会各界的激烈争论。

关键词：俄罗斯科学院；改革；焦点分析

2013 年 6 月 27 日，俄罗斯政府总理梅德韦杰夫向议会提出了科学院改革法案。在学者们强烈的抗议声中，这个声势浩大的改革法案在 3 个月之后迅速通过了议会的审议并由总统签署，开始实施。

改革法案的主要内容如下：俄罗斯科学院、农业科学院和医学科学院合并组建为新的俄罗斯科学院；保留科学院的 3 个地方分院——乌拉尔分院、西伯利亚分院和远东分院。而除此之外的所有科学院下属研究所都将移交给新成立的联邦科学组织署管理。该机构代表政府管理新成立的科学院的所有财产和经费，批准国家的基础研究项目，分配项目经费，评估科研成果。普京任命曾担任财政部副部长的米哈伊尔·科久科夫担任联邦科学组织署署长。新科学院的定位是：为国家的科技政策提供建议，开展基础研究，参与制订和协调国家长期基础科研计划。国家机关不得插手科学院的科研活动。

改革后的科学院实质上被架空。在看似享有了更多学术自由的外表之下，却变得几乎一无所有：失去了原来自己名下的房产、土地，无权支配财政经费，甚至无权评估科研成果。人数上也从 10.4 万人减少到在莫斯科的 300 人和地方分院的不到 200 人。原属科学院的 501 家研究所，连同包括院士、通讯院士在内的学者们一起被移交给了政府机构——联邦科学组织署。俄罗斯科学院从一个利益错综复杂的庞大的科学王国变成了一个纯粹的学术机构。

1. 改革原因

俄罗斯科学院成立于 1724 年，由彼得大帝下令设立。从 20 世纪 80 年代开始，科学院就不断受到来自政府以及社会各界，尤其是科学界人士的批评。批评的主要内容包括科学院机构官僚保守、故步自封，科学院领导夜郎自大、自以为是，有不少经费获取得不正当、使用不透明，科研产出能力低下等。多位政府高层官员也表达过对科学院管理体制和科研水平的不满。多年来，科学院改革不时地被提出来，这也一直是教科部与科学院矛盾的焦点。2006 年教科部就提出要取消科学院这个垄断机构，把它变为一个社会组织——“学者俱乐部”，同时剥夺它们对财产和经费的管理权，把科学院管辖下的研究所全部划归一个新成立的国家机构——联邦基础研究署（Таратута Ю.，2006）。也就是说，这次改革的主要内容早在七年前就已经成形。

2012 年 3 月 22 日普京表示，科学的“苟活期”已经结束。2012 年夏天，梅德韦杰夫提出要改革科学院管理体制。2013 年，普京表示，科学院改革已经到了刻不容缓的地步。在这样的背景下，改革的步伐明显加快了。俄罗斯科学院在国际学术界究竟处于什么水平？为什么亟须改革？

1.1 学术水平止步不前

2011 年 10 月，中国科学院与俄罗斯科学院的专家在北京召开了有关两国科学院历史比较的研讨会。俄科院科学与社会中心主任阿谢乌洛娃在报告中指出，近 20 年俄罗斯的科学发展可分为 4 个时期，即危机期（1991 - 1995）、转型期（1996 - 2001）、停滞期（2002 - 2005）和新的改革时期（2006 - 2011）。科学界的变化体现于科研管理方式、拨款主体、国家对科研的资助、科研奖项的申报、国际学术交流等方面。她认为俄罗斯科学经历停滞期后发展较快，但科研现状仍令人担忧（郭金海，2011：572 - 573）。

2013 年 6 月 28 日，就是梅德韦杰夫向议会提出科学院改革法案的第二天，俄罗斯教科部的官方网站转发了俄罗斯政治情报中心主任阿列克谢·穆欣发表在《独立报》上的文章《学者应该从事科学，科学院需专注于主业——科学研究》。文中穆欣用详细的数据说明了当前俄罗斯科学院的严峻状况：

（1）科研论文发表的数量和引用率偏低：俄罗斯科学院的学者发表论文的平均数量在世界 145 个国家中位列第 120 名。2003 至 2007 年，俄罗斯科学院的科研人员人均发表论文 1.43 篇/年，比不上法国（10.11）、德国（9.17）和中国（2.81），甚至落在印度、韩国之后。此外，俄罗斯学者每篇论文的平均引用次数为 3 次，而美国学者每篇论文的平均引用次数为 13 次。1996 至 2009 年间，俄罗斯学者论文的平均引用次数在全世界排名中列第 77 位，甚至排在非洲国家尼日利亚之后。俄罗斯科学院主席团中，绝大多数院士因计量指标低于 45，甚至进不了美国科学院的 H 指数（科学计量指标——论文数量和被引用数量）。俄罗斯科学院前任院长尤里·奥西波夫的 H 指数仅为 13。唯一进入美国科学院 H 指数的俄罗斯科学家是俄罗斯科学院副院长阿尔费罗夫，他的 H 指数为 53，是俄罗斯学者中最高的。

（2）学者老龄化现象严重：如今俄罗斯科学院院士中超过一半在 75 岁以上，526 名院士中低于 70 岁的只有 146 人；通讯院士的平均年龄是 66 岁；博士的平均年龄 62 岁；副博士的平均年龄 50 岁；无学位的科研人员平均年龄 40.4 岁；前任科学院院长奥西波夫 76 岁，现任院长弗尔托夫 67 岁。这样的平均年龄不仅高于其他国家的科学院，也高于俄罗斯苏联时期和十月革命前的科学院。本应是中坚力量的年轻学者在这样的环境中看不到前途，只好到国外谋求发展。这也是造成俄罗斯高水平科研人员流失的原因之一。

（3）管理低下导致投入产出比不高：正如总理梅德韦杰夫指出的那样，俄罗斯基础科学处于停滞状态。尽管科学家们在各个领域取得了一些重大的成就，但科学院的管理体制还停留在 20 世纪三四十年代。每 100 万美元财政投入的科研成果产出仅为德国的四分之一。鉴于俄罗斯科学院的这种现状，穆欣认为，俄罗斯科学发展的最大症结是人为造成的，应归咎于俄罗斯科学院低效率的运行机制和管理体制，因此，对俄罗斯科学院进行重大改革势在必行（Алексей Мухин，2013）。

1.2 科学院财产失控

事实上，学术水平只是一方面。让政府更为不满的是科学院各研究所手中掌控着巨额的房产、土地等资源。这一块“自留地”是研究所自己的小金库，也成为政府要着力打击的腐败的温床。

俄罗斯副总理戈罗杰茨说：“统计署的资料显示，今天的俄罗斯科学院有大量联邦财产和土地都被挪作他用。”“有 56% 的不动产甚至没有登记在册。仅原俄罗斯科学院一家就有 26 万公顷的土地，平均每名员工 2 公顷土地。仅在莫斯科一地，科学院的各研究所就有数百栋房产。”“这些地块上建起了售价昂贵的高档商品房。还有的房产被用以出租谋利。”她一再强调：“俄罗斯科学院不是做生意的场所，而是进行科研的地方。”（Ольга Голодец，2013）2014 年 4 月 28 日，俄新社报道，俄罗斯总检察长恰伊卡宣布，“在去年对俄罗斯科学院进行的检查中，发现了大量非法使用国有房产的情况：相当多的科学院单位没有将国有房产用于科学目的，而是违法将其出租给无关单位。科学院的住房基金也没有专款专用，而是用于投资。这对国家利益造成了损失。在检查中发现的行政违法已立案120起，追究刑事责任2起。”（Алексей Наумов，2014）

在这样的背景下，政府必须快刀斩乱麻，迅速改变局面。

2. 改革焦点

几乎所有人都认为科学院改革势在必行，可是为何这场改革会在学术界引起轩然大波，以至于在学者们眼中，它不啻为一场灾难？各地科学院的学者们纷纷通过各种渠道发出愤怒的声音。他们还举行了多次抗议集会，将鲜花铺在俄罗斯科学院门前，象征着这一由彼得大帝创立的学术机构的葬礼。他们抬出了一口棺材，棺材上写着“俄罗斯科学”。为科学院立的墓碑上写着：1724－2013。改革各方矛盾的焦点何在？

2.1 剥离研究所

把研究所从科学院剥离出来正是这场改革中争议最大的焦点。剥离了研究所的俄罗斯科学院在结构上类似于西方国家的科学院。例如，美国国家科学院就是一个科学家的荣誉性自治组织，其下不设研究机构，以国家研究委员会（NRC）为执行机构。由此看出，俄罗斯政府试图借鉴西方科学发展的成功经验，从根本上改变科学院陈旧的运行模式，以重振俄罗斯科学。

如何看待这一举措，俄罗斯学者中也出现两种观点。俄罗斯教科部科学委员会主席、莫斯科大学副校长、俄罗斯科学院院士阿列克谢·霍赫洛夫认为，剥离研究所对科学院而言并非灾难，这反而能让科学院站在更高的水平之上规划俄罗斯的科学事业，使之成为俄罗斯科技发展的智库，因为他们在做判断时将有更大的独立性，无须考虑为自己下属的研究所谋利。高等鉴定委员会（BAK）主席菲利波夫也认为，支配财产与科学发展并无必然联系。苏联时期的科学院不经政府允许也无权支配财产，而苏联时期的科学状况并未因此恶化。可是大部分俄罗斯学者对此反应非常强烈，他们质疑管辖826个科研机构的科学组织署的专业性，认为这不过是一个从事会计核算与统计的机构，其领导人也完全没有管理科学的经验，这样何以能领导研究所开展科研工作？有意思的是，俄罗斯学者纷纷以中国科学院为例，他们认为，与俄罗斯科学院结构相似的中国科学院近年来取得了不错的成绩，这说明现有科学院的组织模式并不落后，无须对此进行改革。

2.2 剥夺科学院的财权

把科学院的财产经费全部交由联邦科学组织署管理，政府的用意显而易见，就是要将财权重新收归政府。正如教科部部长利瓦诺夫所称："联邦财产由半国家机构——科学院主席团支配，这当中出现了严重的滥用情况。我们把这些功能交给联邦机构，就能保证100%地监控联邦财产的依法使用，100%地保障其合理使用。"（Александр Натрускин，2013）

这一举措对科学院来说无异于釜底抽薪，它不仅失去了获取外快的房地产、土地，连独立支配财政拨款的权力也被收走。此举的效果也已经开始显现。2013年10月18日西伯利亚分院宣布单方面废止一份价值3.86亿卢布的建筑合同。该合同标的为修建两栋10层青年学者住宅楼，共240套公寓。科学院方面的解释是，由于改革原因，从2013年9月30日起，该院已没有经费支配权。通过竞标获得该项目的建筑公司就此上诉至新西伯利亚州仲裁法院，不过最终败诉。

按照科学院院长福尔托夫的说法，改革后科学院面临的主要问题仍然是发展经费不足。"无论研究所属于科学院还是科学署，需要首先解决的问题是基础设施问题。房屋及其取暖系统、图书馆、科研设备等都老化了。最严重的问题是科研人员的工资。研究所科研人员的平均工资是3万卢布（约882美元）。而总统要求将其提高到地区平均工资的2倍。也就是说，在莫斯科我们平均应支付给研究所科研人员10万卢布。在改革中我们什么都看到了，就是没有看到这些问题的解决方法。"（Александр Натрускин，2013）

一边是科学院叫穷，一边却是政府埋怨国家科学的高投入没有达到高效率的产出。《俄罗斯报》文章称："统计结果显示，尽管近年来俄罗斯联邦预算中科研经费的投入增加了不少，用于民用科研的经费从2000年的170亿卢布，增加到了2014年的3 660亿卢布，可是俄罗斯学者每年的成果数量却基本持平。"（Аркадий Симонов，2014）对此，俄罗斯科学院副院长弗拉基米尔·伊万诺夫辩解道："国家对基础科学的投入从2003年占GDP的1.29%减少到了2012年的1.12%。说什么科研经费增长了数倍，达到了3 660亿卢布，这不过是个狡猾的数字游戏。增长的大头是用于高校购买设备以及工程配套，而实际用于基础研究的部分，去除通货膨胀因素，实际上多年未变。整个科学院的预算仅仅相当于美国一所中型大学的预算。在研究中投入多少，才会在一流杂志中收获多少。科学中不会有奇迹。”（Аркадий Симонов，2014）巴维尔·米纳基尔院士也认为：“国家给予现在这 3 个科学院[①]的总额占联邦预算不到 0.7%，而这当中的 75% 是用于工资税收和公共开支。也就是说用于设备仪器、考察、出版、会议、试验等的科研活动的费用，总共只占联邦开支的 0.2% 左右。”（Павел Минакир，2013）

2010 年，时任俄罗斯总统的梅德韦杰夫发起建设“俄罗斯的硅谷”——斯科尔科沃创新中心，旨在推动研究成果转化为高新技术。政府为之投入了大量资金：从 2013 至 2020 年预计共投入1 252亿卢布。2013 年投入 243 亿，2014 年 230 亿，2015 年 183 亿。在学者们看来，政府对这个产出低下、腐败横行的项目如此大方，却忽略了国家的传统科学。2014 至 2015 年度俄罗斯科学院的财政拨款为1 112亿卢布。也就是说，国家对科学院下属共 468 个科研机构的总投入还不及一个项目的投入。

2.3 疾风暴雨式的推行方式

2013 年 6 月 27 日，改革法案一经宣布，立刻在学术界引起轩然大波。在此前，无论是科学院主席团成员还是普通员工都对此毫不知情。此时，激怒学者们的与其说是激进的方案内容，不如说是政府无视被改革利益方的专制方式。科学院在第二天召开的主席团会议上明确表示：“俄罗斯科学院主张改革，但是坚决反对以某种极端和破坏的形式强加给自己的改革。”

事实上，科学院一直在试图进行一种和风细雨式的内部改革。早在 2001 年 11 月的科学院全会就提出，为了顺应新世纪的科学发展形势和国际大环境的要求，科学院需要进行大规模的改革。但这十多年来并未看到大动作。2012 年俄罗斯科学院海洋学研究所所长、科学院主席团成员罗伯特·尼格马杜林院士曾致信所有主席团成员，提出自己对改革科学院管理体系的建议。他指出：“政府已经发出强烈信号，要进行科学院管理体制的改革。如果这场改革不由科学院自己来主导完成，而由政府官员主导，将对科学造成很大损失。”（http://www.dal.by/news/109/04-07-13-8/）可是科学院显然没有重视这一呼吁，或者说无法对此做出应有的回应。事实上，由于学者的老龄化，科学院全会渐渐失去权威性，有时到会人数尚不足三分之一。前科学院院长奥西波夫承认，就是想修改科学院章程，也凑不够投票必需的

① 指合并前的俄罗斯科学院、俄罗斯农业科学院和俄罗斯医学科学院。

最低有效人数。

眼看科学院始终无力进行有效的自身改革，政府决定果断出手，自上而下来迅速推动。虽然此间面对学者们的强硬抗议，政府做出了一些让步，普京也多次出面协调。但是政府改革的立场始终强硬不变，方案始终没有大的改变。在国家杜马二读审议法案之前，普京分别会见了俄罗斯医学科学院院长杰多夫、莫斯科大学校长萨多夫尼奇、院士普里马科夫、俄罗斯科学院前任院长奥西波夫、俄罗斯农业科学院院长罗曼年科等学术界核心人物并听取了他们对法案的意见。7 月 4 日俄新社报道，政府与学者们之间找到了“共同点”，争论步入了“理性的轨道”。总统办公厅主任别斯科夫宣布，在会谈的基础上，总统及其办公厅形成了一系列修改意见，“从技术上考虑了学术界领导们提出的合理建议”，但“改革本身没有被否定，也无可争议，只是有一些模式和细节被建议修改”（РИА Новости，2013）。

9 月 18 日，国家杜马对法案进行第二次审读，又紧接着进行了第三次审读，并以 331 票赞成、107 票反对、1 票弃权通过了俄罗斯科学院改革法案。随后的 9 月 25 日，法案迅速通过了联邦委员会审议，9 月 27 日由总统普京签署生效。与此同时，普京还签署了成立联邦科学组织署的命令。最让学者们感到不安的是，这个科学院财产的大“管家”并不是之前普京曾提议的由科学院院长福尔托夫兼任，而是由曾任财政部副部长的米哈伊尔·科久科夫担任。学界一片哗然，因为“外行”的官员史无前例地当上了学者们的领导。

学者们对这次改革不满的另一原因是，此前俄罗斯国防部也进行了一场类似的改革，同样是为了让军人专注于战备，将其后勤保障划归“俄罗斯国防服务公司”管理。2012 年，该公司大规模腐败案的曝光直接导致原国防部长谢尔久科夫被总统解职。学者们担心这场本是为遏制腐败的改革又成为新的腐败的开端。改革的后果将会是科学院财产被变卖，学者被解雇，俄罗斯科学毁于一旦。俄罗斯科学院副院长、诺贝尔奖得主阿尔费德尔痛心地说：“消灭科学院，是对国家科学发展最严重的打击。而那些始作俑者将被写入俄罗斯科学史的黑名单。”（http://www.gazeta.ru，25.12.2013）

3. 墙里墙外看改革

这项改革也引起了其他各国学者的关注。2013 年 7 月 3 日，在科学界享有极高威望的《自然》杂志发表题为《俄罗斯轮盘赌——无协商的改革将毁掉俄罗斯科学院》的文章。文章指出，一些熟悉西方的俄罗斯科学家也承认，普京的此次改革其实是有益的。实际上，此次改革有可能建立一个与美国和许多欧洲研究所相似的灵活的学术体系，其主要任务是为政府提供科学建议。而为科学院和研究所注资的任务将由一个类似于德国马克斯·普朗克协会的新机构承担，如果该机构顺利运行，将会为俄罗斯基础科学提供急需的思想和动力。但是，这样彻底性的改革，如果想要贯彻实施，普京本该投入更多的时间和准备。俄罗斯科学院是个有着55 000多名科研人员的庞大机构，这么多人是不可能在一夜之间就成功转型的。

为使俄罗斯经济摆脱“能源依赖”，普京政府迫切希望发展高新技术以及创新产品。尤其是在俄罗斯经济低迷的情况下，政府寄希望于曾创造辉煌的俄罗斯科学院，借鉴美国、德国、法国等发达国家科研机构的模式，试图通过去行政化、去官僚化的方法为古老的俄罗斯科学院注入新的发展活力。正如莫斯科大学校长萨多夫尼奇院士在 2014 年 3 月的科学院全会上所说：“没有强大的科学，俄罗斯就没有未来。我们所有人都应该认识到，经济还在吃老本。而我们的信息技术 93% 依赖进口。这样的依存度对于国家安全是个巨大的危险。我们大量的工艺落后了，只有科学才能扭转局面。”（Юрий Медведев，2014）不过，这场疾风暴雨式的大变革能否拉动科学院这辆古老的三套车，还需要时间的检验。

科学院改革法案通过之后，俄罗斯政府随即推出了一系列促进科学发展的举措。2013 年 11 月，普京签署“俄罗斯科学基金”法案。基金用于支持基础研究和搜索研究，发展在某些领域有研究优势的科学团体，尤其是资助一些中长期的科研项目（3 –7 年）、经费需求大的综合性科研项目（500 万 –2 000万卢布）。俄新网 2013 年 12 月 20 日报道，俄罗斯总统普京在总统科学教育委员会会议上表示，未来 3 年将通过俄罗斯科学基金投入近 480 亿卢布发展基础科学。普京说：“仅未来 3 年将通过基金投入近 480 亿卢布发展俄罗斯基础科学。”2014 年投入 114 亿卢布。他说：“至于联邦专项计划用于科学的开支，它们应该集中到扶持应用科学、创造具体科学研究上。”此外，俄罗斯还有两个成立于 90 年代初的科研基金：俄罗斯基础研究基金（РФФИ）和俄罗斯人文科学基金（РГНФ）。这两项基金 2013 年资助的总预算分别为 80 亿卢布和 15 亿卢布。

值得一提的是，近年来中国科学迅猛发展的成功经验和对科学人才的求贤若渴时常被俄罗斯学者用作参照物，与俄罗斯进行对比。中科院外籍院士，2000 年诺贝尔物理奖得主，俄罗斯科学院副院长若·阿尔费罗夫院士对俄国媒体说："中国的科学院是按照我们的模式并且在我们的积极参与下建立起来的。他们成功地进行了自身的改革，建立了科学院大学模式。在中国没有人想把科学院变成杰出学者的俱乐部。"（Соснов Аркадий，2014）俄罗斯学者们对中国重视知识、重视人才的政策表现出很大的向往。2013 年 11 月，俄罗斯科学院西伯利亚分院青年学者委员会对年轻学者的一份调查报告中提到，在这场改革推行的过程中，俄罗斯一些科研中心和学者收到了很多来自中国、韩国、日本的邀请信，邀请他们去自己国家继续进行科研工作（Ольга Колесова，2014）。西伯利亚科学城主页上刊登的文章《俄罗斯学者在装箱》中提到："中国今天有大规模的科技园正在吸引来自全世界的优秀科学家带着自己的团队来工作。中国政府准备为他们提供工作场地、满意的薪水和舒适的住房。西伯利亚科学城的一些研究所已经受到邀请，邀请整个科研团队搬迁到已建成的中国科技园。"（Олег Носков，2013）

与之形成对比的是，2014 年 5 月 12 日，科学院的官方网站以《计划在 7 月裁员》为题转发了俄塔社的新闻。新闻说，成立于 1957 年的俄罗斯科学院西伯利亚分院将于 2014 年 7 月缩减 180 名员工，而裁员是在"改革的框架内依法进行的"。

在俄罗斯科学院远东研究所副所长、中国问题专家卢贾宁看来，中国的成功在于"儒家思想尊重知识。这不但已进入中国人的血脉，今天这还成了国家政策和长期战略。而与此同时，俄罗斯当局却还在争论俄罗斯是否需要科学。这就是方法论上的差异"（Александр Чуйков，2014）。

俄罗斯科学院的改革艰难地起航了。这艘大船在这次改革中是乘风破浪、再创辉煌，还是陷入停滞，尚待时间的检验。

参考文献：

郭金海. 中俄科学院历史比较研讨会综述［J］. 中国科技史杂志，2011（4）：572 - 573.

俄罗斯轮盘赌：改革而无磋商将毁掉俄罗斯科学院［EB/OL］.［2014 - 03 - 12］. http://www.ltaaa.com/wtfy/9629.html.

Голодец, Ольга. РАН - место не для бизнеса, а для научных исследований［EB/OL］. ИТАР - ТАСС, 2013 - 07 - 03［2013 - 07 - 04］. http://itar - tass.com/obschestvo/628382.

Колесова, Ольга. Чемодан, вокзал. Реформа РАН вызвала у молодых желание уехать

[J]. // Поиск, No. 2014 (04 – 05), 31. 01. 2014.

Медведев, Юрий. Три головы лучше – Вчера общее собрание Российской академии наук приняло новый устав РАН [N]. // Российская газета, 28. 03. 2014.

Минакир, Павел. Что останется после блицкрига? [J] // Эксперт, No. 43 (873), 28. 10. 2013.

Мухин, Алексей. Ученые должны заниматься наукой / РАН нужно сосредоточиться на главной задаче – проведении научных исследований [J]. // Независимая газета, 28. 06. 2013.

Натрускин, Александр. Ливанов: контролировать имущество РАН будет государственное агентство [EB/OL]. РИА Новости, 2013 – 07 – 01 [2013 – 07 – 04]. http://ria. ru/science/20130701/946904182. html.

Натрускин, Александр. Фортов: реформа РАН не решает главных проблем российской науки [EB/OL]. http://ria. ru/science/20140205/993155107. html.

Наумов, Алексей. Уголовные дела возбуждены после проверки РАН [EB/OL]. РИА Новости 2014 – 04 – 28 [2014 – 05 – 04]. http://ria. ru/incidents/20140428/1005804765. html.

Носков, Олег. Российские ученые пакуют чемоданы [EB/OL]. 2013 – 10 – 10 [2013 – 11 – 01]. http://academcity. org/content/rossiyskie – uchenye – pakuyut – chemodany.

Симонов, Аркадий. Кривая не вывозит – Российская наука опускается все ниже в мировом рейтинге [EB/OL]. Российская газета, 2014 – 04 – 23 [2014 – 04 – 25]. http://www. rg. ru/2014/04/23/rejting. html.

Соснов, Аркадий. Жорес Алферов: С нами лучше не шутить [J]. // Поиск, No. 2013 (14), 05. 04. 2013.

Таратута, Ю. Академический роспуск. РАН может превратиться в клуб ученых. // Коммерсантъ, No. 112 (3443), 23. 06. 2006.

Чуйков, Александр. Российско – китайский《каток》[N] // Аргументы Недели, No. 17 (409), 15. 05. 2014.

Путин после встречи с учеными предложил поправки в закон о реформе РАН [EB/OL]. РИА Новости, 2013 – 07 – 04 [2013 – 07 – 05]. http://ria. ru/science/20130704/947620137. html.

Имена будут вписаны черными буквами в историю науки России [EB/OL]. [2014 – 03 – 12]. http://www. gazeta. ru/science/2013/12/25_ a_ 5817565. shtml.

У нас самая эффективная наука в мире, а чиновничество – позорное [EB/OL]. [2014 – 08 – 12]. http://www. dal. by/news/109/04 – 07 – 13 – 8/.

The Analysis on the Focal Points of Reform of Russian Academy of Sciences

Chi Jimin

Abstract: The most sensational event in Russian academia in 2013 – 2014 is the reform of Russian Academy of Sciences. The government pushed forward with a controversial reform which caused such a stir. Can the reform succeed in prompting the development of Russia's science and technology, regaining the former glory of Russian Academy of Sciences, or lead to the stagnation of Russia's science and technology? The intense way of reform, research institute stripping and RAS's asset stripping triggered the fierce argument among the government, RAS and different sectors of the society.

Key words: Russian Academy of Sciences; reform; analysis on the focal points

论美国修辞批评研究的学术标准
——兼论西方人文研究的学术评价要素和发展启示[①]

龚 杰

（四川大学外国语学院，成都 610064）

摘 要： 西方修辞学作为西方最古老的人文学科，历经了两千多年不断丰富拓展的深刻演变过程，并在20世纪后期迎来了具有标志性意义的学术复兴和学科繁荣。国内对西方修辞学的研究仍处于发展阶段，对其理论研究和批评实践的学术规范相对陌生，而美国修辞学研究处于当代西方人文学术前沿，其关于修辞批评学术标准的讨论对国内洞悉其学术动态和发展前景具有重要参考价值，对提升国内人文研究的学术视野和专业规范亦具有宝贵的借鉴意义。整合分析美国修辞学界近年关于学术标准的探讨，主要在学科本质、理论视角、分析过程和核心要求四方面存在重要共识，借鉴这些共识可为推动国内西方修辞学研究乃至人文学科发展提供学科参照和思路启示。

关键词： 西方修辞；美国修辞批评；人文研究；学术标准

1. 引言

作为西方最古老的人文学科，西方修辞学发端于古典时期的希腊罗马时代，并历经了两千多年学科发展和理论构建，修辞批评作为其理论核心和实践延伸同样经历了一个不断丰富拓展的深刻过程。在当代，西方修辞理论和修辞批评不仅与文艺学、语言学、传播学、人类学、社会学、历史学、政治学、心理学、教育学和宗教学等建立了广泛的学科协作，还在国家、民族、社会、政治、文化、历史、种族、性别和群体等多维度上贡献了独特的学术视阈和理论框架。如果说西方修辞学在20世纪后现代时期迎来了新一轮复兴和繁荣，那么修辞批评在理论和实践上前所未有的丰富和拓展具有标志性意义。这一横向发展趋势既是修辞学作为最古老的人文学科的性质使然，也反映出修辞学在自身发展过程中必须与时俱进，紧跟时代要求和社会现实，随时注入学科阐释、学术批判和人文反思。

---

① 本论文受四川大学科研启动基金项目资助（编号：YJ201354）。

目前，西方修辞批评已从传统新亚里士多德方法的狭义文本分析（传统公共演讲和书面作品）拓展到多学科多视角的广义文本分析（如典礼、建筑、音乐、电影、表意符号、大众时尚、流行文化、社会运动和环境保护等），各种跨学科修辞理论和多视阈批评尝试层出不穷，发展迅猛。相形之下，国内对西方修辞学的研究起步较晚，而对西方修辞批评的关注近十年来才逐渐形成研究热点[①]。这些探索推动了国内西方修辞批评研究，缩小了国内在修辞领域的学术差距，促进了中国修辞批评理论体系的反思和梳理。考虑到目前国内学界对西方最新修辞理论和修辞批评的研究仍有一定的滞后，我们有必要密切跟踪西方修辞学界的最新学术话题和理论进展。而美国修辞学界作为西方修辞研究的重要前沿，其关于修辞批评学术标准的探讨和争论对我们尤具借鉴意义和参考价值，也为我们提供了一条追赶西方修辞理论发展和批评实践的可行捷径。

为借鉴西方修辞理论研究和批评实践的学术标准，提升国内修辞研究和批评的水准，尤其是科研水平和教学质量，本文围绕美国学界近年来关于修辞批评学术标准的重要探讨，结合笔者在美接受修辞教育和从事学术研究的体会，从中提炼出基本共识，为推动国内西方修辞研究和批评实践乃至人文学科发展提供学科参照和方法启示。

2. 美国学界关于修辞批评学术标准的主要共识

尽管西方修辞学历史源远流长，但关于修辞批评学术标准的讨论长期缺失，甚至连公开讨论都很少见到，这与自然科学和社会科学领域严格统一的学术规范形成了鲜明对比。事实上，修辞学作为人类最古老的学科，其人文特性注定了其研究对象和研究方法的多样性和个体化，并不追求大一统的永恒定律和普世规范。同样，修辞批评是基于“人类具有能力进行自我定义、主动行为、灵活调整、选择不同词汇描述世界并产生不同解释和动机”这

① 参见温科学：《二十世纪美国修辞批评体系》，载《修辞学习》1999 年第 5 期；《当代西方修辞学理论的发展与创新》，载《福建师范大学学报》2003 年第 6 期；邓志勇、杨永春：《美国修辞批评：范式与理论》，载《天津外国语学院学报》2007 年第 3 期；赵丽华：《近十年来西方修辞理论在我国传播学研究中的应用》，载《新闻与传播研究》2012 年第 4 期；柴改英、郦青：《当代西方修辞批评研究》，北京：国际工业出版社，2012 年；袁影：《当代西方修辞批评研究：格局与走向》，载《修辞学习》2007 年第 4 期；《西方修辞学经典文选》，苏州：苏州大学出版社，2013 年；邓志勇、王懋康：《幻想主题修辞批评：理论和操作》，载《外语教学》2013 年第 2 期。

一根本前提（Foss，1983：287），旨在寻求“通过研究个体艺术作品加深对其的理解与欣赏，或提出指导性批评看法”（Baskerville，1977：112），因此不难理解为何西方修辞学界迄今很难达成一致意见，但也由此形成一个永恒的学术话题。

西方修辞批评发展与修辞学科进程相伴相随，最早可追溯到柏拉图批判和解构修辞在探索“真知”和“伪知”中的地位和作用（刘亚猛，2008：49）。1925 年，赫伯特·维切恩斯（Herbert Wichelns）在其奠基性《演讲之文学批评》（“The Literary Criticism of Oratory”）一文中明确提出修辞批评的核心任务，即通过揭示象征符号使用活动，探索并启发人类象征活动过程（Wichelns，1972：27－61）。近 30 年来，随着修辞学的复兴和全球化的深入，修辞批评的对象、范围、理论、方法和影响也在不断拓展与深化，美国修辞界开始逐渐重视对修辞批评学术标准的反思和探讨，以提升本领域研究的水准和实践内涵（详见 *Western Journal of Communication* 1980 年第 4 期、1990 年第 3 期、2001 年第 3 期等专题讨论）。针对修辞批评研究的学术标准，美国传播学领域的知名期刊 *Communication Studies*（以下简称 CS）于 2003 年出版专刊，就此话题邀请七位权威学者撰文研讨。尽管这些学者仍不可避免地存在种种分歧，但在核心领域仍形成了一些重要共识。鉴于这些学者的论文在美国学界已成为修辞批评研究的必读篇章，本文将以这些学术讨论为基础，结合近年来相关学者的重要观点进行整合分析①。

总体来看，美国修辞学者在修辞批评研究的学术标准上存在以下基本共识。

2.1 修辞批评的人文学科定位和人本包容视角

修辞作为人类最古老的人文学科和社会实践，其思想价值经常与哲学相提并论，共同被视作超越具体学科并在理论、方法和视角等层面指导、修正和丰富各类学科发展的“超级学科”。尽管西方修辞在经历启蒙时代、文艺复兴时期后恢复了其在人文学科和社会发展中的奠基性地位，但 17 世纪以来的工业革命和现代化势头再度将科学主义、理性主义和工具主义树立为社会发展和国家进步的核心理念，并以此对修辞学的学科价值和社会意义提出

---

① 20 世纪以来，随着社会政治环境的演变和修辞理论的发展，美国修辞界关于修辞批评本质、目标和标准的讨论从未停止，从而形成了一个数量可观的文献库。限于篇幅，本文仅讨论那些直接涉及或具有重要影响的修辞批评学术标准探讨。

了严峻挑战。即便西方修辞学在20世纪迎来新一轮复兴和繁荣，自然科学（甚至包括社会科学）对修辞学在哲学本质和学术层面上的理论质疑和方法同化也从未停止，并长期对修辞学发展形成阻力。

在此背景下，美国修辞学者在进行学科定位和研究反思过程中的首要任务即在研究本体和理论方法上捍卫修辞学的人文本质和人本视阈，并与自然科学（包括社会科学）做精细区分，以避免公众将两者等同起来。如不做此努力，在自然科学高度发达、定量思维大行其道的西方学术界，公众很容易习惯性地将量化统计指标和线性逻辑推理运用于评估人文研究，从而得出后者在本体、方法和价值观上均欠缺严谨、系统和规范的错误结论。

事实上，基于修辞批评自身的开放性和发展性，西方修辞批评并不追求理论模式化和方法规范化。长期以来，美国修辞学者一直对学界不时出现的研究范围狭隘化和分析方法模式化倾向保持高度警觉，并时刻抵制。索尼娅·福斯（Sonja Foss）就修辞批评的研究定位指出，定量研究中的信度和效度标准并不适用于修辞领域，后者基于截然不同的认知前提，即修辞数据不可能被客观验证，且研究者本人始终带有主观判断因素，因而不可能保持绝对客观、公正和超然。福斯强调，修辞批评者从不追求对人类符号活动的“唯一正确解释”，因为研究者对分析数据的搜集是通过象征符号而不是客观统一的科学词汇进行，而前者内在的个人语汇和主观视阈必然导致对同一数据的不同解读（Foss，1983：283－295）。

巴里·布鲁梅特（Barry Brummett）则系统阐述了理论与方法在社会科学和修辞学领域中存在的截然不同的关系。他指出，对修辞研究而言，理论并不运用于规范或验证个体现象，而是对后者提供参照和阐释；单个案例如果具有足够价值，完全可以据此建立相应理论，无需大量实例数据支撑或与其他理论比照高低优劣（Brummett，1984：97－107）。同时，修辞研究中理论与方法是不可分离的，因为修辞理论提供一种视角和意识，修辞方法则据此进行拓展细化并在分析过程中始终与其理论前提相互映照。布鲁梅特进而提出，与社科理论旨在发现自然世界的运行规律和普遍真理不同，修辞理论和批评实践的最终目标在于指导性，即教导人们如何更深刻地体验其所处的修辞环境并做出恰当的认知和道德选择。

詹姆士·达尔西（James Darsey）同样针对部分学者将社会科学方法作为研究规范引入修辞批评的做法提出反对意见，强烈批评将统一性和规范化追求凌驾于个性化和多样性之上的观点和行为，指出其分析前提预设社科方法的优越性并企图构建“整体精致的人类传播理论，却无视其自身局限和其他替代可能”（“... he has assumed the superiority of social scientific research, the desirability of ‘holistic and analytically precise theories of human communication,’ without considering its limits or demonstrating an understanding of its alternatives”）（Darsey, 1994：171）。达尔西强调修辞研究从自身灵活多样的标准而言实则是一种个体内向探索（“Rhetorical scholarhip, by this procrustean standard, is to be essentially narcissistic;...”），因而不可能实现同化和统一（Darsey, 1994：174）。

在CS专刊中，迈克·艾伦（Mike Allen）从评审角度指出，社会科学研究评审中拒稿通常出于两个原因：一是方法设计或分析过程未能符合标准规范，二是研究结论缺少创新。但是，人文研究仅仅严格遵循方法流程是远远不够的，必须提出一个与特定理论密切相关并同时拓展读者修辞认知的创新论点（Allen, 2003：354 -358）。艾伦强调，合格的修辞批评研究应提供一个清晰严谨的观点，一种有助于拓展理解和认知的“修辞时刻”（rhetorical moment），帮助公众从一个全新的视角和分析框架看待特定修辞现象或传播文本。从这个意义上讲，修辞批评较社科研究融合了更多个人选择和主观判断，而这正是修辞研究人文本质的必然体现。

基于上述研究，美国修辞学界普遍认为修辞批评是一种艺术性探索，而非科学性实证，因此对理论构建和分析实践应持一种包容开放的态度，重点放在理论框架是否切题相关、修辞分析是否系统严谨、论点论据是否充分新颖上，而很少拘泥于理论方法是否符合某种标准规范或特定模式。这一点也可从西方修辞期刊上很少发表有关理论规范和批评流程的争论中得到印证。

2.2 修辞批评的分析过程和核心要求

在对修辞批评进行人文化、个体化和社会化宽松定位的同时，多数美国修辞学者认为修辞批评研究仍应存在一些基本要求，否则修辞批评可能沦为学者主观臆想或随机阐释，失去学术严谨性和学科社会性。这些基本要求主要包括以下几个方面。

2.2.1 修辞文本应具有重要传播价值和社会分析意义

修辞批评的核心部分即选择适宜的修辞文本，这也是修辞批评研究是否具有学术价值和社会意义的根本前提。美国学界对什么是恰当的修辞文本见仁见智，并尝试从不角度进行定义性限定。罗德里克·哈特（Roderick

Hart）通过评审149篇论文的经历，总结出若干涉及文本取舍的选题缺陷：事件偏重（anecdotal fixation），即偏重描述修辞文本背景而非对文本自身进行修辞挖掘；个体偏重（personality fixation），即偏重描述个体演讲者的特质细节而忽略宏观社会背景和文化因素；阐释谬误（translation fallacy），即将批评与转述混为一谈，认为将文本内涵用一种批评词汇表达出来即可；八卦学术（tabloid scholarship），即认为凡具有社会、政治或宗教影响的事件（或文本）皆有修辞批评价值（Hart，1986：283－295）。詹姆士·达尔西对此提出修正，指出哈特观点偏重于强调修辞文本的普遍意义和理论概括，应该给予个体文本更多独立重视和特殊关注（Darsey，1994：164－181）。史蒂文·亨特（Steven Hunt）则将文本分析价值列为修辞批评的首要标准，因为修辞批评起源于分析那些影响群体文化或社会思维的重要口头演讲；研究者应重点关注那些具有社会价值的修辞文本、实物、片断、话语、标志或表意符号等，尤其当现代修辞文本范围已扩展到影响公众价值观、信仰和行为方式的一切批评主体或客体（Hunt，2003：378－384）。亨特建议，总统和公众人物演讲、社会运动话语具有天然价值和重要意义，但那些克服种种阻障碍并有效把握修辞时机的传播文本尤其具有批评分析价值。

由此可见，尽管美国学者对修辞文本定性和选择范围给予相当程度的包容和开放，但对文本传播价值和社会意义仍具有严格要求和学术期待，旨在避免修辞批评畸变为一种个人臆测和主观偏好。

2.2.2　修辞批评应进行严谨论证并提出新颖论点

与其他学科领域的研究一样，修辞批评同样需要构建一种创新性观点。美国学者对此高度认同，并就研究内涵和创新标准提出许多极有见地的看法。韦恩·布洛克立德（Wayne Brockriede）明确提出，作为对修辞体验的评估分析，修辞批评价值在于提出一种契合五个标准的重要论点：（1）基于当前信念强化既定看法或通过推理接受一种新论点；（2）提供强化或更新当前观念的充分理由；（3）现实中存在两种或更多不同观点抉择；（4）能够控制对所选观点的不确定感；（5）愿意为捍卫所持观点而与他人展开论辩（Brockriede，1974：165－174）。布洛克立德强调，提供清晰、重要论点的修辞批评比那些缺少核心观点的文本分析更具有信息价值，因为前者更可能引发观点交锋，从而推动相关修辞文本的持续对话，进而提升公众逻辑思辨能力和理性对话意识。与此呼应，菲利普·王德（Philip Wander）在修辞批评引入意识形态视阈时提出，批评研究具有政治属性，其分析结论应能启发更广泛的政治辩论（Wander，1983：1－18）。

在理论创新和社会分析层面上，艾伦提出，修辞学者必须创立关于特定修辞文本的强有力观点，内容可涉及阐明所做分析的理论意义，或引起某个群体重视的最新话语动态，并提供充足理由证明修辞文本的重要性和理论方法的相关性（Allen，2003：354－358）。桑德拉·伯科威茨（Sandra Berkowitz）指出，合格的修辞批评可侧重解读某种特定话语、社会实践或运动、个体语言或历史时刻的重要意义，也可突出某种理论或理论组合的重要价值，亦可从批评中提炼出关于修辞、传播和社会活动本质的理论洞察。修辞批评的目标在于提供关于阐释话语互动和社会过程的论点，而这种论点的长期价值在于为读者理解语言象征过程本质提供解释或实践途径（Berkowitz，2003：359－363）。布鲁梅特认为，修辞批评在关注传播文本的社会组织背景和现有研究进展的前提下，还应在理论领悟和社会认知层面提出启发性观点，帮助读者以全新、建设性的方式看待修辞批评、修辞文本或言语现象（Brummett，2003：364－369）。亨特主张，批评者需要围绕修辞文本、修辞主体、历史环境、听众读者以及思想、社会、文化等的深远影响进行论证并提出启发性论点（Hunt，2003：378－384）。约翰·乔丹（John Jordan）等学者主张，出色的修辞批评研究必须提出目标明确和脉络清晰的严谨论点；此种论点既非显而易见，亦非囿于抽象描述，而应有充足论据做理论支撑（Jordan，Olson & Goldzuig）。

如上所述，尽管修辞批评属于一种传播文本鉴赏剖析，但美国修辞学者普遍认为其背后牵涉着深刻的社会、政治、文化和历史因素，不能仅限于语言特色、言语模式或创作风格等方面进行语言美学评估，而必须在更广泛的社会文化层面做出明确立场宣示和坚实学术立论，并以此阐释、启迪和拓展人类从事语言象征活动的能力、过程和途径。

2.2.3 修辞批评应阐明理论框架并进行拓展延伸

修辞批评是修辞理论与修辞实践结合的关键纽带，也是修辞理论拓展深化的重要途径。能否恰当、有效地运用修辞理论和分析框架指导修辞批评向来是美国修辞学者重点关注的学术标尺。福斯提出，合格的修辞批评包括全面整体的理论框架和外向包容的理论拓展，前者基于修辞学者在分析过程中不可能摆脱主观理论视角和个人认知倾向，而清晰严谨的理论阐述有利于提升读者的理解能力和视角认同程度；后者则出于拓宽原有理论视角有助于产生新的修辞研究成果并持续推进理论对话，从而推动研究者不断创新修辞批评方法，而是不拘泥于某种流行理论徘徊不前（Foss，1983：283－295）。亨特强调，合格修辞批评要求学者谨慎采用相关修辞理论和分析方法，即必须明确澄清修辞课题、理论框架或分析视阈，展示其在修辞文体中的整合应用和分析价值。亨特还以主要修辞理论为例说明不同修辞视角所包含的观念预设和认知价值，提出优秀修辞学者总是善于选用最具洞察力的理论体系或复合概念构建一种新颖的理论组合框架，对修辞文本核心部分展开富有独创性的深刻剖析（Hunt，2003：378－384）。凯瑟琳·帕泽斯基（Catherine Palczewski）认为，合格修辞批评并不在于公式化地运用某种理论，而在于能够提供一种分析思路或概念语汇，启发读者以崭新视角解读修辞文本（Placzewski，2003：385－391）。布鲁梅特指出修辞批评研究的主要挑战是如何协调修辞文本的微观个体分析和宏观理论拓展的关系。针对个体修辞文本的批评分析应具有务实性，但这种个体维度的研究往往过于特殊具体而难以在理论层面和分析方法上推而广之。从宏观上讲，读者只有在掌握理论框架和分析手段以后才能提升修辞领悟力和阐释力，最终超越单一修辞文本而理解更多复杂的修辞活动或传播现象。布鲁梅特甚至表示，修辞学者关于某个修辞文本的分析是否准确其实并不重要，关键是其创新性理论观点是否能够帮助读者洞察更广泛多样的修辞现象，此种修辞批评才更接近于合格的修辞学术水准（Brummett，2003：364－369）。

由此可见，美国修辞学者不仅要求对修辞文本进行深度挖掘和新颖立论，而且对理论本身的系统阐释和概念提升同样重视。如果批评研究仅仅局限于前者，那么无论其对单个文本分析如何深入细致、引人入胜，也往往因其有限的理论意义和创新价值而大打折扣，难以达到修辞研究的学术标准。

2.2.4 修辞批评研究应体现学术批判反思意识

作为最具代表性的人文研究，修辞批评本质上与研究者的主体观念、认知视阈、课题抉择、文本选取、研究倾向、分析过程和结论推理等密切相关，因此修辞批评研究过程受制于由研究主体、修辞学科、理论生态、方法模式、意识形态、道德伦理、社会文化等一系列重大内外因素组成的主客观环境。美国修辞学者非常重视批评研究所体现的学者自省和学术反思，并将此作为一项重要标准。福斯指出，从本质层面上看，人类在其象征活动中具有选择自由，学者需要将研究过程中面临的潜在选择展示给读者并说明为何做出某些特定选择，或者将修辞文本置于真实社会背景中予以客观重现；只有这样，一项修辞研究才堪称客观、理性和严谨，而不是强加于人、移花接术（Foss，1983：283 -295）。对于修辞批评折射出的社会关系和政治权力，罗伯特·斯科特（Robert Scott）与唐纳德·史密斯（Donald Smith）提醒说，修辞研究必须警惕自身学术规范和理论正统所隐含的社会不公和政治等级，避免自身被滥用为一种权力服务工具（Scott & Smith，1969：1 -8）。詹姆士·克隆普（James Klumpp）与托马斯·霍里汉（Thomas Hollihan）则强调，修辞学者任何时候都不应忽略社会秩序与言语互动之间的重大关系，需要认识到自身集批评者、教育者和社会行为者三位于一体，是一个涉及政治权力关系并肩负学术责任的社会参与者，自己的研究活动必须体现这种自觉道德意识（Klumpp & Hollihan，1989：84 -97）。帕泽斯基认为，专业化分工趋势往往将学者主观选择和政治倾向掩盖在所谓学术客观性背后，修辞学者尤其有必要认识到自身在研究中所做种种选择以及相应的政治后果（Palczewski，2003：385 -391）。艾伦总结认为，修辞批评的主观性和论辩性决定研究者立场和视角举足轻重，比社会科学更易产生分歧和争议（Allen，203：354 -358）。

此外，约书亚·甘恩（Joshua Gunn）还从学术评审视角分析修辞批评领域存在的“约定俗成”（habitus），指出这些“规则”形成了一套学术规范和行为准则并体现于修辞学者之间的互动反馈之中；修辞批评的主观性很强，并无放之四海而皆准的统一规范，修辞学者在自身研究和评判他人时必须认识到其中涉及的个人偏好和政治取向（Gunn，2003：370 -377）。

可见，美国修辞学者在捍卫修辞批评人文特性的同时，也时刻警惕本领域研究可能因此走向另一个极端，即沦为一种由个人主观好恶和政治意识形态主宰的“唯心论”或“不可知论”。从这个意义上讲，正是美国修辞学界这种高度自觉的学术反思精神和社会政治意识，才使修辞批评始终保持着一种可贵的自我批判传统，也使其理论研究和批评实践能够始终紧跟社会现实，不断推陈出新、自我超越。

2.2.5 修辞批评应具有卓越写作质量和艺术审美价值

西方修辞批评最早起源于对古希腊罗马时期公共演讲和议会辩论的分析批判，尽管修辞文本的概念和范围在当代已大大拓展，但修辞批评始终立足于分析不同历史时期的经典公共演讲和重要传播作品，因而修辞批评研究本身的写作质量也是美国修辞学者高度关注的话题。乔丹等人认为，修辞批评领域是一个由学者、编辑和评审共同组成的学术圈，高水平论文写作质量不仅体现学者专业素养和职业精神，也是重要评审标准之一（Jordan, Olson & Goldzuig, 2003：392－402）。帕泽斯基指出，修辞批评课题、侧重和方法一直处于变化之中，但对语言质量的关注永远不变。修辞批评者不仅应通过自身写作和文本批判展示语言运用的力量、潜能和价值，而且应力争达到或接近那些作为分析对象的杰出修辞文本的语言水准；唯有这样，修辞学者的学术研究才更具有说服力（Palczewski, 2003：385－391）。亨特认为，修辞批评旨在揭示人类象征活动本质并评估其传播过程，其研究论文同样应展现一种文学睿智、敏锐和审美，与其研究对象具有同等艺术价值；优秀的修辞批评本身就是一篇优秀的修辞作品（Hunt, 2003：378－384）。

由此可见，基于修辞批评的学术传统和学科特质，美国修辞学者对修辞批评的写作质量非常看重，这也于无形中提高了修辞批评品质和论文发表标准，奠定了美国修辞研究的学术高度和雄厚实力。

3. 美国修辞批评学术标准的启示

正如卡罗尔·布莱尔（Carole Blair）等人指出的，任何学术期刊的发表标准往往由特定原则规范和具体要求共同构成，美国修辞批评研究同样存在许多约定俗成的“前提”和“规则”；其学术标准和评审实践既受历史传统影响，亦随着时代变迁不断调整（Blair, 1994：383－409）。总体来看，美国修辞学者在学科定位和批评研究各环节存在一系列基本共识和学术标准，而这些重要共识和学术标准反过来又促进了美国修辞理论发展和学科繁荣。从其关于自身学术标准的探讨和反思中，我们可在修辞学乃至人文学科层面参照并汲取理论研究和学术提升的重要源泉和途径，尤其是在以下三方面：

第一，从发展方向看，国内修辞学研究和人文学科的建设可借鉴美国修辞学界的学术传统和理论发展，从中国社会文化背景出发对自身学科性质和研究领域做出学科定位和理论廓清，尤其是针对自然科学和社会科学的特点和目标，阐明修辞批评的学术宗旨、理论视角、研究侧重、分析过程和社会价值。通过这种努力，国内修辞学研究乃至人文学科发展更有助于被学界内外公众广泛理解、认同和支持，从而真正实现学科壮大和学术繁荣。

第二，目前国内修辞学研究仍处于西方理论引进和方法借用的发展时期，相关研究和实践水准与美国学界相比仍有较大差距。随着国内引进西方修辞理论的步伐加快，尽快提升国内修辞研究水平和批评实践将成为一个亟待提升的课题。为此，成熟发达的美国修辞批评体系以其悠久的学科历史和严谨的学术传统为我们建设自身修辞批评学术标准提供了良好参照，尤其是美国学者的核心共识可为我们构建严谨、规范、专业的国内修辞研究学术标准乃至人文学科评价体系提供思路启发和方向参考。

第三，与美国修辞批评发展历程相比，国内修辞学科发展仍相对封闭孤立，与其他学科横向协作和社会公众互动不够，未能体现出修辞学应有的跨学科性、社会性和公共性。在此意义上，美国修辞批评中所展现的理论超越、学科借用和学术反思尤其值得国内人文领域学者学习。正是美国修辞学者这种可贵的与时俱进的精神和人文探索意识，才使其学术理论和研究实践紧跟社会现实并始终站在社会发展前沿，指导、启发广大公众，不仅使自身学科发展充满学术活力和社会价值，而且持续提升国家整体修辞水准和社会理性思辨质量。在历经30多年改革开放洗礼的当代中国，这一点对国内修辞学者无疑具有重要的启发意义和激励作用。更重要的是，进一步加快国内西方修辞研究与国外学术标准的接轨，有助于在理论介绍和实践借鉴中更多地引进中国课题和中国话语，提出中国视角并发出中国声音，实现理论创新和方法改造，这对推动包括修辞、语言、传播、文化、历史和社会等学科在内的广大人文研究真正走向世界具有普遍价值和重大意义。

参考文献：

柴改英，郦青．当代西方修辞批评研究［M］．北京：国际工业出版社，2012.

邓志勇，杨永春．美国修辞批评：范式与理论［J］．天津外国语学院学报，2007（3）：24－30.

邓志勇，王懋康．幻想主题修辞批评：理论和操作［J］．外语教学，2013（2）：11－16.

刘亚猛．西方修辞学史［M］．北京：外语教学与研究出版社，2008.

温科学．二十世纪美国修辞批评体系［J］．修辞学习，1999（5）：47－49.

温科学．当代西方修辞学理论的发展与创新［J］．福建师范大学学报，2003（6）：25－30.

袁影．当代西方修辞批评研究：格局与走向［J］．修辞学，2007（4）：40－43.

袁影．西方修辞学经典文选［M］．苏州：苏州大学出版社，2013.

赵丽华．近十年来西方修辞理论在我国传播学研究中的应用［J］．新闻与传播研究，2012（4）：1－3.

Allen, M. Heavy Lies the Editor's Fingers on the Keyboard [J]. *Communication Studies*, 2003 (54): 354－358.

Baskerville, B. Must We All Be "Rhetorical Critics"? [J]. *Quarterly Journal of Speech*, 1977

(63): 107 – 116.

Berkowitz, S. Originality, Conversation and Reviewing Rhetorical Criticism [J]. *Communication Studies*, 2003 (54): 359 – 363.

Blair, C., J. Brown, L. Baxter. Disciplining the Feminine [J]. *Quarterly Journal of Speech*, 1994 (80): 383 – 409.

Brockriede, W. Rhetorical Criticism as Argument [J]. *Quarterly Journal of Speech*, 1974 (60): 165 – 174.

Brummett, B. Rhetorical Theory as Heuristic and Moral: A Pedagogical Justification [J]. *Communication Education*, 1984 (33): 97 – 107.

Darsey, J. Must We All Be Rhetorical Theorists?: An Anti-Democratic Inquiry [J]. *Western Journal of Communication*, 1994 (58): 164 – 181.

Foss, S. Criteria for Adequacy in Rhetorical Criticism [J]. *Southern Speech Communication Journal*, 1983 (48): 283 – 295.

Gunn, J. Publishing Peccadilloes and Idioms of Disposition: Views from the Habitus of Scholarly Adolescence [J]. *Communication Studies*, 2003 (54): 370 – 377.

Hart, R. Contemporary Scholarship in Public Address: A Research Editorial [J]. *Western Journal of Speech Communication*, 1986 (50): 283 – 295.

Hunt, S. An Essay on Publishing Standards for Rhetorical Criticism [J]. *Communication Studies*, 2003 (54): 378 – 384.

Jordan, J., K. Olson, S. Goldzwig. Continuing the Conversation on "What Constitutes Publishable Rhetorical Criticism?": A Response [J]. *Communication Studies*, 2003 (54): 392 – 402.

Klumpp, J., T. Hollihan. Rhetorical Criticism as Moral Action [J]. *Quarterly Journal of Speech*, 1989 (75): 84 – 97.

Palczewski, C. What is "Good Criticism"? A Conversation in Progress [J]. *Communication Studies*, 2003 (54): 385 – 391.

Scott, R., D. Smith. The Rhetoric of Confrontation [J]. *Quarterly Journal of Speech*, 1969 (55): 1 – 8.

Wander, P. The Ideological Turn in Modern Criticism [J]. *Central States Speech Journal*, 1983 (34): 1 – 18.

On the Scholarly Criteria of American Rhetorical Criticism Research: Discussion of Peer Review Elements and Developmental Edification from Western Humanities Research

Gong Jie

Abstract: Western rhetorical study as the oldest humanities discipline has traversed more than two thousand years of profound, continuous enrichment and sophistication, culminating in its epochal renaissance and prosperity towards the late twentieth century. In light of China's current research on Western rhetoric, especially Chinese scholars' unfamiliarity with Western scholarly standards on rhetorical theory and critical practice, American scholars' reflective explorations into the criteria of rhetorical criticism are highly valuable and methodologically illuminating. A synthetic investigation into major recent dialogues within American rhetorical circle reveals a set of important consensuses shared among its scholars, namely, disciplinary nature, theoretical standpoint, analytical process and foundational requirement. An inquiry into these consensuses can contribute disciplinary references and conceptual insights to the development of domestic rhetorical study and Chinese humanities disciplines at large.

Key words: Western rhetoric; American rhetorical criticism; humanities research; scholarly criteria

美国汽车露营产业化发展之路及其启示[①]

谭玉梅

（四川大学外国语学院，成都 610064）

摘　要：美国汽车露营业发展至今已有110年的历史，通过汽车露营地以及露营者与其他相关部门和相关产业之间的关联互动，美国汽车露营业形成了一个完整的产业链条，走上了产业化发展的成功之路。中国目前已经具备发展汽车露营度假的条件，而要使其成功发展势必需要结合中国的国情，借鉴美国的经验，整合各种资源并协调相关产业，发挥优势，弥补不足，从而走上产业化的发展道路。

关键词：美国；汽车露营；产业化；发展

1. 美国汽车露营产业化发展之路

在美国，汽车露营业发展至今已有110年的历史，受到大众的普遍欢迎，是美国休闲产业中第三项最受喜爱的休闲活动，也是美国国民经济中非常活跃的产业。美国汽车露营度假产业的成功并非偶然，而是在110年的探索过程中，通过汽车露营地以及露营者与其他相关部门和相关产业之间关联互动，整合相关部门和产业的资源，调动各方力量，彼此形成关联网络，共同推动汽车露营休闲产业的发展，并使其形成了一个完整的产业链条，走上了产业化发展之路。

1.1　政府职能部门

美国联邦政府和各州政府在汽车露营产业的发展过程中扮演了非常重要的角色。首先，在法律层面上，制定了完善的法律法规约束并指导露营地以及露营者，这些法律法规涵盖了营地的用地、建设、营地资质、营地准入、环境保护、赔偿、残疾人权益、儿童露营权益、露营者行为等多个方面。其次，在国家公园、州立公园、市政公园、国家森林公园等公共用地上兴建了近万个公立露营地，免费或以较低的价格向美国露营爱好者提供营地服务，这些公立露营地与私立商业露营地之间形成优势互补，满足不同消费层次的

① 基金项目：教育部国别研究基地 四川大学美国研究中心 2012—2013 年度课题，项目编号 ASC201203；四川大学中央高校青年教师科研启动项目，项目编号 skq201124。

露营者的需要。再次，美国联邦政府以及州政府共同投资的高速公路已经形成网络。贯穿东西南北的高速公路网络为美国的汽车露营提供了坚实的基础与保障，使得远距离汽车露营成为可能。最后，支持教育部门推行全民休闲户外教育，从思想上进行动员，为露营产业发展提供消费者基础。

1.2 行业协会

除了政府的参与，美国的行业协会以及机构在露营产业的发展过程中也发挥了沟通与协调的作用。汽车露营行业协会是由企业或个人自发成立的，协会不属于任何政府部门，且大部分为非营利性机构，其在官方机构注册以后开展活动，不受政府干预，高度自治。

美国的汽车露营行业协会是政府、露营地以及露营者之间的桥梁。目前，美国有房车工业协会（RVIA）、美国汽车协会（AAA）、美国露营协会（ACA）、美国房车拥有者协会（ARVOA）、美国国家露营地拥有者协会（NCOA）、拖车生活（Trailer Life）、威勒斯（Wheelers）以及伍德尔斯（Woodall's）等行业协会。这些协会要为各自营地会员提供全方位的服务，通过法律保护营地经营企业的合法权益，传递政府与营地企业之间的信息和需求，做好二者的沟通交流工作。行业协会要负责协调各个露营地企业之间的关系及利益，从而推动露营市场的有序竞争。同时，行业协会也要协调露营地与露营者之间的关系，保障二者的合法权益。另外，行业协会有各自的章程与准则，例如营地建设、管理、评比的标准，其会员必须遵守协会的规定，因此汽车露营地会受到行业协会以及政府法律法规的双重约束，有效保证汽车露营产业的规范化以及健康发展。

总之，美国规范的汽车露营行业协会参与到管理中来，有效地降低了政府的管理成本，推动了露营市场的有序竞争，对整个露营行业的发展起到了保护作用。

1.3 休闲、户外教育

美国社会历来对休闲娱乐教育非常重视，学校的休闲教育从学前班开始，一直贯穿到中学，甚至在大学里还有休闲、娱乐与户外游戏的课程。在19世纪90年代，休闲教育还只停留在概念的表征上，但是到了20世纪初期，在美国国家教育协会的资助下，一些大城市开始在学校教育中开展休闲教育。1910年到1930年间，数以千计的学校开展了大量的课外活动，包括运动、出版、兴趣班以及与社会和学术相关的体验活动等。而学校的娱乐设施如体育馆、游泳池、音乐厅、艺术馆、户外运动场地等也逐步兴建起来，（Kraus，2000）。早期休闲教育的主要目标是使人们通过休闲来提高生活质量，并力图将个人的“休闲伦理”融入学校的课程，教育学生掌握享受休闲的必要技巧。而美国休闲娱乐协会（American Association for Leisure and Recreation，简称 AALR）自 1938 年起就一直将通过有益的、富于创造性的休闲娱乐体验提高人们的生活质量这一理念贯彻进美国的学前班至高中阶段的教育宗旨之中。学校课程设置了休闲教育，休闲教育的理念被灌输进校园当中，学校开设的户外露营则给学生提供了受用一生的休闲体验。通过休闲教育，学生认识到休闲对提高生活质量以及整个社会的健康发展的重要性，意识到课外时间中有大量的休闲机会，学会欣赏并珍惜自然资源，正确处理自己的可支配时间，并能够为自己的休闲行为做决定。

户外休闲教育是休闲教育的一个分支，它包括户外教育、环境教育、青年露营、户外追求、生态旅游、探险教育、户外实验教育等。户外教育的目的是培养人们理解并欣赏户外休闲的选择与追求，促进环境的可持续发展，提高人们心理的、身体的、社会的、精神的以及经济上的发展（WLRA Commission on Education，Position Statement on Outdoor Leisure Education，2001）。美国社会不仅重视对学生进行户外休闲教育，也重视对老师进行此方面的培训。例如，美国休闲教育协会以及野外教育协会联合推出了为公立学校教师制定的野外教育培训项目，向老师传授野外教育理念及技能，而老师则将这些理念与技能带回教室，传授给学生。除此之外，野外教育协会为了促进户外领导的职业化，提高户外旅行的安全性，还提供国家认证的研讨会、管理人员认证等，并开设户外休闲课程。

美国的许多高校设置有休闲、娱乐与户外运动管理方面的专业，有的学校甚至开设博士阶段的课程，为美国户外产业输送专业的管理人才。除普通学校的休闲教育以外，美国还特别重视残疾人的休闲教育。1975 年的残疾儿童教育法案就将休闲教育囊括其中，残疾人同样享有休闲的权利以及接受休闲教育的权利。美国的休闲与户外教育对美国户外露营产业的发展影响深远，它从理论、思想上提高了人们对休闲以及户外运动的重视，这也是美国汽车露营产业能够发展百年的一个重要原因。

1.4 汽车与房车产业

美国汽车与房车的生产、零配件的供给和销售已经产业化，从房车的研发、生产、销售，到零配件的供应以及维修与维护都形成了一条龙服务。目前，美国有100多家房车生产企业，每年生产近25万台房车，品牌档次能够满足不同层次的需求，售价也相对合理。例如，自行式与拖挂式房车分为A、B、C三个等级，售价从低档几千美元，中档七八万美元，到高档十几万到几十万美元不等。房车的内部功能设计根据露营者的需要不断完善，且分区更为合理，内部配有厨房、客厅、卫生间、淋浴房、卧室，家电家具一应俱全。现如今的房车俨然就是一个行驶在车轮上的活动房屋。

美国政府支持房车产业的发展，对房车驶入高速路、进入城市未加限制。驾驶者无须申请专门的驾照，只需持有各州颁发的驾照就可以购买和租赁房车。租赁的房车都安装了助力装置、动力刹车、恒速操纵器以及可调节的驾驶座位，驾驶房车与普通轿车无明显区别，只要经过简单的培训，一般人都可驾驶。

汽车与房车是汽车露营的主要交通工具，因此汽车与房车产业的发展推动了汽车露营产业的进一步发展，而露营产业的成熟也促进了汽车以及房车的生产，二者形成良性的互动关系。

1.5 汽车租赁业

露营离不开成熟的汽车租赁行业，美国每年4 000多万的露营参与人数中除了10%的美国人自己拥有房车，有很大一部分是通过租赁实现的。据研究，租赁房车旅游比其他交通工具和住宾馆的度假费用便宜24%到73%。

美国的汽车租赁产业非常成熟与规范，目前有爱梦达房车租售集团公司（EL MONTE RV）、巡游美国房车租赁公司（Cruise America）、全明星房车（Allstar Coaches）、房车租赁（RV Rental）等多家大型的连锁房车租赁公司。露营者只要根据自己的露营人数及要求提前在各公司的网站上预订符合自己需求的房车，提供信用卡主卡信息并缴纳一定的押金即可，轻松便捷。房车的租金一般包括两部分：一部分是房车本身的日租金（自行式C型房车的日租金通常在80美元左右，A型房车的日租金在100美元左右）；另一部分是英里数租金，即按事先设定的里程缴费，通常是每英里0.3美元，还车的时候按实际行驶里程付费，多退少补。这些费用不包括油费（租车人需自己承担），房车的保险费以及税金。汽车租赁公司在全美设有460个租赁点，租车和还车非常便捷。租车人既可以选择在租车地还车，也可以选择异地还车，在提车的时候，他们还会为租车人提供简单的驾驶指导。美国每年租赁房车的平均收入达到3亿5千万美元，租车业为美国的旅游产业做出了巨大的贡献。

1.6 户外露营用品产业

作为户外运动的一种，汽车露营需要户外露营用品产业的支持。美国户外露营用品产业伴随户外运动的兴起而产生，至今已有百年历史。从最初只有宾恩（LL Bean）等寥寥几家户外用品企业，发展至今已经有近百家的规模。如今美国拥有北脸（Northface）、哥伦比亚（Columbia）、土拨鼠（Marmot）、宾恩（LL Bean）、天木蓝（Timberland）、Montrail、鸭嘴兽、科勒曼（Coleman）等50多个全球知名的户外用品品牌。这些户外用品厂家生产门类齐全的户外用品，产品覆盖了服装、鞋类、背包、装备、配件、器材等，为露营者以及露营地输送必备的设施和装备。它们的实体店遍布全美各个城市，与网店共同形成庞大的销售网络，实现了从设计、生产、销售、售后的产业化经营。户外用品生产企业根据消费群体不同，设计了从低到高三个档次，以满足各种人群的户外休闲需要。户外用品在美国应当算是大众消费品，普通品牌对于美国人而言价格适中，即使是知名的户外运动品牌，其价格也基本是消费者能够承受的。例如一件北脸的冲锋衣在美国仅售100多美元，相当于美国人均家庭月收入的1/30。

户外露营用品产业是美国汽车露营产业链中的重要环节，露营户外用品为露营产业提供了必需的装备资源，而美国汽车露营产业的蓬勃发展以及露营者强大的户外装备购买力带动了户外用品产业的繁荣。美国户外产业基金会公布的数据显示，2011年美国户外用品的年收入已经达到117亿美元，同比上涨了6.1%。

1.7 电子商务

当今社会，计算机网络技术为旅游电子商务的发展奠定了坚实的基础，并且改变了包括露营地企业在内的旅游企业的传统市场观念以及营销模式。美国露营电子商务环境非常成熟，露营地以及露营相关企业纷纷加入，与知名网站结盟或者建立自己的宣传网站，开展在线业务。网站为露营地电子商务的实现提供平台。露营网站承担营地的形象推广、信息咨询、在线预订、信息发布等职能，拓宽了露营地的销售渠道。同时，各家网站可以充分发挥其自身所处的信息行业前沿的敏感性与高效性优势，及时为露营者提供全面、详细、准确的露营服务信息，提高露营者对营地的认知度和信任度，争取更大的露营客源市场。而露营企业也能借助具有交互性以及开放性的网络这一平台，及时了解露营者的需求、建议和意见，为露营者提供更加人性化、智能化和个性化的服务，从而满足不同露营者的不同需求，带动露营地服务水平和服务质量的提高。

与露营相关的其他产业，如房车生产企业、汽车租赁企业、户外用品企业也借助电子商务，在宣传自身的产品特点的同时实现网络销售，通过实体经营与电子商务经营相结合，扩大销售范围，带动其销售业绩的提高。汽车租赁企业通过网络实现全国范围的租车与还车服务，租赁者只需轻点鼠标，就可完成汽车租赁的全套流程。户外用品企业也可通过网络平台扩大产品的知名度，并且以此作为实体销售的有力补充。目前美国有亚马逊、易贝（Ebay）等知名的电子商务平台，同时各生产企业也有自己的官方网站。如今，电子商务已成为一种流行的生活方式，智能手机上网、网上交易的安全性提高等因素又推动了电子商务市场的进一步发展，因此，电子商务对露营产业的影响也越来越大。

1.8　保险行业

作为露营产业的服务行业，保险业发挥了重要的作用。露营作为一种户外运动，本身具有一定的风险，而对于营地而言，经营露营地涉及营地的财产和人员安全问题。因此，为了规避露营产业的风险，美国规模较大的保险公司都设计有专门针对露营企业、露营者以及露营服务行业的险种。美国常青树保险公司就是一家专门针对户外用品产业的保险公司，为露营企业开发了两款保险产品，一是露营地保险，二是房车公园保险。不论营地和房车公园的规模大小，保险公司都会对营地内的所有设施进行保险，一旦出现问题，会第一时间开启理赔程序。美国所有的露营地都会为营地购买保险，一般露营地的保险费支出占营地费用支出的比例较大，购买保险可以有效转移风险，是营地风险管理中的重要部分。

保险公司的产品也涉及露营产业的服务行业，例如汽车租赁业、房车业。租赁汽车的时候，租车人就购买了汽车及人员的保险，租车人可以根据不同的保额自行选择适合自己的保险产品。美国保险公司对待房车与普通汽车一视同仁，有针对房车的保险产品，并且对各种车型的房车都有保险规定，房车购买者可以根据自己的车型选择合适的保险公司进行投保。成熟的保险行业为露营地经营者以及露营爱好者解决了后期的风险问题，使得美国露营产业能够健康长久地发展。

综上所述，美国汽车露营产业以汽车露营地和露营者为发展核心，由政府以及私人修建的 2 万个公立、私立露营地为露营者提供露营度假场所，而这些场所在政府机构以及行业协会的共同监管下经营，同时在美国联邦政府以及各级政府主导下修建的良好的公路交通系统将露营者与露营地连接起来，缩短了从出发地到营地之间的距离；休闲户外教育不仅向人们输入休闲户外运动有助于生活质量的提高以及身心健康的理念，同时也培养了许多专业的休闲户外人才输送给各个营地，使露营地实现更为专业化的管理；汽车与房车产业的发展为露营者提供了交通工具，使得露营成为可能，并让露营变得更为舒适；汽车租赁行业满足了部分无条件购买房车者参与房车露营活动的愿望；户外用品产业为露营者提供充足的装备资源，也为营地供应所需的娱乐设施以及设备；电子商务以及保险业为露营地提供营销、推广和保障的服务。政府、行业协会、汽车租赁企业、户外用品业、保险业、电子商务以及媒介共同构筑了美国汽车露营产业的服务体系。缺少任何一方，都将会对美国的汽车露营产业造成巨大的影响。

2. 中国发展汽车露营的可行性

2.1 经济的持续快速发展

改革开放以来，中国的经济得到了持续快速的发展，中国人摆脱了贫困，基本解决了温饱问题，正在向小康迈进。旅游界普遍认为："当人均GDP 达到1 000美元，旅游形态主要是以观光为主；当人均 GDP 达到2 000美元，旅游形态开始向休闲旅游转化；当人均 GDP 达到3 000美元，旅游形态开始向度假升级；达到5 000美元则开始进入成熟的度假经济时期。"（魏小安，2004：13－17）中国的旅游产业目前正在经历从传统的观光型向休闲度假型的转变，尽管这一转变需要较长的时间，但是对于汽车露营度假来说却是一个难得的机遇。

2.2 城镇居民人均可支配收入的增加

随着国家经济的快速发展，城镇居民的可支配收入也随之增加。据中国国家统计局 2011 年的官方统计，全国城镇居民平均可支配的收入为21 810元，比 2010 年增长了 14.1%。随着生活水平的提高，人们对生活质量逐渐重视起来，文化产业在中国的发展也越来越蓬勃。周末到近郊休闲度假，节假日到国内旅游景点观光度假，甚至到海外旅游度假在目前的中国已经是相当平常的事情。据统计，2011 年上半年，我国旅游总收入突破10 000亿元，比上年同期增长 18%。其中，国内旅游人数约 13.3 亿人次，同比增长

13%；国内旅游收入约9 200亿元，同比增长22%。入境旅游人数约6 627万人次，同比增长1%；旅游外汇收入约225.5亿美元，同比增长1.6%。快速发展的经济和人们收入水平的提升为我国汽车露营的发展提供了经济条件和发展机遇。

2.3 休闲时间的延长

随着改革开放的深入以及科技的进步，劳动时间逐渐在缩短，中国政府开始重视休闲。早在1995年，国务院就在全国实行了五天工作日制度，从那以后人们有更多的时间参与旅游等休闲活动。2008年国务院又对我国部分节假日做了调整，出台了《职工带薪年休假规定》，调整后出现了7个集中休假高峰。我国的法定节假日和周末休息日已经达到了115.3天，如果加上职工的带薪年假，一年中平均休闲时间超过了三分之一。休闲时间的增加为我国实现汽车露营创造了可能。

2.4 城市化进程的加快

随着工业化步伐的加快，中国的城市化水平不断提高。据国家统计局2007年9月26日发布的《从十六大到十七大经济社会发展回顾系列报告之七：城市社会经济全面协调发展》提供的数据，2006年全国城市总数达661个，城镇人口5.77亿，占全国总人口的43.9%，城市化水平比2002年提高4.8个百分点。虽然快速的城市化进程会加剧各种社会矛盾以及社会问题，但是辩证地看，这也为我国汽车露营的发展创造了契机。因为随着城市变得越来越拥挤，城市生活的节奏越来越快，生活在城市的人们会更加渴望走进自然，暂时回避喧嚣的城市生活，放松疲惫的身体，找到内心的平静。以回归自然为主题的汽车露营度假在未来会受到大众更多的关注。

2.5 私家车保有量的增加

10年前，中国家庭拥有轿车还是一件奢侈的事情，现如今，由于中国自己的民族汽车工业的迅速发展以及进口汽车成本和价格的降低，汽车生产与销售在中国得到飞速的发展。我国私家车的拥有量是10年前的80倍。据统计，截至2011年6月底，全国机动车总保有量达到2.17亿量，而私家车的保有量也达到7 206万辆。在现如今的中国城市，家庭拥有汽车已经是非常平常的事情，有的家庭甚至拥有两部以上的小汽车，而在经济相对发达的农村地区，有的农民也有能力购买一部小汽车。相对于普通家用型轿车，房车在中国目前的保有量还比较低，只有4 500辆，但是每年的房车销售都比上年平均增长40%。如果按该速度增长，中国未来的房车露营将有可能大幅度发展。

2.6 道路网络的形成

中国高速公路网络发达，国家重视加强高速公路网络的建设，在制订国家高速公路网络规划中提到国家高速公路网（简称7918网）采用放射线与纵横网格相结合的布局形态，构成由中心城市向外放射以及横连东西纵贯南北的公路交通大通道，总规模8.5万公里，其中主线6.8万公里，地区环线、联络线等其他路线1.7万公里。除了高速公路形成网络，中国还建成了连接各省的国道网络。由于国家对交通建设的投入力度越来越大，即使在偏远的农村地区也通了柏油公路。中国目前的交通路况丝毫不逊于美国，有的高速公路的路况甚至优于美国。四通八达的公路系统让普通大众的出行变得十分便捷，周末或节假日可选择自驾旅游度假的人越来越多。

2.7 丰富的自然及人文资源

中国拥有极其丰富的自然与人文旅游资源，这为汽车露营的发展提供了资源基础。中国目前被选入世界遗产名录的景区就有40多个，有26个自然保护区已经加入了世界人与生物保护网，还有119个5A级景区，21个世界地质公园，拥有国家级头衔的景区随处可见。这些环境优美、气候宜人、生态完好、民族风情浓郁的地方为发展露营度假提供了资源保障。同时，中国丰富的自然资源也可以为我国发展汽车露营地提供依托，既满足人们亲近自然的需要，又满足中国人观光的需求。人们在露营的同时还可以欣赏周围的自然风景，领略人文风光，尤其是在少数民族地区，露营者还可以亲身感受民族文化以及民族风情。

2.8 政府对度假旅游的重视

2009年12月3日国务院下发了《国务院关于加快发展旅游业的意见》。在意见中国家首次提出要把旅游房车、邮轮游艇、景区索道、游乐设施等旅游装备制造业纳入国家鼓励类产业目录，这充分表示了国家对这些产业的重视，同时也明确了中国旅游业的发展方向。与此同时，与房车产业息息相关的汽车露营地的开发与建设也在各省受到关注。目前，建设汽车露营地被各级政府列入发展旅游业的计划。2010年仅北京市就有10个区县开展了汽车露营地规划建设工作，其中5家对外开放；河北省环首都14个县至少兴建14个房车露营地；山东公布了42个自驾游示范点，并在全省范围内规划建设180个汽车露营地；青海、重庆、四川、天津、江苏、吉林、浙江等地纷纷拉开建设露营地的序幕；海南目前正在制订全岛房车露营建设规划，全岛首个房车露营基地将落户保亭县三道镇。国家对房车以及露营产业的重视加上各省对这一政策的积极响应为汽车露营产业的发展提供了绝好的契机，势必会推动房车业以及汽车露营在中国的未来发展。

2.9 思想基础

道家思想对中国的文化影响深远，道教信奉天人合一，返璞归真，这为汽车露营在中国的发展提供了思想基础。道家的天人合一其实就是物我合一的整体生态观念。他们认为人与自然是平等的，人类并不优于其他万事万物，人是自然的产物，所以人类对自然应该心存感激，要热爱自然，回归到与自然和谐相处的状态。因此陶渊明笔下“采菊东篱下，悠然见南山”的田园生活正是现代都市人追求的理想生活，而汽车露营恰恰为繁忙的城市居民提供了放慢脚步、亲近自然、放松身心、远离拥挤喧嚣的城市生活的机会。

2.10 中国人的集体主义观念以及从众心理

中国人的集体主义观念以及从众心理对汽车露营的发展具有推动作用。中国人喜欢热闹，从众意识强烈。如果对汽车露营发展加以正确的引导及宣传，将会有更多的自驾车爱好者带着家人和朋友走进大自然。随着汽车露营这个度假方式被一部分人接受，很多人也会随之加入。这种心理同样也作用于房车露营的推广。房车露营目前在欧美是较为流行的度假方式，而中国房车露营的发展状态类似于几十年前的美国，是较富裕人群的选择。中国的富人阶层目前把房车露营度假看作财富、身份与社会地位的象征，那么他们也会比较倾向于效仿西方流行和时尚的生活方式。

2.11 中国旅游市场存在的某些问题也是露营度假发展的机遇

中国目前的旅游市场存在诸多问题，例如景区门票偏贵、旅游度假成本偏高、节假日景区人满为患、旅游市场管理混乱、旅游从业人员素质参差不齐、部分景区和度假地存在宰客现象等，这些问题在某种程度上降低了游客的满意度，给旅游业的健康发展带来一些负面的影响。而露营度假在西方是较为大众化的消费度假方式，以贴近自然和规范化的管理为特点。如果中国能够准确地将露营定位为普通公众的度假方式，吸引那些难以支付远途度假费用的人群，并且利用各地的自然条件，大力开发近郊的休闲度假，以周末和小长假的游客作为露营的目标群体，并规范露营度假的管理，势必会有更多的大众愿意参与其中，这对中国的汽车露营度假产业而言将是一个较好的机遇。

3. 美国汽车露营产业发展经验对中国的启示

美国汽车露营产业发展的百年经验告诉我们，汽车露营度假不仅仅涉及汽车制造以及营地的建设，它是一个系统的工程，需要多方力量共同推动，包括政府，社会机构与行业协会，汽车和房车制造企业，汽车、房车租赁企业，露营地，教育机构，旅游从业机构和企业，户外用品企业，保险行业，电子商务，媒体等。中国要发展自驾车露营度假和营地建设，不能将露营相关产业与部门孤立起来，而应整合各种资源、协调相关产业，发挥各自的优势，弥补不足，走产业化的发展道路，只有这样，中国的自驾车露营才会健康长久地发展。

（1）首先，政府要大力扶植汽车露营产业，发挥统筹全局的作用，制定完善的汽车露营法律法规，在法律层面上落实管理主体，对营地的开发、建设、运行、管理进行规范，建立露营产业准入制，向符合安全、卫生防疫、环保与消防要求的营地颁发经营许可证，严禁有隐患的营地进入露营市场，做到产业的规范化发展。其次，政府要重点推出示范露营地或者露营聚集区域，挑选目前发展较好的露营地进行宣传，扩大其影响，使其发挥引领作用，并在此基础上层层推进，逐步向其他资源丰富的区域扩大，达到汽车露营地在中国的平衡分布。最后，政府应该加快放开对房车产业发展的限制，鼓励户外用品和房车的生产与销售，在政策上给予房车上牌照、上高速公路以及上保险的支持。

（2）成立各级非政府机构或者行业协会，制定自驾车露营地和房车营地的建设、管理以及评定标准。吸收各类型营地加入行业协会，由行业协会统一管理。行业协会与政府权力制衡、互相监督，共同对汽车营地的开发、建设、经营、评比进行管理，创造良性的竞争环境，以保证汽车露营产业的健康发展。

（3）重视并推动全民户外休闲教育。教育部门及其相关机构鼓励在小学至大学课堂内外增设户外休闲教育课程，并组织学生参与户外休闲活动，如远足、春游、露营、登山、户外球类活动等。让户外休闲理念深入人心，并在活动中传授学生野外生存的技能。高校培养户外休闲管理的专业人才，为户外旅游机构输送管理人员，提高户外休闲业从业人员的整体素质。

（4）汽车制造企业尤其是房车制造业要加强自主研发能力，统一房车生产与检验的标准。鼓励更多的汽车制造企业加入房车生产，扩大房车的生产规模，降低房车的生产成本，为露营爱好者提供价格适中、档次各异的国产房车车型。同时要重视房车生产质量以及后期配套服务，例如房车的售后、保养与维护的一条龙服务，创建中国房车自主品牌。

（5）规划建设一流的自驾车和房车露营地。营地开发与建设是汽车露营产业发展的基础，中国现有的营地规模小、数量少，这将严重影响自驾车露营产业的发展。要加快推进公立与私立营地的建设，继续推进环渤海、长江三角洲与珠江三角洲营地的建设。重点开发西部以及其他资源禀赋好的地方，开发日间营地、夜间营地、过路式营地以及目的地营地，形成汽车营地引领的多元产品的叠加与植入、多元消费引导的多元商业业态。实现营地之间的网络化分布，打破中国营地地域分布不均的格局。

（6）加快发展汽车尤其是房车租赁行业。中国现有的国情决定房车的保有量不可能达到美国的860万辆，那么为了鼓励国内房车露营的发展，吸引国际露营客，就需要更多的房车租赁企业提供支持。另外还需完善租赁企业的服务，做到提车与还车的高效便捷网络化管理。

（7）鼓励与扶植国内的户外用品生产企业。目前我国仅有探路者和雪狼等几家户外用品生产厂家，户外用品行业还存在规模小和质量不均的问题，很难与国际大品牌进行竞争，而国际品牌户外用品的价格在中国普遍偏高，有的产品售价竟达上千甚至上万元。这样的价格不符合我国发展汽车露营的需要。要想快速推进汽车露营的发展和营地的建设，露营的必备设备应该符合大众的消费能力，这就需要本土的户外用品产业的发展作为支撑。

（8）保险行业要在政策的允许范围内开发房车相关的保险产品，保障房车用户的权益，促进房车产业与露营产业的发展。除此之外，要推出营地相关的保险，例如营地财产保险、意外保险、营地工作人员人身保险以及露营客的意外保险等。

（9）旅游从业机构例如旅行社、房车俱乐部、私人公司和景区管理部门都可以投资兴建露营地，丰富露营地的所有制形式，发挥各自优势，开发不同类型与规模的露营地，扩大汽车露营的产业链，满足各类人群的露营需求。

（10）鼓励营地发展电子商务，开发在线业务。露营地、房车生产企业、汽车租赁企业与户外用品企业要利用现代的网络技术以及电子商务平台进行产品的推广、促销，扩大销售范围。顺应现代人对网络的需求，营地还可以提供无线网络服务，既方便营地进行管理，又可通过微博、微信等平台推广露营度假生活。

（11）媒体发挥正面的宣传与引导作用。树立典型示范营地，加大宣传力度，逐渐转变国人的消费心理与消费行为。政府、露营企业、露营地管理组织与媒体可以合作推出一些内容丰富的露营娱乐活动以吸引更多的人参与进来，例如露营文化节庆、户外运动赛事、露营产品展览等。

参考文献：

魏小安. 休闲度假的特点及发展趋势［J］. 饭店现代化，2004（11）.

Aron, Cindy Sondik. *Working at Play: A History of Vacations in the United States* [M]. New York: Oxford University Press, 1999.

Cordell, H. Ken. *Outdoor Recreation for 21st Century America* [M]. Venture Pub, 2004.

Kraus, Richard G. *Leisure in a Changing America: Trends and Issues for the 21st Century* [M]. Allyn & Bacon, Incorporated, 2000.

Lewis, David Lanier, Laurence Goldstein. *The Automobile and American Culture* [M]. Ann Arbor: University of Michigan Press, 1983.

Nima Samadi. *Campgrounds and RV Parks in the US* [R]. IBIS World Industry Report 72121. www. Ibisworld. com.

Outdoor Industry Foundation. *The Special Report of Camping* [R]. 2011.

The Elicitation of the Industrialization of American Auto-Camping

Tan Yumei

Abstract: The Auto-camping industry, which has been developed for 110 years in America, has a close relationship and interaction with other relevant sections and industries through the campgrounds and the campers. The auto-camping industry has evolved to a complete industrial link train and has walked on a successful road of industrialization. China has conditions and feasibilities for developing the camping vacation industry, and therefore, it is worthwhile to learn from the experience of American industrialization, integrate different resources and coordinate the relevant industries, develop their advantages and make up for their shortages, then to develop a successful and sustainable Chinese camping industry.

Key words: America; Auto-camping; industrialization; develop

"茶"何以"疯"

——《爱丽丝漫游奇境》[1]中的"疯茶会"解读

吴玲玲

(四川大学外国语学院,成都610064)

摘　要:在英国文化中,茶会作为一种文化符号,代表并强化了英国中产阶级的价值观点与社会道德规范。刘易斯·卡罗尔在其作品《爱丽丝漫游奇境》中,以对一场"疯茶会"的描写对茶会进行了充满矛盾的质疑和颠覆,启发人们重新思考"疯狂"的定义。

关键词:茶会;疯狂;《爱丽丝漫游奇境》;"疯茶会"

在英国文化中,"茶"从来就不是"疯狂"的代言词。这一源自中国的舶来品于17世纪传入英国,经过18世纪的逐步普及,到18世纪末期已经初步奠定"英国国饮"的地位。作为一种饮品,茶在发展和普及的过程中被英国的历史与社会赋予了一定的文化含义,从而成为一种文化符号,在建构英国社会民族、阶级和性别身份的过程中发挥着重要作用。随着维多利亚时代英国中产阶级经济、政治力量的提升,作为该阶级重要生活习惯和社交场所的下午茶茶会,集中反映并强化了英国中产阶级的价值观念和道德规范。一场完美的茶会应该由一位贤淑、优雅的"家庭天使"邀请合适的客人在合适的时间与场所举办。主客按照既定的社会礼仪行事,在茶会上联络感情,沟通思想,解决纷争。因此茶会象征着礼节与理性,象征着各社会群体对社会制度的遵守,对社会道德的认可。而茶会中的茶,具有英国的、中产阶级的、女性的这三大社会属性,它"已逐渐失去其用于解渴的饮料属性,转而成为一种社交物质和手段"(马晓俐,2010:127)。从各种意义上说,它都代表着理性,应该站在"疯狂"的对立面。

然而,刘易斯·卡罗尔(Lewis Carroll,1832－1898)却在其代表作《爱丽丝漫游奇境》(*Alice's Adventures in Wonderland*,1865)中安排了一场具

---

① 本文采用的张华版译本原名为《挖开兔子洞:深入解读爱丽丝漫游奇境》,然而,由于《爱丽丝漫游奇境》是刘易斯·卡罗尔(Lewis Carroll)所著*Alice's Adventures in Wonderland*最流行的译法,该文也如此称呼,以便统一,本文将其简称为《奇境》。

有颠覆意义的“疯茶会”。它之所以“疯”，是因为它“正好代表了所有茶会不该代表的东西……这是一场荒谬/无意义的（nonsensical）茶会”（Fromer, 2008: 169）。在此，“荒谬”不是真正的荒谬，它是一个相对的概念，正如对于“疯癫”也必须脱离本质主义的束缚去理解。

对“疯癫史”研究做出里程碑式贡献的米歇尔·福柯（Michel Foucault, 1926－1984）在他的代表作《疯癫与文明》（1961）中并未给疯癫下一个确切的定义，但他指出，在广阔的社会空间内，疯癫不再是病理学或医学事实，而是文明与文化事实；疯癫不是自然的产物，而是文化的产物。福柯让疯癫与理性对立起来，因为“理性—疯癫关系构成了西方文化的一个独特向度”（福柯著，刘北成、杨远婴译，2003：前言：3）。疯癫是理性权力的排斥结果，疯癫的知识也正是理性权力建构起来的（汪民安，2008：19－21）。

卡罗尔的整个《奇境》故事都充满了疯癫与理性的博弈。该书由一次在水上的划船而酝酿，而整个奇境世界也与当年疯人船被放逐的目的地有诸多契合。绝对与相对，理性与非理性，逻辑与混乱，让爱丽丝的探险充斥着张力与挑战。卡罗尔让疯癫与理性的巅峰对决发生在理应象征社会秩序的“茶会”上，让“疯茶会”作为全书的高潮和重大转折部分，必定基于一个假设，即读者与爱丽丝一样，对一场茶会中所体现的道德和礼仪规范有某些特定的期待，而作者在“疯茶会”的描写中不断挫败这些期待，从茶桌礼仪到茶客，从茶会空间到时间，从茶会结局到人物命运，卡罗尔无处不在体现这场特殊茶会的“疯狂”。“疯狂”即颠覆和背离。

1. 疯狂的茶客

在英国文化中，茶会是重要的社交方式。相对茶水本身，茶会礼仪更加受到主客双方的重视。茶会之前，主人需要通过请柬、便笺或者电话发出邀请；客人需在约定的时间着正装出席——男士身穿燕尾服或西装，女士着配有花边的松身“茶袍”，并戴礼帽；茶会上女主人亲自为客人服务，而客人多在7点以前道谢离去。只有当主人与客人都按照预定的茶桌礼仪行事，一场茶会的作用——主客疏通感情、交流思想——才能得以发挥。而刘易斯“疯茶会”中的主人与客人却完全颠覆了茶桌礼仪，没能履行自己的职责。茶客中既有人物也有动物，或许是因为“动物界逃避了人类符号和价值的驯化，反过来揭示了隐藏在人心中的无名狂暴和徒劳的疯癫”（福柯著，刘北成、杨远婴译，2003：17)。

首先，茶会的主人从名字上就被定义为“疯”的——疯帽匠和三月兔[①]。从茶会开始，他们就无时无刻不在违反作为茶会主人的待客之道。他们坐在睡鼠（也是客人之一）身上，把它当垫子；当看见客人进来时，粗鲁拒绝爱丽丝：“没位子！没位子！”（卡罗尔著，张华译，2013：147）更有甚者，三月兔在茶会上让爱丽丝喝酒，但他却并没有酒。这些行为都严重违反了茶会主人的待客礼仪。

当客人进入茶会时，自然会期待茶水、点心、热情的欢迎与舒适的交谈。然而，当爱丽丝进入疯帽匠的茶会时，尽管有足够的空间让她坐——“桌子很大，三个人却挤在一角”（147)，她却仍然遭到茶会主人的粗鲁拒绝（147)。在此，爱丽丝也许与读者一起成了不受欢迎的入侵者。

在英国，茶自诞生之初就与女性联系在一起，而烟、酒和咖啡被看作男性的专利，正如在另一场“疯茶会”（苏珊·桑塔格的《床上的爱丽丝》）中，“茶”与“烟”被看作一对双生物，分别代表女性和男性[②]。在此章节中，卡罗尔反复强调，作为“酒”的反面，“茶”具有提神醒脑、让人恢复理智的作用。当睡鼠又睡着了时，帽匠“在它的鼻子上倒了一点热茶”(151)，试图唤醒睡鼠。当时的英国社会，在茶的发展过程中，茶商和政府都不断强调茶的治疗功效和社会功效，以抗击酒精对国民体质和社会道德所带来的破坏性作用。茶，已经超越了提神的生理作用，成为社会规范和道德准则的代言。然而，在没有酒的前提下，三月兔却“殷勤地”问爱丽丝是否要酒，这可以理解为他试图打破爱丽丝在真实世界中所学到的理智与规范，想要用“奇境”中的“荒谬的道德”去腐蚀爱丽丝所接受的行为准则。但爱丽丝并没有顺从地接受。作为不受欢迎的不速之客，在遭到拒绝以后，爱丽丝并没有“知趣”地离开，而是强行闯入，让自己参加茶会，变被动为主动，不断为自己争取权力，甚至尝试挑战和控制“奇境”的社会规范和逻辑。

---

① 卡罗尔善用成语来制造人物。例如帽匠和三月兔是从“Mad as a hatter”（疯如帽匠）与“Mad as a March hare”（疯如三月兔）这两句成语逆构而来。虽然举办茶会的场所是三月兔的房子，也即是说，三月兔才是真正的茶会主人，但由于相对于爱丽丝这个他者来说，三月兔和客人之一的疯帽匠属于同一个社会群体，而疯帽匠在整场茶会中也是以主人自居，因此也可以把他理解为茶会的主人之一。(参见卡罗尔著：《挖开兔子洞》，张华译，长春：吉林出版集团责任有限公司，2013 年，第 141 页)。

② 桑塔格（Sontag, S.）著，冯涛译：床上的爱丽丝，上海：上海译文出版社，2007。

当听到“没位子”的借口时，爱丽丝公开表达了对自己遭受冷遇的不满，她生气了。读者会发现，尽管爱丽丝自从进入兔子洞以来就一直被当作入侵者和他者对待，然而，这是她第一次没有控制住自己的情绪，完全直截了当地表达不满和愤怒。弗洛姆将爱丽丝终于生气的原因归纳为她巨大期待的落空（Fromer，2008：171）。在遭遇了之前种种冷遇和困惑之后，爱丽丝以为她终于发现了一个场所，可以让她感受到家庭般的温暖，身心可以得到彻底的放松，可以打破她和奇境中人物/动物之间的界限与隔阂，所以，当她听到“没位子”时，终于在巨大失落下发了脾气。“爱丽丝对自己在茶桌上应当受到的欢迎和款待有一种期望，这种期望反映了她在小说中处于相对弱势的地位——作为家庭中的子女和奇境的客人……当她作为子女/客人的地位遭到三月兔和帽匠的忽视之后，爱丽丝决定要改变她的处境。”（172）在一个女孩儿自小就被教育要顺从权威、压抑自我的文化中，卡罗尔笔下的爱丽丝此时是大胆的，颠覆的。

当爱丽丝生气地说完“位子多得很!”（卡罗尔著，张华译，2013：147）以后，她“在桌子一头的大扶手椅坐了下来”（147）。按照维多利亚时期的茶桌礼仪，客人，尤其是女性客人，在茶桌旁的表现应该是文明优雅、仪态万千的。而书中插图（148）表明，爱丽丝在“扶手椅”上的坐姿并非端正，而是松弛随意的，全然没有维多利亚中产阶级的淑女风范。尽管她自己的做法也不合时宜，她却得寸进尺地想要掌控权威，教导茶会上那些不文明、粗鲁甚至不可理喻的角色们什么才是真正的茶会礼仪。当三月兔向她提供酒时，爱丽丝“生气地说：‘没酒还请人家喝，好没礼貌’”（147）；当帽匠说“你的头发该剪了”（149），爱丽丝“板着脸”教育他“你不该当面批评人家，这样很不礼貌”（149）。自然，在爱丽丝的时代，家长们为了教育自己女儿社会行为规范，会常常“板着脸”说出类似的话。让爱丽丝在此尝试承担起家长这一权威角色，确实使卡罗尔笔下的这位女主角与其他文学作品中逆来顺受的女性形象区别开来。

此时，茶桌就是维多利亚时期女孩所应该遵守的社会准则和道德规范的缩影，而“疯茶会”上的主人和客人们都自作主张地打破了茶会所应该代表的符号意义，可谓“疯狂”。

2. 疯狂的茶会时间

从英国最流行的饮茶习俗“下午茶”的名称便可得知，在英国，饮茶和特定的时间是紧密相关的。在维多利亚时代，“适当”的下午茶时间在不同年代，对不同阶级而言，有着不同的定义。在简·奥斯汀（Jane Austin，1775－1817）年代，饮茶时间多在正餐以后，因此，当时的下午茶还不是现代意义上的“下午茶”。1884 年，玛丽·拜厄德（Marie Byard）在《礼仪的有益指点》一书中给出建议：“适当的时间……是从下午 4 点到 7 点。”（马晓俐，2010：63）然而，随着晚餐时间逐渐与阶级地位联系在一起，下午茶时间也发生了相应改变。用餐时间越晚，表示该家庭的阶级地位越高。例如到 19 世纪 50 年代时，正餐时间已由之前的 4 至 5 点推迟到 7 点半到 8 点左右，因此，《奇境》中所设定的下午 6 点（而非现代人所习惯的 4 点左右）这个饮茶时间是符合当时的社会习俗的。但是，“疯茶会”却颠覆了时间最基本的概念，即时间是流动的、前进的，而非静止的。爱丽丝关于时间的线性发展观念不断破坏着茶会的喜乐氛围，给奇境中的茶客们带来诸多困扰。自从红心王后指责帽匠“他在谋杀时间！杀他的头！”[①] 以后，“时间老哥”（Time）就不肯照帽匠的意思做了，所以始终停在 6 点钟。

> 爱丽丝忽然明白了，问：“桌上摆了这么多杯盘，就是这个原因吗？”
> 帽匠叹了口气说：“是的，一直是喝茶的时间，没有时间洗。”
> （卡罗尔著，张华译，2013：157）

根据理智社会的逻辑，时间是不会停止的。如果时间停止，人物的一切活动也将随之停止，可是茶会主人却可以一直喝茶、说话，只是没有时间洗杯盘，这从根本上违背了所有关于时间的概念。

在英国文化中，下午茶可以作为一种时间标记，标记着公共空间与私密空间的转换，也标记着自我和他人之间的关系与界限。当客人进入茶会，他必然期待一段在身心上都得到放松和补充的愉悦和亲密时间，可是，这场永远不结束的茶会，并没有给爱丽丝这个不速之客带来丝毫愉悦和温暖。“让这场茶会‘疯狂’的部分原因是它打破了时间的界限，打碎了客人对友好与文明的期待。这段疯狂的茶会时间永远不前进——它标记不了任何时刻，因为它总是停留在某一时刻的一个部分上。”（Fromer，2008：172）

---

① 英文原文“murder time”是卡罗尔的一个文字游戏，本意为“乱了节拍”，但又可以理解成帽匠犯了“谋杀时间”的罪名（参见卡罗尔：《挖开兔子洞》，张华译，长春：吉林出版集团有限责任公司，2013 年，第 157 页）。

传统的下午茶时光总是伴随着黄油与面包。然而，在《奇境》中，它们与时间一道遭到了最颠覆的嘲讽。钟表是时间最重要的标记工具，可是茶会上的这只表，却只报日子不报钟点。面对爱丽丝的困惑，帽匠反问道："为什么要报钟点？你的表会报年吗？"（卡罗尔著，张华译，2013：151）帽匠以自己的方式再一次打乱了爱丽丝常规世界里关于时间的逻辑。三月兔甚至将怀表当作面包，用面包刀在上面涂黄油，面对上面的面包屑，它"泄气地拿起表来看，放到面前茶杯里浸了一下，又拿起来看看，想不出别的话，只是重复说：'这是最好的奶油，你知道'"（151）。显然，三月兔的此种试图重新恢复时间规律的做法失败了，而他的最后尝试，竟然是把时间浸入茶水里这一背离常规的解决之道。这里再次体现了茶在英国人眼里万能的治愈和安慰功效。可是即便这样，它也无法让时间按照宇宙的规律前进。

其实，卡罗尔关于时间甚至空间的游戏不仅仅限于"疯茶会"，它们贯穿《奇境》始终。当爱丽丝掉进兔子洞时，时空的错乱是她的第一个遭遇。她必须努力尝试理解并适应这种全新的认知和感受，才能更好地生存下去。根据心理学家的解释，时间—空间维度的缺失是理解潜意识的关键（Peterson，1985：428）。而爱丽丝的奇遇从某种意义上说便是作者卡罗尔潜意识的产物。作为一般常识的批判者，卡罗尔似乎认为"时间是犯人"，它"吞噬、摧毁"着这个世界（428）。而试图逃脱被时间摧毁的命运，就会导致疯狂。在"疯茶会"上，时间是静止的，时间工具怀表变成被吞噬、被消耗的食物，而怀表的拥有者和茶会房子的主人——三月兔——也是疯的，这一切时间与疯狂之间的联系正好印证了福柯对疯狂的理解。

> 直至文艺复兴时期，对疯癫的情感还是与天马行空的想象联系在一起。到了古典时期，人们第一次通过对游手好闲的谴责和在一种由劳动社会所担保的社会内涵中来认识疯癫。……正是在劳动的神圣权力所圈定的"另一个世界"里，疯癫将取得我们现在认为的属于它的地位。
>
> （福柯著，刘北成、杨远婴译，2003：52－53）

在不同的历史时期和时间里，人们对疯狂有着不同的理解和定义。而"此种全新的关于疯癫的定义是西方时间观念根本性转变的一个方面"（Peterson，1985：430）。宗教时间让位于世俗时间，拯救灵魂让位于加速发展，刘易斯正是要嘲讽这过于理智、客观、短暂、有序的现实，而这种嘲讽通过《奇境》中疯狂的人物化动物和儿童表现出来。象征社会秩序和道德规范的茶会再一次成为此次嘲讽的背景与场所。而那只永远迟到的白兔象征着神秘时间概念衰落的最后阶段（432）。

3．疯狂的归宿

经历了茶会上的种种奇遇与冷遇，爱丽丝最终并没有喝到茶。闯入茶会的爱丽丝，期待着一场茶会可以把她带入熟悉的家庭环境，暂时忘记奇境里所有陌生与癫狂带给她的困惑。然而，不管从身体还是精神上，她都没有得到慰藉。在和茶会主人进行了关于时间和礼仪的长久对话以后，爱丽丝终于得到了三月兔的认可，于是，他“殷勤”地请爱丽丝“再多喝些茶！”（卡罗尔著，张华译，2013：159）其实此刻，爱丽丝一口茶都没有喝到，当然谈不上“再”。在帽匠以“我要一只干净茶杯”（161）为借口要挪位子的要求下，爱丽丝尽管“很不甘愿”（161），却不得不挪到一个“最糟”的位子上，因为那儿的盘子里有三月兔打翻的牛奶罐。至此，爱丽丝开始选择妥协。她“不想再惹睡鼠生气”，开始变得“小心”，“好一阵子没打岔”（161，163），直到帽匠最终激怒了爱丽丝。爱丽丝愤然离开这个失望之地：“从来没见过这么白痴的茶会！”（161，163）

离开茶会之后，整个故事情节出现了转折。从一开始她就向往但没法进入的美丽花园展现在眼前，她非常顺利地“穿过小通道……徜徉在鲜艳的花朵和清凉的喷泉之间”（165）。她终于学会了如何变成合适的大小，如何拿到钥匙，如何适应这个怪诞之地。她尝试过掌控权威，模仿家长和父母，然而，所有努力都无法让这个混乱癫狂的奇境重获秩序、文明与逻辑。她体验了粗鲁与无理的对待，体验了愤怒和表达愤怒，终于学习去接受荒谬的逻辑与秩序，继续她的探险之旅。

然而，爱丽丝在奇境的漫游并没有无止境地继续下去。把她拉回现实的，仍然是一杯茶。爱丽丝的姐姐把她从梦中唤醒，并亲切地说：“亲爱的，快去喝茶吧，时候不早了。”（256）于是爱丽丝起身跑开，姐姐却还在“想象小妹妹随着时间长大成人的样子”（261）。

在奇境之内，爱丽丝经历了一场疯狂的茶会。它之所以疯狂，因为它几乎失去了茶会应有的符号含义和社会功能。然而，在奇境之外，茶会仍然标记着特定的时间与空间，它推动故事情节发展，将爱丽丝从疯狂世界中抽离，重新带回到它所象征的秩序与道德里。在这个现实世界里，爱丽丝继续着她的成长与蜕变，从一个无性别特点的小姑娘变成承担社会职责的成年女性，她将履行一位英国中产阶级妇女所应该履行的义务——为她的家人或客人沏一壶茶。

“疯茶会”是整个故事的高潮和转折。时间、空间、道德的无序在茶会上发展到高潮，而爱丽丝试图反抗无序、重建秩序的斗争也在茶会后逐渐减弱。表面上看，爱丽丝在茶会之后、梦醒以前接受了无序逻辑，似乎是对有序现实的反抗。其实，这更应该被理解为爱丽丝反抗的终结与放弃。此种无序，可以理解为“现实”的隐喻，即看似合理的社会秩序，其实充斥着各种无逻辑与不合理。女性无权、顺从的社会形象是不合理的；疯狂被隔离、被误解与扭曲是不合理的；儿童无条件地服从家长与教师也是不合理的。爱丽丝不是一个完全意义上的进步人物，她有她的局限性。虽然享受了其他儿童文学人物所无法享受的自由和探索，但在那个疯狂的世界中，她始终是一个陌生的、孤独的外来者。直到梦醒去喝那一杯茶，她才似乎找到了心之所安。《奇境》的各种错乱与癫狂正好反映出卡罗尔对社会现实的矛盾心理。

4. 疯狂中的矛盾与抵抗

爱丽丝在一个疯狂的世界中见证过、批判过，也表现过疯狂。作者为何展现一个疯狂荒谬的世界？为何举办一场“疯茶会”？

卡罗尔研究者亨克（Henkle）认为，在他的一生中，卡罗尔都表现出对精神错乱的着迷。他对疯癫的定义正是基于做梦与清醒：

> 当我们做梦的时候……我们对事实只有微弱的意识，并且试图醒来，难道我们不会说或者做那些在清醒的生活中被认为是疯癫（insane）的事情？难道某些时候我们不能将疯癫定义为无法分辨是梦是醒？
>
> （Henkle：112）

“疯茶会”中的睡鼠，就是这样一个隐喻般的角色。尽管从茶会初始，他就在睡觉，并且被当成了垫子，到爱丽丝离开茶会前，还被“塞进茶壶里去”（卡罗尔著，张华译，2013：163），但时梦时醒的睡鼠却总在关键的时候插话，并且言之有理，言之有序，还能缓解尴尬局面，推动故事发展。睡鼠的话中，最值得回味的是：“我没睡着，你们说的话，我每个字都听得清清楚楚。”（157）沉睡与清醒，疯癫与正常，荒谬与理性，它们之间可有明确区分和言说的界限？或许，疯癫者正如睡鼠，用沉睡的假象保护“被遮蔽的理性”，在“疯癫”中肆意解构语言和社会规范，因此，最终不为“理性”所容，被当作“他者”塞进象征社会制度和道德规范的茶壶中，禁锢封闭起来，一如福柯笔下的维多利亚时期的疯人或他者的命运。

于是，如睡鼠般，卡罗尔让爱丽丝也做了一场梦。梦中有对离开伊甸园的痛苦，有对悲剧般失去天真的惋叹。然而，这一场疯狂的梦读来更似一出喜剧。在一个高度重视主流社会价值典范和道德规范的时代，或多或少出于对自己的保护，不少作者将社会批判诉诸戏剧，尤其是喜剧。同样，疯癫也是一种手段，多用来与常识（common sense）作比对，让人们认识、反思现实社会的价值定位。“它（疯癫）也是戏剧安排中最必要的错觉形式。因为无需任何外部因素便可获得某种真正的解决，而只需将其错觉推至真理。因此，它处于戏剧结构的中心。”（福柯著，刘北成、杨远婴译，2003：29）和公开攻击相比，此种艺术形式更适合于从一个阶级或者社会内部去进行批判。

卡罗尔是矛盾的。他既质疑现实世界，又恐惧无秩序状态（anarchy）。因此《奇境》中的爱丽丝也是矛盾的，她时而代表现实社会中的疯癫，以进步的、自主的女性形象出现，时而又代表奇境中疯癫的反面，质疑并制止三月兔和疯帽匠种种离经叛道的行为。作为从女孩到女人过渡阶段的青春期少女，爱丽丝更像作者自我控制与自由思想之间的平衡物。

正如亨克所说：“在两本爱丽丝书中，充斥着种种相互矛盾与对抗的冲动：既热望构建一部完全自由、去道德的成年人戏剧，又同等惧怕它可能带来的无序状态；既渴求按照自己的方式丰富当代成年人的生活，又怀疑、害怕自己幻想的疯狂轨迹；既反对宗教对自由与生活的否定，又对自己信仰的减弱感到绝望。”（Henkle，1973：115）

尽管卡罗尔的喜剧充满了矛盾与回归，但剧中的各种癫狂——时间的、空间的、社会制度的，却从事实上松动了严格的社会秩序。虽然作者不愿脱离他的社会身份，但《奇境》展现了在封闭的中产阶级社会中人的痛苦、愤怒与绝望；虽然爱丽丝以及她代表的中产阶级女性最终回到了家庭空间充当“家庭天使”，但她们渴望改变，渴求独立与权力的诉求与尝试被勇敢地诉诸笔端，来到千家万户的客厅中。卡罗尔的书真实地揭秘了成长的过程。梦中的爱丽丝绝不是谨言慎行、严肃无主见的女性形象的代表，而是自我、叛逆的，最重要的是，她的非主流行为在卡罗尔笔下并没有受到来自真实世界的惩罚。这也让卡罗尔的两本爱丽丝著作从维多利亚时期的其他众多儿童文学中脱颖而出，甚至“改变了儿童文学的全体角色”（转引自 Mulderig，1977：320）。

而颠覆社会制度与道德规范的那一场“疯茶会”，既让读者看到了穿越时空维度、主客尽情僭越与狂欢的可能性，又在结尾处营造了一个茶桌边沏一壶茶的维多利亚时期中产阶级女性形象，留给读者无穷的探索与回味的空间。

参考文献：

福柯．疯癫与文明：理性时代的疯癫史［M］．刘北成，杨远婴，译．北京：生活·读书·新知三联书店，2003.

卡罗尔．挖开兔子洞［M］．张华，译．长春：吉林出版集团有限责任公司，2013.

马晓俐．多维视角下的英国茶文化研究［M］．杭州：浙江大学出版社，2010.

汪民安．福柯的界限［M］．南京：南京大学出版社，2008.

Fromer, Julie E. *A Necessary Luxury: Tea in Victorian England* [M]. Athens: Ohio University Press, 2008.

Henkle, Roger B. The Mad Hatter's World [J]. *The Virginia Quarterly Review*, 1973.

Mulderig, Gerald P. Alice and Wonderland: Subversive Elements in the World of Victorian Children's Fiction [J]. *Journal of Popular Culture*, 1977.

Petersen, Calvin R. Time and Stress: Alice in Wonderland [J]. *Journal of the History of Ideas*, 1985, 46 (3).

Why is "Tea" "Mad"?: An Interpretation of "A Mad Tea Party" in *Alice's Adventures in Wonderland*

Wu Lingling

Abstract: In English culture, "tea party", as a cultural symbol, represents and reinforces the principles, values, and moral codes of the English middle class. In his *Alice's Adventures in Wonderland*, Lewis Carroll questions and subverts those middle class values through his description of "A Mad Tea Party", and enlightens us to redefine "madness".

Key words: tea party; madness; *Alice's Adventures in Wonderland*; "A Mad Tea Party"

赛珍珠中西教育理念研究

刘丽华

（四川大学外国语学院，成都 610064）

摘　要：在中国成长并接受了中美教育的赛珍珠拥有中美双重文化身份。在教育生涯中，她形成了自己特有的中西教育理念。对中国教育家晏阳初的教育理念的认同，更是凸显了她这种根植于中美双重文化的中西教育观。

关键词：赛珍珠；中美教育；文化身份；教育理念

美国来华传教士子女的杰出代表、著名女作家、诺贝尔文学奖获得者赛珍珠一生致力于推进中美研究。她不仅创作中国题材的小说和传记，翻译中国文学作品，在中国任教，还在美国为中国抗战募捐，积极呼吁废除美国的“排华法案”。赛珍珠在中国的任教时间不长，但她的双重文化身份使她关注并思考中国的教育制度，她的执教经历让她力行她所认同的中美教育理念，因此，赛珍珠的中西教育观极具典型性，值得关注和研究。

1. 赛珍珠的双重文化身份

身份认同是西方文化研究中的一个重要概念。身份认同的基本含义通常是个人或群体对特定文化的认同。在文化研究的理论中，身份认同被用来描述在现代个体当中发现的自我意识。身份认同经历了带有不同特性的三个阶段，分别是以主体为中心的启蒙身份认同、以社会为中心的社会身份认同和后现代去中心身份认同。后现代身份认同的特征就是去中心（decentering），这表明身份认同的主体在不同的时间和地域可以获得不同的身份。

因此，广义上的身份认同主要指某一文化主体在强势与弱势文化之间进行的集体身份选择，在这一过程中个人产生强烈的思想波折，遭受巨大的精神痛苦。这种身份认同是当代文化批评所关注的“混合身份认同”（hybrid identity）（张一凡，2006：465）。

而文化身份（cultural identity）指的是一个群体或文化的身份认同，或是一个人所受的他所属的群体或文化的影响。斯图亚特·霍尔认为：“我们的文化身份反映的是我们共同的历史经验和享有的文化符号，而这种经验与符号，在我们实际历史的移动分配和变迁中，为我们提供了稳定、持续、无

变化的意义框架。”（Norman Vasu，2008：30）

大多数传教士子女的身份认同都经历了痛苦的选择。传教士子女（Missionary Kids，MKS）由于父母是传教士，他们中的大多数人出生在父母进行传教的外国，或者在幼时由父母带到父母传教的国家并在那里长大。

作为20世纪初来华的美国传教士子女的一员，尽管赛珍珠出生在美国，但是在3个月大时便由母亲带到了中国。因此，汉语和英语是赛珍珠童年时期的两种语言，可以说都是母语，甚至在她开始说英语之前她就已经开始讲汉语。赛珍珠认为她的第一语言曾经是汉语。赛珍珠的母亲还为她请了家教，教授她儒家思想。赛珍珠在中国文化中成长，在中国所受的教育使得童年的她了解中国的礼仪、规矩及传统的风俗习惯。

虽然是一名基督徒的孩子，但赛珍珠童年所接受的儒家教育和文化的熏陶让她认为孔夫子和他们的天父——上帝是一样的，并且她也接受所有的神。这说明赛珍珠受到基督教和佛教的双重影响，而她自己也承认这一点。“就宗教本身来讲，我从没有发现它们在特性上有什么不同……我有幸自幼便受到基督教和佛教的教育，但最终的结果是：我既不是基督徒，也不是佛教徒，我或许是它们两者，但有时也不完全是它们两者，我不是一名无神论者。”在两种宗教的影响下，赛珍珠能够同时接受基督教和儒教的观点，她对宗教始终抱有宽容的态度。这种对不同宗教的宽容与一般的基督徒对基督教的狂热与执着有着根本的不同。对宗教的宽容使她更容易形成宽广的人生观。

为了让赛珍珠不忘记自己本国的语言和文化，赛珍珠的母亲在她幼年时便在家中教授其美国文学和历史，同时还让她学习英国文学乃至欧洲的文学和历史。因此赛珍珠从年幼时便接受中西两种教育，这也成为她后来拥有中西教育观的基础。

赛珍珠长大后回到美国，开始接受美国的高等教育，就读于位于美国南部的兰道夫（Randolph-Macon）女子学院。尽管这所学院的学生勤于学术且积极参与当时的社会事务，但这是一个中产阶级的白人世界。赛珍珠的成长岁月是在一个遥远的国度里度过的，她吸收了一种她的美国同胞们认为很奇特的异域文化，因而他们把当时的赛珍珠看成是一个有着异国特质的局外人，来自西方人眼中的“东方”，是白人世界眼中的“他者”。她因而感受到了面对西方人时的“东方人”的压力，面对“第一世界”中心话语时“第三世界”的边缘压力。

赛珍珠和其他传教士子女一样，因为自幼生活在两种文化之中，既感受到两种异质文化的冲突，也深受两种文化的影响。他们大多认同两种文化，思想开明，具有双重文化身份和文化意识。他们凭借其双重文化身份，积极努力推动两国人民之间的理解和交往，促进两种文化的交流与共融。

2. 赛珍珠在中国的执教经历

进入20世纪，随着西学东渐，中国社会发生了一系列重大的事件和变革。其间，中国的教育制度也受到了影响，其中教会教育对中国传统的教育制度和理念影响深远。赛珍珠作为在中国长大的美国传教士子女，在其成长过程中接受了中美两种教育，拥有中美双重文化身份，因此她能够站在跨文化的立场上对中国的教育制度进行思考，并提出自己独到的见解。

赛珍珠幼时在孔先生的教授下学习中国的儒家文化，年仅12岁时便在其母亲任教的一所教会学校里教授一个中国女生班的英文和卫生课。1905年，孔先生病逝后，赛珍珠就读于崇实女子中学。1910年回美国上大学之前，赛珍珠被送到朱厄尔小姐在上海办的寄宿学校。除了上课，学校多次组织学生去探访上海的一家慈善机构。朱厄尔小姐还经常带她去一家针对妇女的慈善机构——“希望之门”（The Door of Hope）。赛珍珠开始在那里做义工，她的工作是教妇女缝纫、织补、刺绣等，而她的这些技能都是从她母亲那儿学会的。这段经历也可以算是她教师生涯的开始。在这段经历中她所目睹的中国女性所遭受的痛苦，毫无疑问地孕育了她最初的女性主义观。这不仅促成了她后来的文学创作主题之一——揭露性别歧视，尤其是中国妇女所遭受的性别歧视，也让她获得了社会工作经验，扩大和深化了她对人类共同情感的体验。而社会工作也成为她文学创作之外的一个最重要的事业。

1910年赛珍珠回到美国，就读于兰道夫学院，接受典型的美国式教育。4年的大学生活她并不快乐，因为远离父母，她深刻地感受到了中西文化的差异，她甚至被美国同学“当作一个颇具异国风味的外人看待”。1914年大学毕业后，赛珍珠留校任教，教授心理学。后来赛珍珠的母亲患病，为了能回到母亲身边照顾她，赛珍珠接受邀请，回到中国并执教多年。

1914年11月，赛珍珠返回镇江接替母亲的教会工作，在润州中学和崇实女中任教。1917年5月13日，赛珍珠与美国青年农学家约翰·洛辛·布克（John Lossing Buck）结婚，后迁居安徽宿州，任教于宿州教会学校，直至1921年。1921年至1931年赛珍珠在南京教会大学金陵大学、金陵女子大学任教，教授英文，其间，自 1925 年至 1927 年兼任国立东南大学外文系兼课教师。1928 年冬，赛珍珠从日本长崎重返中国南京，在国立中央大学教授英文。

1914 年 11 月，赛珍珠返回中国镇江，在润州中学和崇实女中任教并培养了十多名年轻中国女教师到其他学校开展工作。1915 年和 1916 年是赛珍珠执教的主要时期。那时的赛珍珠二十出头，非常年轻，而她的学生却是二十岁左右的男生，属于高中的高年级学生，相当于现在国内的高三学生。高年级的学生分成甲、乙两个班，这两个班的学生对知识非常渴望，英文成绩普遍很好。赛珍珠在课堂上和学生一起讨论伦理、哲学和政治。毕业时，甲班学生全部被杭州之江大学录取，乙班学生全部被南京金陵大学录取。赛珍珠多年后仍然对她这一时期的教书经历记忆清晰。“他们所教给我的东西远多于我所教给他们的东西。在中国生活的经历是一段美妙的时光。我那时很年轻，对一切都好奇，能够阅读中文和英文，并且在教会以外的圈子还有一些朋友。我发现自己受到了启迪和激励。”这说明赛珍珠在开始作家生涯之前，喜欢她在中国的教师工作，而且她在教学中采用美国的讨论式教学法，与学生平等交流，互相尊重，处处体现了民主平等的思想。

1917 年，赛珍珠和丈夫结婚后迁到宿州，在一所教会学校——启秀女子学校任教，并实施仁爱教育。学生们认为她们的老师是一位既有责任心又有爱心的老师。就像赛珍珠在读大学之前给女生班所上过的课一样，她不仅要教给她们知识，还要关心她们的生活和思想。而女生们有什么心事都愿意与赛珍珠分享。在工作上，赛珍珠认真负责，总是按时到校，充分体现了教师的职业道德。课余时，她跟学生们也相处得十分融洽，她跟她们一起做游戏，还教她们编织手艺。每年圣诞节，她还邀请部分教师和学生们一起到外籍牧师家过圣诞节，唱圣诞歌，送给她们圣诞小礼物。学生们都觉得过圣诞节既新奇又有趣，因为她们了解了另一种文化。1920 年，由于启秀女子学校校长因病返回美国，赛珍珠便接管了校长的工作，把主要精力放在启秀女子学校的管理上。

赛珍珠在宿州期间还与邻居经常往来，了解中国妇女的生活和内心世界，十分同情旧时代中国妇女的悲惨遭遇。她认为她们之所以会有这样悲惨的遭遇，很大程度上是因为她们没有受过教育，不知道该如何面对和解决生活中的矛盾。于是，赛珍珠向教会建议，不仅建立招收未婚少女的中小学，还应为已婚妇女创办可供读书的进修所。教会接受了她的建议，在教堂东北角的女客厅内创立了启德女校。女校招收的对象大多数是怀有强烈求知欲的少妇，这对开导她们，防止她们因长期的悲观而走上绝路起到一定的积极作用。

虽然在宿州启秀女校任教只有寥寥数载，但是赛珍珠却深深地影响了学生们之后的发展。由于赛珍珠对当时的宿州缺乏新式的妇产科医生有着深切的体会，因此当一名叫汪培珍的女生向赛珍珠咨询毕业后的去向时，赛珍珠积极支持她报考“中华妇产科专业学校”。有资料表明，在赛珍珠所参与创办的启秀女校里，有一批最优秀的学生后来成为宿州最早的共产党员，也是宿州和安徽最早的妇女运动领袖。这说明这所女子教会学校不仅向学生们传输了科学知识，还向她们传输了女子应追求理想、追求平等博爱的精神。

1921 年底，赛珍珠随丈夫迁往南京。洛辛・布克在金陵大学找到一份教授农学的教职，赛珍珠则在金陵大学教授英文，后兼任国立东南大学外文系和中央大学的兼课教师。金陵大学是美国基督教美以美会等在中国创办的大学，其前身是 1888 年成立的南京汇文书院。

1925 年至 1926 年，赛珍珠在金陵大学教授英国文学史、教育学和宗教。金陵大学的英语系师资力量雄厚，其教师主要由美国教师和归国留学人员担任。赛珍珠在课堂上常常抛开书本，滔滔不绝地自由发挥。赛珍珠教授英文课的方法也很特别，让金陵大学的毕业生至今仍记忆犹新。据金陵大学的老校友、现年 96 岁的台湾老人叶延燊回忆，赛珍珠要求学生每个星期读完一本英文小说，下周上课时进行面谈，交流读书的感受。这样大量地阅读英文小说对提高学生的英文水平很有帮助。赛珍珠最喜欢教的课是教育学，她同时也在金陵女子学院教授这门课。而对她所教的宗教课，在给纽约传教董事会的工作汇报中，赛珍珠直言不讳：“我对在课堂上传授宗教知识的整套方法，极为不满。”她认为，她所上的教育课实际上能比正式的宗教课提供更好的宗教教育。这引起了董事会的不满，董事会很不客气地告诫她，只有正规地传授神学才算正道。赛珍珠没有屈服于压力，在力争无效的情况下愤而辞去了宗教课的教职。

后来在美国和中国的许多场合，赛珍珠都公开声称她极为讨厌那些“喋喋不休的布道”，说布道只会“扼杀思想，蛊惑人心，在中国教会里制造出一批伪君子”。她认为“空谈无益，基督徒应该给中国人提供实实在在的服务，譬如教育、医疗和卫生”。从这里也可以看出，赛珍珠已经与她奉行基督教教育的传教士家庭有了一定的距离。

赛珍珠在中国的农村长大，对中国农民有着特殊的情感。当她看到有的大学生对农村同胞一无所知，甚至不知道该如何称呼他们、如何与他们打交道，她就非常生气，因为她想让他们知道农民是值得尊敬的，农民对生活的了解、他们的智慧和懂得的哲理至少比这些年轻人多得多。她曾经这样说："我是在中国农村，在乡下人中长大的，知道有多少东西要学，也知道这些年轻的中国知识分子距离他们自己国家的农村生活何其遥远。"在这种愿望的驱使下，她与丈夫一起给农学系的中国学生发放了农村生活调查表，让他们带着问题到农民中去，然后把学生们得到的答案和其他资料集中起来，把调查结果写成了一本有关中国农业经济的小册子，并由芝加哥大学出版社出版成书。虽然这次调查与赛珍珠的英国文学教学并无关系，但是却反映了她对中国农村的关注，对中国青年知识分子教育的关注，对中国农民的同情。这与她后来推崇晏阳初的平民教育以及鼓励知识分子到农村去帮助农民改进耕种方法等观点相契合。在这里，通过让学生对中国农村进行调查，赛珍珠的双重文化意识又一次交汇了，再一次凸显了她的中国文化情结。同时，这样的调查使得同学们能够把理论和实践相结合，从实践中得到知识，而这样的教学方法会对学生们在农业这一与实践密切相连的学科的学习产生深刻的影响。

赛珍珠在教学之外还关心家境较为贫困的学生，采取美国式的资助方式帮助他们完成学业。当时金陵大学的学生，后来进入安徽省农科院的丁震亚研究员就是靠赛珍珠的资助完成了在金大的学业，毕业后回到家乡从事农业工作。他在一篇文章中记述了自己无力缴纳学费和生活费时赛珍珠对他说的话："我出钱资助你读书是不成问题的，但我们不主张这么做，你必须用劳动来挣些钱。我提个办法吧，学校主楼前的草坪你来负责修剪，我每星期付你工资。"这种美国式的帮助既培养了学生自立自强的品质，还让学生倍加珍惜通过自己辛勤劳动换来的学习机会，同时也潜移默化地向他们传递了一种乐于助人的仁爱精神。当时的赛珍珠虽然是一名基督徒，但是她的教育没有给中国培养出一名基督徒，而是为中国培养出了一名农业科学家。

3. 赛珍珠的中西教育观

近代的中国社会随着西学东渐发生了巨变，尤其是新文化运动以来，传统的教育模式和教育方法都发生了巨大变化。在这样的变革中，赛珍珠也发表了自己对中国教育的看法，而她的这些看法不是来自书本上的理论，而是来自她对中国教育的亲身经历与观察。

赛珍珠的童年时期在中国度过，她接受了中国传统的师道尊严的教育。她认为：“对于中国孩子来说，老师的地位仅次于父母。老师的责任不仅仅是开发孩子的智力，他还要培养孩子的道德情操。教育不仅是教学生读、写、算，教他们历史、文学和音乐，还要使学生学会自我约束，懂得行为规范。所谓规范的行为，就是举止得体，善于处事，对各种身份的人都不失礼仪。这种教育使孩子们身上建立了内部防线，他们在家知道怎样对待长幼及仆人，在外知道怎样对待老师、朋友、官员、邻居和熟人。有了这样的教养，年轻人在与人交往时，就不会局促不安，不知所措。这些基本准则经千百年的沿用而变得简单明了，人的个性发展也因此而均衡、稳定。”后来她师从孔先生学习儒家文化，更加理解和热爱中国传统文化，也更了解了中西方文化的差异，她幼小的心里就有了人与人和谐相处的理念。

赛珍珠进一步指出：“在中国社会里，等级观念全部来自于教育。教育不仅旨在学有所成，还旨在道德修养。老师让我们理解并相信，一个受过良好教育的人，应是一个修养好、品德高的人。目不识丁和愚昧无知的人大都可以宽恕，但有文化的人的邪恶和愚蠢却不能被饶恕，因为根据孔夫子的君子说，这些人都是贵人。柏拉图也曾有类似之说。”

赛珍珠对中国教育的目的、作用的评论以及对老师的评论，与中国传统的尊师重教的理念十分一致。

尽管赛珍珠在中国做教师时教授的是英国文学，但她却对中国的科举制度很感兴趣，她从独特的双重文化背景出发，进行跨文化的评论，给予中国科举制相当多的赞扬。科举制度在中国始于隋炀帝时期，有着悠久的历史。这种制度以考试策问取人，是中国古代用人制度的历史性变革，因为它彻底废除了魏晋以来以门第高下作为取人标准的腐朽制度，打破了由豪门士族把持国家政权的政治格局，为广大中小地主阶级的知识分子提供了晋升的机会，并由此壮大了中小地主阶级的政治力量，成为此后千余年封建统治的政治基础。但是到了近代，科举制度却被视为封建专制教育的代表，遭到了猛烈的抨击。在西学东渐的背景下，尤其是随着外国传教士们来到中国，科举制度更是被视为与西方民主、西方科学的教育相违背的腐朽的教育制度。在日渐高涨的对科举制度的抨击声中，清朝于 1905 年 8 月诏令废止有1 300年历史的科举考试制度。在这种新旧两种或者说是东西两种教育制度的交替过程中，赛珍珠有着最直观的感受。

作为一名有着双重文化背景的外籍教师，赛珍珠对中国教育的这一历史性变革有着深切体验。她没有受当时的舆论所左右，坚持认为中国的科举制度并非一无是处。在一般人认为是专制的制度中，赛珍珠看到了民主的因素。赛珍珠指出，中国是历史上唯一把政治生活基于择优选举制度的国家，中国的科举制度在动乱中控制着国家的生命，使之能一如既往地维持其公平和秩序。考试任用制度是中国传统文化中的民主因素，英国的考试任用制度就来源于中国，而美国又来源于英国。她还认为："中国比英国更民主，因为英国的贵族头衔是世袭制。英国官衔的世袭在中国人看来是可笑的。"赛珍珠提出，正是中国的科举制度使中国文化传统具有了崇尚知识的精神。"书本在中国一直占有很重要的地位。如果在中国有贵族的话，那么，贵族并非意味着出身高贵和广有财帛，而是一个人学问高低的标志。所有的人都可以参加科举考试，考中的可以是农民的儿子……无论他成为皇帝的翰林，还是当了小小的乡学教书先生，他都一样被当作学者而受到尊敬。这种举国崇尚知识的风气使人觉得给年轻的中国人上课完全是一件快事。"赛珍珠只认识到了科举制度的积极作用，却没有看到科举制度经过几千年的发展而形成的弊端。尤其是到了明清，科举制度日趋腐朽，而教育也日渐式微，明朝八股文的出现更是严重地束缚了知识分子的思想，制约了科技文化的发展。赛珍珠也不能理解当时的有识之士，他们呼吁废除科举制度，从而为新文化运动奠定了社会与思想基础，并且极大地推进了新文化的传播。废除科举制度后，中国的知识分子或出国学习考察，或著书立说，或大量翻译西方科学与文化著作，大量引进西学，开拓了民众的视野，丰富了民众的思想，同时这些知识分子还批判中国的旧文化、旧思想、旧道德。在科举制度废除的第六年，在孙中山的领导下，经过艰苦的斗争，中国人民终于在 1911 年推翻了清王朝，废除了封建帝制，建立了中国历史上第一个共和国。从这里我们可以看出，科举制度的废除无疑是革命烈火的助燃剂、历史前进的推进器。

赛珍珠还注意到了科举制度废除后，中国教育中最大的变革就是将民主、自由、平等、博爱的观点引入了教学理念。受西方教育的青年知识分子们满腔热忱地投入新文化运动，来自西方的思想开始向中国渗透。中国教育部于 1920 年批准在基础教育中使用白话文，对此赛珍珠大加赞扬，她认为，这样一种变革是现代中国的一种新鲜力量，因为她的学生和朋友们正在努力创建一个新中国。可见赛珍珠对中国的教育改革十分关注。

中国的科举制度废除后，新式学堂逐渐建立起来，其中就有外国传教士兴建的教会学校，这也受到了赛珍珠的关注。她认为："教会学校在革命中也起了很大的作用……他们坚决反对女学生缠脚，坚持讲授西方科学和数学而非中国学校讲的古代经典和文学……最强大的力量来自教会学校的毕业生……年轻的新学者决心创建一个新社会，由他们而非那些老保守们执政。"可见，赛珍珠对教会学校给中国社会带来的变革持肯定态度。

赛珍珠离开中国返回美国定居后仍然关心教育，对平民教育更是十分推崇。她幼时在中国见到了太多中国百姓由于缺乏教育，做出了许多愚昧之事，中国妇女所遭受的封建礼教的迫害更是让赛珍珠刻骨铭心。来自中国的平民教育家晏阳初于 1943 年到美国筹措资金时，遇到了获得诺贝尔文学奖的赛珍珠。当赛珍珠了解了晏阳初的平民教育思想和他为此所做的一切时，十分激动。她加入了晏阳初在美国的"亲友团"，不辞辛苦地为平民教育运动做宣传、筹款，多方收集资料，准备为晏阳初立传，以宣传他的平民教育思想及其实践。为了支持中国，赛珍珠利用获得诺贝尔文学奖的这个时机，在美国广泛宣传晏阳初的平民教育思想。她认为这样做有利于改变美国人心目中的中国形象。为此，赛珍珠多次邀请晏阳初到家中做客，一起探讨平民教育，并将他们的谈话整理成《告语人民》一书于 1945 年 3 月初出版。

《告语人民》一书叙述了晏阳初 25 年来献身中国平民教育乡建工作的经历。该书详细记述了晏阳初的"教育促进民主""民为邦本，本固邦宁""天下一家"的平民教育基础思想和解决中国人民身上的"愚、穷、弱、私"状况的平民教育的目标以及晏阳初的贫民教育理念。晏阳初所要求的"民"是有知识的平民，是能够认识到自己是世界一部分的平民。这和公元前 4 世纪时的那位伟大的雅典公民苏格拉底对公民的要求如出一辙——尊重知识，用知识拯救人民，让"人民免于愚昧无知的自由"是为自由之始。赛珍珠为该书作序，她在序言中写道："现在世界上有四分之三的人民受着腐败政治的压迫，愚昧无知，营养不良，时刻受到疾病的威胁。所以首先应该为他们打算：怎样使他们受教育？怎样使他们健康？怎样使他们都吃得饱？怎样使他们有知识？怎样使他们能自治？如果不能解决这些问题，空谈和平是毫无意义的。"这篇序言反映出了赛珍珠对平民教育重要性的理解和推崇，认为晏阳初以平等教育为基础的平民教育运动是一场伟大的革命，并且对此给予了极高的评价。1943 年 4 月，在纽约纪念哥白尼逝世 400 周年大会上，晏阳初与爱因斯坦、杜威（John Dewey）等并列获得"现代世界最具革命性贡献的十大伟人"的殊荣。1955 年 10 月，美国《展望》（*Look*）

杂志评选他为“当前世界最重要的百名人物”之一。他被人们尊称为“世界平民教育之父”“真正的哲学家与人道主义者”“具有坚定信仰和丰富想象力的英勇学者”“劳苦平民心智与精神的解放者”等。为此，赛珍珠特意撰写了《中国的晏阳初》一文，刊载在《联合国世界》杂志《本月的世界公民》专栏上。她在文中再一次对晏阳初的平民教育实践给予了高度评价：“平民教育使学人和工农苦力聚在一起，这是中国历史上空前的。过去少数读书人高高在上，千百万不识字的人被压迫在下层的制度已被打破。这是中国大众的真正再生与新生命的开始。”

赛珍珠对晏阳初的关注除了因为他们有着共同的教育理念，还因为他们有着相似的经历和共同的信念。晏阳初从耶鲁大学毕业后，只身来到法国，在欧洲战场的英军华工营中创办识字教育，后来回到中国继续推行他的平民教育。晏阳初和赛珍珠被人称为“世界公民”。他们两人虽然国籍不同，但却有着相似的文化背景，都是在中西文化背景下成长起来的跨文化人物，并成为两种异质文化的承载者与传播者。在双重文化背景下，他们都是精神领域里的漂泊者，对中国和美国以及世界的文化和社会现象都有过思考，也有过苦闷。他们都对平民生活的改善和教育等平等权利的获得付出了极大的努力。

《告语人民》是赛珍珠和晏阳初对平民教育的探讨，也是他们对平民教育等问题的共识。首先，他们认同“人人平等”的基本理念。联合国的世界人权宣言也明确指出了这一基本理念：“人人生而自由，在尊严和权利上一律平等。”晏阳初对“平民”一词的理解是：“平民”的“平”，就是“平等”，即“生而平等”的意思。晏阳初所指的“平民”大多是政治上受压迫、经济上受剥削、文化上受愚弄，生活在社会底层的民众。晏阳初还进一步指出，人格没有高低之分，平民和其他阶层的人一样，拥有平等的人格；不良的社会制度导致了教育的不公，而任何人都应该享有平等的教育机会，因为只有平等的教育机会才能使人发挥出他们身上所蕴藏的无限能量。赛珍珠非常同意晏阳初对“平民”的理解和阐述。她在为《告语人民》所作的序中这样说道：“我们都得出了同样的结论，那就是任何国家的平民百姓都是最重要的人物……我俩都十分尊重普通老百姓，而且都决心把一生奉献给平民事业。”

其次，赛珍珠和晏阳初两人还对“天下一家”的理念持有相同的看法。晏阳初认为，通过教育社会上四分之三的处于社会底层的人识字、学会谋生技能、讲卫生和去除私心等，可以让他们了解到合作和幸福的重要性，培养他们的世界意识，即自己是世界的一个部分，而不是一个与世隔绝的单位，这也符合中国“天下一家”的观念。赛珍珠对此十分赞同。她从小就在中美两种文化中成长，东西文化在她身上得到融合，长大后她一直致力于推动中美和东西方之间的交流，认为世界就是一个大家庭。因此，她给《水浒传》的英译本取名为“All Men Are Brothers”，显示了她所认同的“四海之内皆兄弟”的中国传统思想。

此外，赛珍珠和晏阳初在平民教育的其他方面也有着共识。例如，平民教育要教给平民改变现状的实际知识和技能才能让他们改善生活，平民教育可以免除愚昧和促进世界和平，平民教育要多为平民创作出故事和其他文学作品等。这样的教育理念在今天看来仍然是十分先进的。

4. 结语

作为美国来华传教士子女，赛珍珠在中美文化中成长，拥有双重文化身份。这样的身份影响到她生活工作的许多方面，包括她曾经在华短暂从事的教育工作。她在中国从事教育实践的时间虽然不长，但却十分关注中国的教育事业，并由此形成了自己的中西教育观。赛珍珠虽然不是一名教育家，但她的双重文化身份使她能够从跨文化的角度来思考中国的教育问题，视中国的教育问题为自己国家的教育问题，体现出她可贵而独特的中西教育理念。

参考文献：

陈敬. 赛珍珠与中国——中西文化与共融［M］. 天津：南开大学出版社，2006：169.

行子. 有朋自远方来——南大校史上的国际友人札记［EB/OL］. http://grawww.nju.edu.cn.

赛珍珠. 我的中国世界［M］. 尚营林，等，译. 长沙：湖南文艺出版社，1991：13－14，15，103，130－131，137－138，205.

王运来. 百年南大校史钩沉 赛珍珠［EB/OL］. www.nju.edu.cn/cps/s.

吴相. 晏阳初转——为全球乡村改造奋斗六十年［M］. 长沙：岳麓出版社，2001：403.

晏阳初，赛珍珠. 告语人民［M］. 桂林：广西师范大学出版社，2003：3，281，288.

曾蕾. 赛珍珠与中国传统文化［M］//郭英剑. 赛珍珠评论集. 桂林：漓江出版社，1999：529.

赵一凡，张中载，李德恩. 西方文论关键词［M］. 北京：外语教学与研究出版社，2006：465.

96 岁老校友忆当年：赛珍珠教英文每周一部原著［EB/OL］.

Conn, Peter. *Pearl S. Buck, A Cultural Biography* [M]. Cambridge: Harvard University Press, 1996: 88.

Stirling, Nora. *Pearl Buck: A Woman in Conflict* [M]. Piscataway, NJ: New Century Publishers, Inc., 1983: 31.

Vasu, Norman. *How Diasporic People Maintain Their Identity in Multicultural Societies: Chinese, Africans and Jews* [M]. New York: The Edwin Mellen Press, 2008: 30.

Http://bbs. rednet. cn/thread -8279800 -1 -1. html.

Http://nnuaa. njnu. edu. cn/news. asp?id =813.

Pearl S. Buck's Chinese and Western Educational Thought

Liu Lihua

Abstract: Pearl S. Buck grew up in China and received Chinese and American education, so she had Chinese-American bi-cultural identity. During her teaching career, she developed her specific Chinese and Western educational thought. And she agreed with Chinese educator Yan Yangchu's educational thought to emphasize her Chinese-Western education thought rooted in her Chinese-American bi-cultural identity.

Key words: Pearl S. Buck; Chinese-American education; cultural identity; educational idea

翻　译

TRANSLATION

《阿诗玛》《刘三姐》英译与少数民族文学对外译介

段 峰

（四川大学外国语学院，成都 610064）

摘 要：杨宪益和戴乃迭夫妇翻译的《阿诗玛》和《刘三姐》是少数民族民间口头文学对外译介的优秀范例。作为文化翻译的少数民族文学对外译介包括如何认知他族文化、将他族文化文本化、在语言层面解决具体的词语翻译以及由语言所构成的特定文化图式的传达等问题。如何解决这些问题构成少数民族文学对外译介的基本思想及策略。

关键词：《阿诗玛》；《刘三姐》；少数民族文学；文化翻译；翻译策略

在我国少数民族文学对外译介中，有两位翻译家不能不提，即杨宪益和戴乃迭夫妇。这两位中西合璧的著名翻译家杰出的翻译成就和卓越的文化贡献众所皆知。尤其是他们联袂翻译成英文的《红楼梦》成为向西方介绍中国文学文化的成功译本，和英国人大卫·霍克斯（David Hawks）的英译本交相辉映，成为世界翻译文学之林的重要组成部分。杨宪益和戴乃迭的另一个杰出贡献不太为人所知，那就是他们是中国本土译介少数民族文学的开拓者，他们单独或合作翻译《阿诗玛》《刘三姐》等在少数民族中家喻户晓的民间诗歌，开始了中国本土对外译介少数民族文学的事业。尽管这些译文比不上《红楼梦》英译的影响大，但其文化意义却十分重大，少数民族文学的对外译介向世界开启了介绍中国多民族的丰富性以及少数民族灿烂文学文化的另一扇窗，杨宪益和戴乃迭作为开创者功不可没。他们的译文以娴熟的翻译技巧、高超的语言能力和对中西方文化的深刻了解，在忠实传达原文的意义、贴切表现少数民族文学文化、充分考虑接受者的文化期待等方面成为少数民族文学对外译介的经典案例。

1.《阿诗玛》的英译

《阿诗玛》由戴乃迭独立翻译成英语，1957 年由外文出版社出版。它是一部表现彝族支系撒尼族民间人物阿诗玛的长篇叙事诗，通过阿诗玛坎坷的命运以及其对美好生活的向往，表现了撒尼族人民勤劳勇敢、正直善良、战胜邪恶的英雄精神。戴乃迭译文所依据的是云南省人民文工团圭山工作组收集、整理的稿子。此稿被多家出版社出版：1954 年云南人民出版社的版本，1954 年中国青年出版社的版本，1955 年人民文学出版社的版本，1956 年中国少年儿童出版社的版本以及人民文学出版社 1960 年版本，这些版本内容几乎一样。据李广田在《阿诗玛》序中的介绍，1953 年 5 月，云南省人民文工团组织了包括文学、音乐、舞蹈和资料等人员组成的圭山工作组，深入撒尼族聚居的路南县圭山区进行发掘工作，收集到《阿诗玛》材料共 20 份，其他民间故事 38 个，民歌 300 多首。同时他们也对撒尼族的政治、经济、文化生活、风俗习惯、婚姻制度、民族性格等方面进行了调查，历时半年，写成《阿诗玛》定稿（李广田，1978：2）。

《阿诗玛》的汉语本通过记录、翻译撒尼文口头文本形成，是实地调查民族志的实践结果。由于《阿诗玛》是长期流传在撒尼族人民口头上的诗篇，在故事结构、叙述的详简上都有很大差异，“有的这一部分过于烦琐而另一部分过于简略，有的则是有头无尾，或中间缺乏联系”（3）。所以，这样一部叙事诗，要能保持撒尼族人民的艺术风格，的确是一件相当困难的事，“反复阅读 20 份材料，回头再读整理本，总感到整理本中少了一点什么，同时又多了一点什么。少了撒尼族劳动人民口头创作的艺术特色，多了点非撒尼族劳动人民口头创作的气味”（4）。李广田在序中所言，表明当时在撒尼族民间开展田野调查的时候，调查者或翻译者就已经充分意识到了保留、传达少数民族民间口头文学独特艺术特色的重要性，这对于少数民族文学翻译，是非常难能可贵的。

> 在 20 份原材料中，有 19 份是口述经翻译笔录的，其中只有一份是先以撒尼族文字记录下来，然后进行翻译的。既然是整理，就不能一字不易地塞给读者，但如“创作”过火，就势必损害了撒尼族人民口头创作的特殊风格。如《马铃响来玉鸟唱》一章中的若干诗行，阿诗玛在热布巴拉家的黑牢里自哀自叹一段，说什么风呀，鸟呀，太阳呀，月亮呀，等她听到阿黑喊她的时候，说什么“阴暗的牢房出现了光明，冰凉的身体感到了温暖”，这种现代知识分子抒情的调子，对于撒尼族人民口头创作的那种朴素美简直是一种严重的破坏！
>
> （13）

最后，李广田总结道，在整理和翻译少数民族文学时，应注意：

不要把汉族的东西强加到兄弟民族的创作上，不要把知识分子的东西强加到劳动人民的创作上，不要把现代的东西强加到过去的事物上，不要用日常生活中的实际事物去代替或破坏民族民间创作中那些特殊的富有浪漫主义色彩的表现方法。

(23)

汉译者和汉语文本整理者对待少数民族文学的谨慎态度，反映了在中华民族大家庭中各民族之间的相互尊重和欣赏。在汉语本中尽可能多地保留少数民族文学的原本面貌与风采，也为英文翻译奠定了良好的基础。戴乃迭在英文翻译中非常注重对少数民族诗歌形式的表现，尤其注重用英文读者喜闻乐见的文学形式来表现原文。原文四行为一诗节，戴乃迭也采用了英语诗歌中的民谣体，即四行诗节，二四押韵，一三行各四音步，二四行各三音步的形式来翻译。例如：

在撒尼族阿着底地方，
在阿着底的上边，
有三块地无人种，
三所房子无人烟。

那三块地留给谁种？
要留给相好的人种；
那三所房子留给谁住？
要留给相好的人住。

（《阿诗玛》，1978：5）

We Sani folk live in Azhedi,
And there in High Azhedi;
There were three plots untilled by man,
And smokeless buildings three.

For whom were these three holdings left?
None but a loving pair!
And whose were these three empty rooms?

True lovers should live there.

(*Ashima*, 1957：7)

同时，在翻译中为增强音乐效果适当增加词汇：

破竹成四块，
划竹成八片，
多好的竹子呀，
拿来做口弦。

(《阿诗玛》，1978：1)

A fine bamboo we lengthwise split
In two, four, eight, sixteen,
And choose a piece without flaw
To fashion a mo-sheen.

(*Ashima*, 1957：3)

将原文中超出四句诗行的也翻译成四行诗，以符合英语民谣诗歌的形式：

小姑娘日长夜大了，
长到三个月，
就会笑了，
笑声就像知了叫一样。
爹爹欢喜了一场，
妈妈欢喜了一场。

小姑娘日长夜大了，
长到五个月，
就会爬了，
爬得就像耙齿耙地一样。
爹爹欢喜了一场，
妈妈欢喜了一场。

(《阿诗玛》，1978：14)

From day to day sweet Ashima grew,
Till three months old was she;
When gay as cricket was her laugh,
She crowed so merrily.

From day to day sweet Ashima grew,
Until at five months old,
Her parents laughed to see her crawl,
So nimble and so bold!

(*Ashima*, 1957: 15)

此外，用更加符合英美文化的意象来表现原文或淡化原文中的文化意象也是翻译中的特点之一：

口弦轻轻地响，
弹出心里的话，
多好的声音呀，
爱它和宝贝一样。

(《阿诗玛》，1978：1)

For when the soft mo-sheen is played,
Our inmost thoughts are told.
No sweeter music has been heard,
We love it more than gold.

(*Ashima*, 1957: 3)

果然半夜老虎叫，
叫得地动山也跳，
张开嘴来小锅大，
胡须就像扇子摇。

(《阿诗玛》，1978：80)

At midnight three great tigers' roars
Shook all the mountain side;
Their bristling beards were quivering,

Their huge jaws opened wide.

(*Ashima*, 1957: 67)

《阿诗玛》的英译在保留原文（汉语版本）的音乐风格上获得很大成功，戴乃迭使用英语的民谣体非常贴切地表现了少数民族诗歌简洁、形象、富有节奏和韵律的特点，很好地传达了原文的意境。如果其中有什么遗憾的话，那就是在英译本中关于《阿诗玛》的民族志信息没有完整地传达出来。中文本中关于《阿诗玛》长诗所产生的民族志背景、文化背景和文学背景在英译本中都没有得到完全体现，甚至原诗中的12处注释也只翻译了5处。其原因在于戴乃迭在翻译中更加倾向于一种归化的翻译，即用英语读者所熟悉的诗体，将表达特定文化意象的词汇通过泛化解释的方式来翻译。缺乏民族志背景信息的翻译可能会使英语读者不知晓这是一部中国少数民族诗歌集，认为这就是一篇中国或汉族诗歌，这对少数民族文学为国外所了解显然是不利的。少数民族文学在汉译和英译的过程中，常常会遭遇“二度归化”，即在汉译和英译中都多采用归化的策略，而使得少数民族语言和文化的特征受到一定程度的遮蔽。

2.《刘三姐》的英译

1962年由外文社出版发行的《刘三姐》英文版是杨宪益和戴乃迭夫妇的联袂之作，其依据的中文本是柳州刘三姐剧本创作小组创编，广西壮族自治区刘三姐会演大会改编，广西壮族自治区人民出版社于1960年7月出版的《刘三姐》（八场歌舞剧）。作为歌舞剧，《刘三姐》中有人物对白和山歌对唱部分。杨宪益和戴乃迭在歌唱部分的翻译中，延续了戴乃迭在《阿诗玛》翻译中所使用的民谣体，其四行为一节的形式也与中文本中的四行为一节相对应。如：

唱山歌，
这边唱来那边和，
山歌好比春江水，
不怕险滩湾又多。

（《刘三姐》，1960：3）

Hear our folk sing!

I'll start an air and you join in;
Folk songs are like a stream in spring,
Unchecked by dangerous rapids or twisting bays.

(*Third Sister Liu*, 1961: 1)

与《阿诗玛》诗歌中的第三人称叙事不同,《刘三姐》中的歌唱是第一人称直接表意和抒发情感。在翻译中,《阿诗玛》的英诗民谣通过韵律、词汇的选择和运用注重了对诗歌所包含的绵延优美的美学意蕴的传达,而《刘三姐》更注重了对原文对话式平铺直叙的意义的表达,翻译中更强调口语词汇和生活中熟悉的意象的比兴、借用。如"霸山"一场中采茶姑娘们唱道:

姐妹生得灵巧手,
采茶好比绣金球;
上采好似蝶恋花,
下采好似金鱼游。
左采好似龙戏水,
右采好似凤点头;
采得春风开口笑,
采得青山笑点头。

(《刘三姐》,1960: 11)

英译本保留了歌曲中的意象,生动活泼,富于生活情趣:

Girls' nimble fingers
Pick tea as if embroidering golden balls;
Now high like butterflies flirting with flowers,
Now low like goldfish swimming;
Now left like dragons frolicking in water,
Now right like phoenixes nodding their heads.
We pick till the spring breeze starts laughing,
We pick till the green hills smile and nod their heads.

(*Third Sister Liu*, 1961: 15)

《刘三姐》的英译由于杨宪益的加入，在忠实于原文、表现原文文化意蕴上的着力尤显突出。同时在文本尽量靠近原文的原则下，译者在文本注释上下足了功夫，除将原文中的文化背景性的注释全部翻译之外，译者还根据读者可能的文化认知程度和阅读期待添加了若干注释，使得原文所富有的民族志信息在译文中不但没有减弱，反而得以加强，很好地帮助了译文读者理解和欣赏中国少数民族文学。如第一场中对“盘古”和“九文”的解释；第二场中对“织女”“牛郎”“神龙”的解释；第三场中对“莫海仁”音谐“莫害人”的解释；第四场中对“奈何桥”和“贴门神”的解释；第五场中对“秀才”“拜孔夫子”“开天辟地”“女娲”“四书”“人之初”等的解释；第七场对“水泻滩头哗哗响”“水冲不断是真丝”以及“十字街头卖莲藕，节节空心都是丝”等具有浓郁少数民族特点、表示男女青年之间爱情的意象的解释；等等。这些都是原文中没有的，因为对于汉语读者而言，这是我们文化的一部分，很容易理解；而对于英语读者而言，这些具有文化异质性的词语如果没有较详细的解释，会使他们难以理解原文的意境。

《刘三姐》的原文是一部八场的歌剧，歌唱是原文中最具特色的部分，也是最能直接表达壮族人民情感的方式。剧中主人公刘三姐在歌唱中显示了她的聪明智慧，也展现了壮族诗歌文学的优美。原文一共有 61 段唱曲，原文本编撰者用简谱一一标注下来，和原文本形成一个整体，使得读者不仅可以知晓歌剧的意思，还能根据曲谱体会歌曲的美感。杨宪益和戴乃迭在英文本中，将原文中最具有代表性的 10 首歌曲保留下来，且因为面对的是英文读者，这 10 首歌曲在用五线谱标注的同时，还将汉语用拼音标注出来，方便英语读者根据拼音学唱歌曲。这种副文本的方式，对于读者理解、体会以口头文学为主要文学形式的少数民族文学无疑具有很重要的意义。杨、戴的译文与美国民族志诗学所倡导的翻译实验具有异曲同工之妙，歌唱中所体现出来的声响、停顿、高低音成为超越语言的一种形式（一些少数民族文学使用汉语来书写本族文学），将特定少数民族所独有的音乐之美、文字之美表现出来，这种翻译实验还原了最初的、原始的少数民族文学形态，对于通过非直接翻译（民—汉—外）去了解中国少数民族文学的西方读者尤其具有帮助作用。

3. 关于少数民族民间口头文学对外译介的思考

少数民族文学是中国文学的一个有机组成部分，是中国灿烂文化中独具魅力的一朵奇葩。在中国文化对外译介传播的活动中，少数民族文学的译介和传播占有重要的地位。无论是在早期，少数民族文学如少数民族史诗在民族语言之间的传播、通过外国旅行者或传教士的异国传播，还是在当代，从中国本土开展的少数民族文学对外译介和传播中，少数民族文学都以其独特的民族文化特征和艺术魅力，向世界昭示着中国文学文化的丰富多彩。但同时，我们也应看到，少数民族文学译介与整个中国文学文化的对外传播一样，同译介进来的外国文学文化数量和影响相比较，还处于明显的劣势。特别是少数民族民间口头文学常常需要先进行汉语的整理和翻译，然后再译介到国外去。这种“借船出海”实际上也增加了在译介过程中保持少数民族文学文化特质的难度。要改变这种状态，有赖于国家层面上的对“中国文化走出去”意识的宣传、强化和支持，同时也有赖于翻译界，包括民族语言翻译和外语翻译界的译者和学者通力合作。在实践和理论层面上重新梳理少数民族文学“民—汉—外”翻译过程中的得失，从少数民族文学对外译介史、少数民族文学翻译理论与实践、少数民族对外译介批评等方面加强少数民族文学对外译介的实践和理论研究。译介史方面可分为少数民族文学创作文学译介史研究、少数民族民间文学译介史研究，翻译理论方面可开展少数民族文学翻译策略研究、少数民族文学翻译理论的跨学科研究等，翻译批评方面则可开展少数民族文学翻译文本对比研究、译家研究、传播途径研究以及影响研究等等。总之，少数民族文学对外译介既是一个跨文化的交际活动，是少数民族文学研究和翻译学研究的学科建设互动，也是一个在世界范围内国家文化形象的构建活动。

我国少数民族文学的对外译介主要经历了两个时期：一是近代时期西方传教士和旅行者对少数民族史诗，如《格萨尔王》等流传甚广的少数民族史诗的译介和传播；二是当代中国本土对少数民族文学的对外译介和传播，以及国外汉学家对中国少数民族文学的译介，这既包含了少数民族文学经典的对外译介，也包括少数民族作家所书写的当代文学作品，其中尤其需要提及和关注的是对少数民族民间口头文学的对外译介。我们应该特别注重研究在这两个时期里少数民族文学对外译介和传播的策略、路径、影响和接受研究，以此揭示少数民族文学文化如何以相同且又相异于汉族主体文学文化的形象进入世界的视野，从而凸显中国文学和中华文化博大精深、纷繁绚丽、兼蓄包容、和而不同的特点。

少数民族文学的对外译介既是翻译研究意义上的文化翻译，也是民族志意义上的文化翻译。前者指少数民族文学的对外译介在语言层面上有关文化词项和文化意象的翻译，包括具体的词语翻译和由语言所构成的特定文化图式的传达；后者则指如何认知他族文化以及将他族文化文本化的过程。这两者相互结合，共同构成少数民族文学对外译介的基本思想及策略。

早期西方传教士和旅行者对中国少数民族文学，如藏族史诗《格萨尔王》的译介和传播，主要是一个将口传文学文本化的过程，这种方式要么是西方人通晓少数民族语言，要么是通过掌握双语的本族人的口述，再由译者翻译来进行的。这种译介的过程，充满了西方人的视野和态度，是一个完完全全的归化或重写的过程。这样的译介和传播方式对于中国少数民族文学在西方世界被接受起到了重要的作用，是一种十分难得的中国文学文化资本向西方流动的例子。但少数民族文学所内含的文化气质和文学美感是否被忠实完整地传达到西方世界？还是西方人所译介的中国少数民族文学成了西方人想象中的中国少数民族文学形象？从我们所研究的由西方传教士和旅行者所译介的中国少数民族文学作品的情况来看，后者的可能性更大。这种以归化和重写为实质的文化翻译旨在满足西方人的想象、期待和一种欧美中心主义的心理。

所以，在这种以西方人为翻译主体的少数民族文学译介和传播过程中，尽管译介作品在西方世界得以较好地传播和接受，扩大了中国少数民族文学文化的影响，但这种将他族文学传统和文化形式用本族的文学传统和文化形式加以表现的文化翻译模式，我们不能不说是单向的，是缺乏对话、理解和包容的。对于翻译者而言，在具体的翻译实践中，采取直译或意译的技巧还是归化或异化的策略一直是困扰着他们的痛苦抉择；而对于翻译研究者而言，当我们把具体的翻译活动放置在跨文化的文化政治学语境中来考量，过度的归化译介在两个文化资本输出和输入存在巨大逆差的文化中，强势文化对弱势文化的归化译介被认为是文化霸权的体现，翻译问题便常常表现为文化政治问题。这也是我们需要认真关注跨文化交流中的翻译问题的重要原因。

所以，在少数民族文学对外译介中，由本土发起和进行的译介活动，对保护少数民族文学文化特质具有重要的保障作用，对本国文学文化形象在他国文化中的建立起着重要的建构作用，有利于在文学文化译介和传播过程中本国文化和他国文化之间对话关系的建立。以《红楼梦》的英译为例，从接受角度来看，霍克斯的译本无疑在西方获得巨大成功，成为翻译文学经典，其接受度远超杨宪益、戴乃迭夫妇的译本。但若由此便认定霍译本比杨、戴译本价值更高显然是片面和武断的。杨、戴译本在对原著的忠实度上远胜霍译本是不争的事实，从本族的角度译介和从他族的角度译介，对待原著的态度有着很大的差异。或者即使像霍克斯这样对中国文化有着极丰富的体验和极深厚的感情的翻译家，当他要把他族文化译介给本族读者时，也不得不考虑本族读者的审美习惯和阅读期待而对原著有所改动。在翻译作为一种跨文化的交际活动中，杨、戴译本能够更好地彰显本族文学文化特征的价值，更能全面和忠实地向西方读者传达他族文化的异质性。对于翻译文学，读者可能更愿意选择一种他们熟悉的阅读体验，但将一个主要采取归化策略的译本提供给他们，对他们而言是喜还是忧？所以，在中国本土上，由内及外的少数民族文学对外译介，尤其是活形态的少数民族史诗和民间文学的对外译介具有重要的文化意义，本土译者是本族文化的持有者，他们的翻译是对本族文化最直接和最真实的阐释，具有不可替代的权威性。这种权威性和接受性亦如图里在讨论翻译规范中所提到的充分性和接受性一样，并不是非此即彼的矛盾关系，而是一种互补、对比关系，共同构成对中国文学文化经典的双向阐释，共同促进中国文学文化经典在世界的传播。

4. 结语

翻译研究的文化翻译和民族志的文化翻译既有相同的地方，亦有相异的地方。相同的地方是两者都将翻译活动视为跨文化的交际活动，翻译行为本身就是一种文化行为，所以翻译实践的最终目的是文化传播，而翻译理论的最终目的则是研究在翻译作为文化传播的过程中，翻译如何影响了一种文化的发展或者一种文化又如何影响了一个翻译活动的进行。两者不同的地方则在于翻译研究的文化翻译关注语言层面上的文化词项和文化形象的翻译和传达，基于原著的双语对比分析和批评始终是翻译研究文化翻译的基础和出发点；而民族志文化翻译则关注一个他族文化作为整体形象如何被我族文化所认识和接受的问题，文化地位、文化策略、文化身份等一系列文化问题则是民族志文化翻译所关注的主要对象。两者的相同与不同实际上为少数民族文学对外译介的理论和实践提供了多角度的、综合性的指导。

无论是“民—汉—外”的翻译模式或是“民—外”的翻译模式，少数民族文学对外译介的核心问题就是如何将少数民族文学文化的独特气质和魅力传达给译语文化的读者，这也是少数民族文学文化作为族群文学文化身份觉醒的标志的形式和表现。由于少数民族史诗和民间文学的口传性，少数民族文学的对外译介无疑具有很大的书写成分，即在少数民族文学的转写、翻译的过程中，译者的介入痕迹非常明显，这就对译者、汉语译者和英语译者都提出了翻译伦理的问题，包括如何忠实于源语文化而不是忠实于原文本身的翻译伦理问题，如何在译语读者考虑接受的前提下尽可能向他们展示异族文学文化的独特风采的翻译伦理问题，以及将非主流的民族文学文化纳入翻译、全球化和地方化的语境进行考量的翻译伦理问题。

纵观少数民族文学对外译介史，关于这方面的研究寥寥无几。少数民族文学经常被纳入整体中国文学的范围内向外译介传播；同样，在以文字和原文本为忠实对象的翻译实践和研究中，口头形态或多文本的少数民族文学对外译介也常常被置于研究的盲区。实践的被忽视导致研究的匮乏，研究的匮乏进一步加重了实践的被忽视。这即是少数民族文学对外译介理论与实践的状况，而这种状况显然与我们正在开展的“中国文化走出去”，向世界传播中国文化资本的国家运动是不相称的。民族文学和文化对一个国别文学和文化的构成起着重要的作用，是体现一个国家文学与文化丰富性和多彩性的重要因素，同时也反映了一个国家的主流文学和文化对民族文学文化尊重和平等的态度，对于中华文明的发展与延续具有重要的意义。

将翻译研究的文化翻译观和民族志的文化翻译观运用在少数民族文学对外译介的实践和研究中，我们会发现一个表面上看似矛盾，而内在却统一的事实：在少数民族文学对外译介中，我们强调忠实地表现少数民族文学语言和文体的特征，以彰显少数民族文学的独特魅力；同时，我们又认为文化翻译应该是不拘泥于语言层面上的符号转换，而关注这种文化翻译活动的作用和影响。少数民族文学对外译介实际包含两个方面的内容，即将文本作为文本和将文化作为文本，这两者之间的有机结合共同构成少数民族文学对外译介的主要内容。具体而言，这两者要求在翻译实践中，既要忠实地反映少数民族文学的语言和文体特征，又要增加适量的少数民族民族志信息，以帮助读者理解和欣赏译文。

参考文献：

阿诗玛［M］. 北京：人民文学出版社，1978.

李广田.《阿诗玛》序［M］//阿诗玛. 北京：人民文学出版社，1978.

刘三姐［M］. 南宁：广西壮族自治区人民出版社，1960.

Ashima [M]. tr. Gladys Yang. Beijing: Foreign Language Press, 1957.

Third Sister Liu [M]. tr. Yang Hsien-yi and Gladys Yang. Beijing: Foreign Language Press, 1961.

English Translation of *Ashima*, *Third Sister Liu* and Other Ethnic Minority Literary Works

Duan Feng

Abstract: *Ashima* and *Third Sister Liu* are two well-translated folk literary works of Chinese ethnic minority people by Xianyi Yang and Gladys Yang. Cultural translation of Chinese ethnic minority literature consists of understanding the other culture, textualize the verbal form of the other culture, interpret the culture loaded items and transmit the given cultural map linguistically created. The ways to solve these problems form the basic ideas and strategies in foreign language translation of the Chinese ethnic minority literature.

Key words: *Ashima*; *Third Sister Liu*; ethnic minority literature; cultural translation; translation strategy

MTI笔译方向专业实习探索

刘　佳

（四川大学外国语学院，成都610064）

摘　要：MTI专业实习是衔接MTI课程学习和市场职业经验的桥梁，是从校内专业学习到社会职业生涯的重要环节，能够让学生获得真实的职业翻译体验。本论文通过讨论MTI笔译方向研究生的翻译实习服务模式，包括实习准备和预期、实习机构的类型和特点、实习内容的细分和要求、实习报告和存档等方面，借助国外翻译实习的运作模式和国外翻译公司对翻译实习的要求，探索与职业翻译要求相吻合的、有利于培养高水平职业翻译人员的专业实习模式。

关键词：翻译硕士；专业实习；职业翻译

自2007年国务院学位办设立翻译硕士专业学位（MTI，Master of Translation and Interpreting）以来，全国翻译硕士试点培养院校已达206所。在近八年的时间里，各培养单位在培养方案、课程设置、师资培养、教学资源和手段等方面做了全面又深入的研究，并在培养过程中不断摸索，力求使MTI学生的培养符合其职业性和实践性特点，达到培养高水平职业翻译的预期。按照MTI的培养方案，学生的专业实习通常会安排在最后一个学期，并计有相应学分。然而，对于翻译专业实际情况来讲，学生实习却往往会分散到各个学期，实习时间和任务都会有所不同。对于笔译方向的学生来讲，翻译实习的形式可能是平时零散的接件翻译项目，也可能是固定时间段内、在专业翻译服务机构或涉外部门进行的内部服务。本文主要研究第二种形式的专业实习，即学生与实习单位签订正式的翻译服务合同，形成雇佣关系，进驻翻译服务机构或部门进行现场工作。

1. 实习准备和预期

在MTI笔译方向的课程设置中，翻译实践类课程比例大是一个显著特点。这些课程中既包括综合性的翻译技巧训练（文学和非文学翻译，其中非文学翻译通常占较大比例）、不同社会经济和生活领域文本的专业翻译（商务、法律、外交、科技等）、文化素质培养（百科知识、跨文化交际、中西方语言和文化等）、计算机辅助翻译、主要翻译软件的操作应用培训以及相关职业知识和职业道德的培训、培养等。在这些课程中，学生可以不断提高双语的语言运用能力，熟练使用各种主要翻译技巧和应用软件，增强双语转换能力，丰富跨文化交际的相关知识和人文素养，并有机会在模拟或实际翻译任务的环境下，培养独立工作或团队合作的翻译工作能力。

虽然在课程设计和教学内容中，教师会假设或刻意模仿不同的工作环境和条件，并借助自己的翻译实践或职业经历，让学生了解职业翻译的主要环节和特点，比如假设或提供翻译任务的特定背景、标准、客户、使用对象、目的、交稿时间等，为较大翻译项目组建翻译小组和负责人，并要求使用翻译软件系统进行分工合作和项目管理等。但在大多数情况下，学生的任务或者关注点仍然还是以从原文到译文的“转换”（transfer）为主，也就是在要求时间内提供一个尽可能准确和通顺的译文。这种“接件—翻译—交付”的“准”职业翻译成了学生在学校环境中距离职业翻译最近的机会。

实际上，这种“准”职业翻译的全部过程只是职业翻译工作中的一部分。在这个过程中，人和环境的因素都比实际工作中的情况简单得多，对翻译产品最终形成的影响也要小得多。因此，只有通过进驻翻译机构或翻译部门进行现场工作，学生才能真实地面对职业翻译中每一个环节所会面临的具体任务，学习如何避免和解决各种类型的风险和错误，进而实现对知识的反思和对技能的补充。

作为衔接专业学习和职业生涯的重要环节，MTI 专业实习能够让学生获得真实的职业翻译体验。在真实的工作环境和职业译员的指导和帮助下，在学生实习期间的学习不但可以培养将来承担译员、校对、译审、编辑、项目经理等不同工作岗位的职业竞争力，还可以锻炼其在解决问题、分析性和批判性思考、团队合作、客户沟通、个人发展、计划和组织等方面的相关工作能力。

如果实习单位让实习学生在专职翻译或译审的指导和监督下，进行实际的翻译工作，即双语转换的初稿形成，那么学生就能够主动和综合地调动此前专业学习中所积累的语言文化素质和翻译技能，在要求时间内提交符合文本类型和客户要求的翻译初级产品，并在专业指导下进行校对（proofreading）

和审校（revision），总结翻译中的得失以备后用[①]。对于这类工作的预期，学生应当系统地学习并总结个人的翻译技巧和经验，力求于实习期间在专业技能上有较大的提高。除此之外，学生在实习单位进行内部现场服务还有可能从事翻译之外的其他相关工作，比如原稿的整理、分析和修改，术语的挖掘及管理（mining and management），译文的不同格式处理和整合，等等。对于 MTI 学生来讲，这些工作在专业学习中几乎没有或很少有机会接触或从事。因此，对这类工作的预期应当是以观察和体验为主，了解这些工作与翻译本身之间的相关性以及整个翻译项目运作的系统性。在专业实习的过程中，职业知识和职业道德的学习也是贯穿始终的。学生应当做好身份转换的准备，学习承担职业翻译的相关责任，增强对翻译产品及相关工作的责任心。

2. 实习机构的类型及特点

除依托高等院校的语言服务机构外，目前国内的翻译机构主要是分工更细的翻译公司和企事业单位的相关部门。翻译公司大多可以提供不同专业领域的口笔译以及本地化服务，也有些翻译公司只提供某一行业领域的专业翻译服务，比如工程、法律、商务等。翻译公司的翻译人员既包括少量的专职翻译（或译审），还包括大量签约的自由译者以及负责其他相关工作的工作者和管理团队。有的大型翻译公司还会对新雇佣的译员或实习生进行入职培训，提供相关的职业环境、要求和职业道德等方面的信息。大多数 MTI 实习生会选择这样的翻译专业机构进行实习，目的也是为了能够全面了解职业翻译的工作流程，掌握每一流程的工作重点，培养职业态度，为自己将来的就业甚至是创业，做好准备。

英国 COMTEC 翻译公司是英国首批通过 ISO9001:2000 质量认证的大型翻译公司之一，拥有 25 年的语言服务历史，提供涉及 200 多种语言，包括多种行业的商务、技术、法律等各类口笔译、软件和网页本地化，以及多语言桌面出版系统（desktop publishing）、术语管理等其他相关语言服务。COMTEC 翻译公司在网站上所提供的实习工作机会（work placements

① 在实习期间的翻译任务也可能是模拟任务（simulations）。翻译公司或实习导师可能使用公司以前翻译过或存档的翻译项目原语文本，并提供该项目原译者或团队所使用的参考资料等。实习学生可以在翻译后得到导师的意见反馈，将自己的译文和已交付客户的译文相比较，对前者的优缺点进行自我评估。

opportunities）中对实习工作的内容和要求进行了简单介绍。实习工作主要是协助公司内部翻译团队，具体包括译文检查（主要是译文的完整性和格式化）、翻译项目的收尾、为特定翻译项目寻找合适的自由翻译者以及为公司的译者数据库补充新的自由翻译者；对实习者，要求同时具备语言和翻译两种学位，并要求具备以下主要技能：关注细节；熟练掌握常用的 IT 技能，如 word、excel、PowerPoint 等应用软件；具有团队精神；可靠灵活；具有良好的沟通能力；掌握 Trados 等常用翻译软件①。可见，大型翻译公司对实习学生的工作要求是比较细化的，公司根据特定工作岗位的人才空缺进行针对性的补充；但对于实习学生素质的要求却是全面的，即包括通过学位体现出来的基本业务能力、常用 IT 技能和翻译软件运用能力以及沟通和合作等交际能力等。

另外，一些企事业单位的相关部门也有专业翻译的需求。这类机构的设置因该企事业单位的规模和对外业务的大小和功能有所不同。如果规模较小，其所设置的相关部门有可能会人员较少，功能较复杂，比如包括对外交往的文件资料笔译、业务谈判或会议的口译，甚至承担部分类似文秘的工作等。这样对实习生的要求就会比较模糊。如果是大型的对外型企事业单位，比如地方一级的外事机构、对外经济贸易部门、大型跨国公司等，其所设置的相关部门就会人员较多，分工较细，就要求实习生既有独立工作的业务能力，也有与人合作沟通的交际能力。

3. 实习内容的细分及要求

法国翻译家达尼尔·葛岱克（Daniel Gouadec）把职业译者的工作分为三个阶段："翻译前期""翻译"和"翻译后期"（pre-translation, translation & post-translation）（Gouadec, 2007: 13）。其中，第一阶段"翻译前期"是指译者在接收实际翻译原件之前的所有事情，包括如何获得工作、撰写工作预估、谈判、翻译说明以及签订合同。第二阶段"翻译"又细分为"转换前""转换""转换后"（pre-transfer, transfer & post-transfer）三个阶段。"转换前"的工作指为"转换"本身所做的所有准备工作，包括原件的准备、文档搜索、校对原件、记忆巩固、术语挖掘等；"转换"是指翻译的最核心活动，即"转换为另一种语言和文化的组合体（shifting to another

① "Work Placements at Comtec Translations", 2012-05-15, http://www.comtectranslations.com/.

language-culture combination)”；“转换后”是指在交送译件前为达到质量要求和原则所做的一切，通常包括质量控制、完善、格式处理以及交送准备。第三阶段“翻译后期”工作是指在翻译产品交付之后的所有相关工作，例如定稿形式加工、薪酬结算、项目存档、术语更新等（参见 Gouadec，2007：13）。

由此看来，实际的职业翻译所面临的工作内容远远多于“翻译”中的“转换”环节，并且可以细分为更多不同的工作内容。葛岱克将这三个阶段按照时间顺序细分为 12 个步骤：译者获得工作—接收翻译原件、检查并加工使其适合翻译—分析待译文本—寻找和加工有助于充分理解原件和消除原件模糊点的信息—对翻译的所有相关材料进行综合整理—在合适的环境和资源的帮助下设置特定的翻译格式—翻译—译者（修改者）检查并修改译文初稿—完善和修改—译文定稿形成—根据要求将译文进行格式处理和整合，或插入指定媒体或产品中—最终译件交付客户（参见 Gouadec，2007：13）。

在上述每一个步骤中，译员的工作内容和可能面临的问题都是不同的。对于实习学生来讲，有些是在之前的学习环境中就十分熟悉的内容，比如“译（转换）”的过程本身，以及通过不同渠道（包括网络、数据库等）搜索相关信息和文本等，但有些却是课堂实践中甚少接触的因素或环境。这时，实习学生必须要有基本的业务能力和积极的心态。例如，对翻译原件的检查和加工是译前准备的一个重要内容。MTI 学生在课堂学习中所接受的翻译任务中，大多数原件是以文本（text）的形式出现的，不需要进行过多的整理和加工，便可以很快进入“译（转换）”的环节。而在实际的职业环境中，译员面临的原件形式是多样化的，可能是不同格式的文本、数字化音频或视频材料等。这些原件需要译员本人或专业人士进行加工和整理才能够进行翻译。对原件的加工还包括对文本进行分析，整理出其中会造成理解模糊和错误的地方并进行标注，或通过搜索相关信息进行确认和明示。

职业翻译（特别是非文学翻译）对于术语（terminology）和用语（phraseology）的专业性和统一性有很高的要求。因此对原文关键术语和用语的挑选、翻译和整理也是译前准备的重要内容，对于译文在内容和风格上的前后一致和行业规范性具有质量保证的作用，也是译员或翻译团队是否专业的重要体现。这个工作可能由译员本人完成，或由专门的人员整理后，交付译员或翻译团队使用。术语和用语的挖掘、管理在 MTI 笔译学生的学习中是一个比较薄弱的环节，只在学习使用某些翻译软件的过程中会有所接触。但实际上，术语和用语的挖掘和管理对于大型翻译项目和翻译公司的业务储备十分重要。与专业的术语工作者不同的是，译者不过是充当临时的术语工作者（*ad hoc* terminologist and terminographer）（参见 Martinez & Benitez，2009：89）。对于译者和特定的翻译项目来讲，术语工作是为翻译项目的顺利进行服务的，包括原语术语的挑选、分析、整理和译语术语的重建等。

虽然实习学生很少承担译稿修改之类的审校工作，但是这仍然是一个与翻译课堂实践有较大差异的内容，值得实习学生在工作中观察和体验，学习如何完成分类检查并提高总体质量的译文审校。职业翻译中对译稿的审校实际上可以细分为校对和审校两种类型。严格来讲，校对针对的是低级的译文错误，诸如拼写、语法、漏译和格式方面的错误；而审校通常是指对译文初稿进行必要的修改、替换或重组等以达到更高或特定的质量和格式要求，最终形成定稿（finalization）并交付客户。

在某些情况下，专业翻译公司会按客户要求设置专门的人员或部门负责定稿后的后续工作，比如定稿的格式调整和整合，以符合特定的使用对象或媒介，甚至是最终产品的印刷或出版（纸质化、数字化或本地化）工作。

4. 实习报告和存档

通常国内的研究生实习报告内容比较简略，只包括诸如实习单位名称、实习时间和内容简述、导师签字、实习单位评语和签章等基本信息。这种实习报告通常是学生实习工作或获得相应学分的一种证明或存作学历档案。

其实，一份设计合理的实习报告还可以显示更多的相关内容和功能。比如，在实习文档中应该首先包括实习合同。实习合同通常是由学生和翻译服务公司双方签订，或者由学生、翻译服务机构和高校导师或联系人三方签订。其中，高校导师或联系人的介入一方面可以负责就实习期间各类事宜的沟通和可能出现的纠纷以及学生的实习情况与翻译服务机构进行联系，保证学生的安全和利益；另一方面可以对学生的实习过程进行监督，对实习的有效性进行评估，以保证实习预期成果的实现。实习报告还应该在得到翻译服务机构允许的情况下，对其基本情况（不属于商业机密的部分）进行简要介绍。

实习报告的主要部分当然是对实习工作的详细叙述，主要是对实习期间承担的工作种类和工作量进行客观描述。但为了使实习报告具有分析和总结的作用，甚至作为将来求职就业时的有力参考，除了简要和客观的描述之外，还应当对每一阶段或每一种类的工作中的表现进行分析，不仅包括翻译和业务的技能，也包括在各种职业相关能力，比如沟通、组织、团队合作能力等方面的表现和自我评价。除此之外，翻译服务公司或其指定作为学生实习导师的主管译员，还应当对实习学生的工作类型、工作量和职业表现撰写评语，这既能在学生自我评价之外进行客观的总结，也有利于高校和翻译公司将其作为分析材料和必要的个案存档，甚至作为针对以后的实习计划和要求进行的实际数据和资料采集。

科学制订一份详细而全面的实习报告，对于学生个人来讲，可以推动实习工作有序进行，通过随时的分析和总结有所收获；对于高校来讲，可以更加全面地了解学生和实习单位的合作情况，完善相应的实习要求和规范；对于翻译行业来讲，通过这样规范、良性的合作和循环，可以缩小培养翻译人才的高校培训与翻译公司的职业要求之间的差距，也可以为公司或行业做好人才资源准备，进而推动翻译行业的健康发展。

5. 国外翻译专业实习的管理及运作

英国的全国语言中心（CILT, The National Center for Languages）在全英国推行《全国研究生实习计划》（The National Graduate Placements Scheme）①，通过详细的介绍和实习运作指导让翻译研究生、翻译服务公司（TSPs, Translation Service Providers）、高校实习导师或助理（HEIs, Higher Education Institutions GP Tutor or Coordinator）三方明确各自权责，加强实习期间的联系和协作，目的是让翻译专业的毕业生在实际就业之前做好职业准备，获得翻译公司的实习或就业机会，通过承担翻译或翻译相关工作的实际操作，达到英国翻译行业的国家职业标准（NOST, National Occupational Standards of Translation, 2007）。这个计划已经向全英国开设翻译课程的所有高校和翻译公司协会（ATC, Association of Translation Companies）的成员公司开放。在 CLIT 的网站上，学生可以通过《全国研究生实习计划》的数据库寻找实习机会，翻译服务公司可以快捷地发布本公司实习机会的广告，还同时提供 PDF 版本实习手册的下载，为翻译研究生、翻译服务公司和高

① "A GP is a work placement with a translation service provider (TSP) that constitutes structured period of work-based learning outside of the higher education institution at which the student is enrolled in an MA/Postgraduate Diploma programme in Translation." From Graduate Placement Handbook, 2012-05-15, http://www.routesintolanguages.ac.uk/translation/graduateplacementsch.html.

校实习导师或助理三方分别提供详细的操作程序。

实习手册包括引言、研究生实习合同、学生概览、学生文件夹、雇主概览（雇主检查表、雇主健康安全检查表、健康和检查：学生入职检查表、学习协议、导师对学生表现的报告、雇主对研究生实习项目的年度评估、学生每周报告）、研究生实习项目为高等教育机构提供的信息、研究生实习协作方对实习项目的年度评估等介绍性文字和表格①。

其中，学生文件夹（GP Student Portfolio）等同于学生的实习报告，由学习协议（Placement Learning Agreement）、对翻译服务提供商的描述（Description of the Translation Service Provider）、学习反馈（Reflective Learning Journal）和执行项目的证据（Evidence of Tasks Undertaken）四个部分组成，供学生详细填写在实习期间完成的任务，对实习收获进行分析和自我评价。这个材料既可以在将来求职时提供给雇主作为参考，也可以作为课程作业提交给学校课程导师。另外，学生还要在主管译员的监督下详细填写每周实习报告（weekly report），详细记录不同时间段接受的翻译或相关任务和完成情况，包括任务的起始日期、任务派发者或部门、所获得的指导和支持、任务中所使用或培养的职业技能、面临的问题和挑战以及得到的评价和回复。

在该手册中有"Employers' Annual Evaluation of the GP Scheme"和"GP Coordinators' Annual Evaluation of the Placement Scheme"两个表格分别供翻译服务公司和高校对 GP Scheme 进行意见反馈，通过问卷形式，了解翻译服务公司和高校对 GP Scheme 或实习学生的评价和要求，甚至了解翻译公司对高校翻译专业培训的建议，或者高校对翻译服务公司实习培训的建议。

6. 结语

由于 MTI 笔译方向的专业实习涉及职业翻译工作的不同环节和方面，学生对于实习的预期目标和工作重点都会有所不同。学生、高校和实习单位在专业实习中的明确权责和沟通协作非常重要。实习的过程和成果直接影响到学生从事职业翻译的自信心和职业规划。MTI 专业实习不仅是学生在校内

---

① "A GP is a work placement with a translation service provider（TSP） that constitutes structured period of work-based learning outside of the higher education institution at which the student is enrolled in an MA/Postgraduate Diploma programme in Translation." From "Graduate Placement Handbook", 2012－05－15, http://www.routesintolanguages.ac.uk/translation/graduateplacementsch.html.

所积累知识和技巧的展示，也是其职业潜力和综合素质的体现。因此，对 MTI 专业实习进行全面或重点环节的分析和研究既可以对学生的培养效果进行反馈，也可以促成 MTI 培养方案的进一步完善。

参考文献：

Gouadec, Daniel. *Translation as a Profession* [M]. Amsterdam, Philadelphia: John Benjiamins Publishing Company, 2007.

Graduate Placement Handbook [EB/OL]. [2012 - 05 - 15]. http://www.routesintolanguages.ac.uk/translation/graduateplacementsch.html.

Martinez, Silvia M., Pamela F. Benitez. Terminological Competence in Translation [A]. //*In Terminology* [C]. John Benjamins Publishing Company, 2009.

Work Placements at Comtec Translations [EB/OL]. [2012 - 05 - 15]. http://www.comtectranslations.com/.

On Placement of MTI Graduating Students in Translation

Liu Jia

Abstract: During the past few years in China, MTI programs have increased remarkably in universities. As a necessary transition to ensure a good match between, on the one hand, MTI graduates' academic knowledge and intellectual skills, and on the other hand, professional and practical competence, graduates placement aims at providing graduates overall experiences of real life workflow as a professional translator. This paper looks into the following issues related to MTI placement: preparation and expectation before placement starts, different types and features of placement organizations, parts and requirements of placement, placement report and profile, etc. Besides, with the reference to some cases of foreign countries and translation companies, it also stresses to establish an effective system to help graduates be job-ready with diversified and up-to-date translation competence.

Key words: MTI; graduate placement; professional translation

多元化不应“化”掉源语文化

——也谈当代汉英翻译中的文化流失现象

杜昌国　黄　敏

（四川大学外国语学院，成都610064；成都航空职业技术学院英语教研室，成都610100）

摘　要：尽管多元化时代的汉英文化翻译越来越注重对源语文化的传播，但似乎还是没有完全摆脱传统以西方读者“接受”为导向的思想，在很多场合依然存在牺牲汉语文化以迎合西方读者的现象。文化全球化似乎演变成了西方强势文化对东方弱势文化的吞噬，即传统意义上的“西化”。随着中国经济的崛起，中国文化理应在世界文化舞台上占有一席之地。因此，全球化时代的汉英文化翻译应遵循“双赢”的原则，在“平等、互利”的基础上与西方国家开展文化交流与“文化贸易”。

关键词：文化翻译；文化失衡；读者接受；文化全球化；平等

1. 汉英文化翻译中文化失衡的现象

在汉英文化翻译中，汉语文化失衡已是一个不争的事实。汉英文化翻译往往是以西方读者“接受”为前提。“就读者和批评者对译文的接受来说，人们往往更关注译文在强势文化里的接受情况，有时甚至以此作为评价译作的标准。”（韩子满，2000：42）从纯经济学的观点来看，顾客是上帝，一切商品的生产都应以消费者的喜好为导向，同时，还要根据不同地区消费者不同的消费习惯生产不同的商品。然而，文化翻译有别于一般的商业活动。在文化翻译中，不能简单地说读者就是上帝。虽然作品是给读者看的，但文化翻译不能像商品生产一样，因西方读者的“消费需求”不同而“量身打造”不同，甚至全新的“作品”。这样的翻译以牺牲汉语文化为代价去迎合西方读者，又会进一步助长西方强势文化的主导地位，最终导致西方文化的“霸权主义”。译者的角色最多只能是个加工商，将汉语中丰富的文化内涵作为原材料，加工成“文化产品”，“原汁原味”地“出售”给西方读者，公平合理地与西方国家开展“文化贸易”，从而实现文化领域的“双赢”。

以西方读者“接受”为导向的翻译导致汉语文化失衡的现象相当普遍。汉语中的“龙”与英语中“dragon”文化内涵不同。几千年来，华夏民族一直把“龙”尊崇为民族的象征，中华儿女皆以“龙的传人”而自豪。“在我们中国人的观念中，龙被赋予超凡的神力和智慧，是‘神圣、珍异、吉祥’的象征。”（汪滔，1998：52）在许多情况下，译者考虑到西方读者的“接受”，把“龙”译成了“tiger”。因此，经济领域里常说的“亚洲四小龙”，便被译成了“four Asian tigers”。不可否认，“虎”是我们中华文化传统里的一个重要组成部分，十二生肖里面老虎就排第三，而且汉语中还有很多关于老虎的成语，如“龙腾虎跃”“虎虎生威”“如虎添翼”“谈虎色变”，还有“不入虎穴，焉得虎子”等。如果说把“龙”翻译成“虎”是因为它那健壮的身体、锋利的爪牙和威风的样子，是胜利和力量的象征，那倒不如译成“亚洲四小狮”更为妥当。至少“狮”者，亦百兽之王也。中国素有“亚洲雄狮”之美誉，更何况西方的《狮子王》早已风靡全球，家喻户晓。将“龙”译为“虎”，中华民族引以为荣的民族象征就被活生生地“化”成了凶猛的食肉动物，整个民族则成了“虎的传人”。可以说，“龙”与“虎”的文化意象有天壤之别，实难等同。

语言是文化的载体。汉语中很多的习语、典故都浓缩了独特的中国文化。一个典型的例子就是汉语成语“雨后春笋”。在许多场合，“笋”被译成了“蘑菇”。原因很简单，“笋”是特定的地域才有的植物，在英伦列岛是见不着的。而英语中的“mushroom”（蘑菇）和“笋”的比喻基本一致。因此，在众多译者的笔下或嘴里，“竹笋”也就自然而然地被换成了“蘑菇”。殊不知，这里的“竹笋”所属的竹文化在中华民族文化中有着不可替代的地位。虽然二者都有“速生”之意，但“蘑菇”与“竹笋”文化意象不同。“人们不仅要求译文优美流畅，更要求译文能尽可能完整地、准确地传达原作特有的文化意象。否则无论多么好的译文，如果失落了，甚至歪曲了原文的文化意象，那就会使读者感到美中不足，有遗珠之感，有时还会使读者产生错误的印象。”（谢天振，1999：174）

周秀凤、张启荣在关于列宁著作中典故的翻译时说：“在翻译外国典故时，是大可不必换上中国牌号，改装成‘国货’的。否则，把‘朱庇特’译成‘玉皇大帝’，把‘农夫和蛇’改写为‘东郭先生与狼’，岂不是帮了倒忙！这样的民族化实际上成了化民族——把人家的东西都给化掉了。”（1983：12）既然没有必要把外国的东西换上中国牌号，改装成“国货”，同样也就没必要把“国货”硬是换上外国牌号，改装成“洋货”了。“凡是翻译，必须兼顾两面，一当然力求其易解，二则保存原作的丰姿，但这保存，却又常常和易懂相矛盾：看不惯了。不过它原是洋鬼子，当然谁也看不惯，为比较的顺眼起见，只能改换它的衣裳，却不该削低他的鼻子，剜掉他的眼睛。我是不主张削鼻剜眼的，所以有些地方，仍然宁可译得不顺口。”（陈福康，1992：301）

2. 全球化“化”掉了弱势文化

如果说经济全球化的目的是缩小经济大国与小国之间的差距，最终实现世界各民族的共同富裕，那么文化全球化只会强化强势文化的主导地位，并逐渐吞噬弱势文化，最终导致文化霸权。难怪有人称之为“一场没有硝烟的战争”。“地球村”不能“一村姓”，而应该“百家姓”。虽然交流缩小了世界各民族之间的距离，但各民族的语言与文化应该实现百花齐放与百家争鸣，而不能推行“一言堂”。

最近，笔者在网络上偶然读到《中国青年报》一篇《汉语将沦为科学看客?》的文章。该文说的是2006年在人民大会堂召开的国际弦理论大会开幕当天，三位中国科学家曹怀东、朱熹平和丘成桐在面对6 000多名听众的演讲时，会议未设同声传译，使用的都是英语。对于这种科学领域里的顶级学术会议，不要说用英语，就是用汉语，一般的听众能听懂多少都值得怀疑。“说汉语消亡，有点危言耸听，但至少在科学和学术教育领域，汉语受到排挤和忽视，的确是正在发生和蔓延的现实。而科学是当代和未来世界中如此重要的东西，如果缺乏科学话语思想的滋养，汉语及其承载的中国文化的前景将会怎样呢?”

其实，这并非危言耸听，汉语受排挤同样也是不争的事实。在类似的场合，说英语成了一种时尚，似乎人们都习惯了以说英语为妥，以说英语为荣。在中国本土尚且如此，在其他国家就更不必说了，汉语文化的“待遇”也可想而知。以牺牲源语文化为代价去迎合西方读者，是一种不公平的现象，同时只会进一步扩大强势文化与弱势文化之间的差距。

“化”中国文化是为了照顾西方读者的“接受”，那么能不能“化”西方文化来照顾中国的读者呢？傅东华可谓是真正“吃螃蟹”的人。在翻译长篇小说《飘》时，“即如人名、地名，我现在都把它们中国化了……对话方面也力求译得像中国话。有许多幽默的、尖刻的、下流的成语都用我们的成语代替进去……”（1979）其结果不言而喻，好心未能得到好报。林纾的一句“拂袖而去”，竟成了中国译界的笑柄；赵景深翻译的“牛奶路”，半个多世纪以来，不仅成了中国译坛的“笑话”，还一直背上了“对工作不负责”，甚至是“胡译”“乱译”的骂名。其实，这些与化“牛”为猪、化“龙”为“虎”相比，只是小巫见大巫。面对中国读者，在翻译外国作品、外国文化时不能“化”，要保留原作品、原文化的“丰姿”，面对外国读者，在翻译中国作品、中国文化时就不需要保留原作品、原文化的“丰姿”吗？

文化翻译应重“神似”而非“形似”。虽然不同民族拥有不同的语言与文化，但“一回生，二回熟”。随着彼此间交流的深入，各民族之间会以开放的姿态对待异域文化。“不同文化形态之间具有相互渗透、相互兼容、相互影响及相互促进从而达到相济相调、相得益彰的积极结果。”（刘宓庆，1999：22）这应该是文化交流的实质所在。其实，过多地担心读者的“接受”能力是没有必要的。汉语中的“纸老虎”“面子”等，早已被西方读者所接受，同样，英语中的“鳄鱼的眼泪”“潘多拉盒子”等，也早已为中国读者所熟知。英语中的“Blood is thicker than water”，道出了人间手足之情。“……若译为‘血浓于水’，对我国读者言，原不易解。但今流行多年，已成日常口语，即中国所谓‘疏不间亲’也。”（张振玉，1992：475）“麦当劳”没有“化”，“肯德基”没有“化”，“德克士”也没有“化”。事实证明，中国读者有能力“接受”这些“洋气”的东西，同样也会对此趋之若鹜。如果仅仅考虑到读者的“接受”，“见着‘雨后春笋’，就译 to grow like mushrooms，见着 In the country of the blind，the one-eyed man is king，就译‘蜀中无大将，廖化充先锋’，那我们的语言中将不再有‘鳄鱼的眼泪’‘武装到了牙齿’这样的进口语言产品了，我们的语言将从此断绝外来的营养”（王东风，2000）。

3．全球化时代文化翻译应主张什么

全球化时代应该是文化多元的时代。“一花独放不是春”，各民族的文化应百花齐放、百家争艳。不同民族通过交流实现资源共享。翻译是促进不同国家和民族政治、经济和文化交流的桥梁，让不同的国家和民族得以分享、借鉴彼此不同的文化习俗和传统。“因为有翻译，哪怕是不免出错的翻译，文化交流才有可能。”（王佐良，1984）译者的任务就是引导读者接受异域文化；译者的职责就是要使异域读者通过自己的工作，了解、吸收译文所蕴含的源语文化的丰富内涵。至于异域读者头脑中产生的联想能否接近或“动态对等”于原作在原文读者中产生的效果，就不能简单地苛求译者了。

"一是译者不应满足于传达原文文化意象的一般意义，而应把尽最大可能传达原文的文化意象也视为自己的一种职责；二是对读者的信任，即译者应该相信读者随着民族间文化交流的日益频繁，随着读者接触到的外来文化日益增多，今日的读者有能力接受带有外来印记的各种文化。"（谢天振，1999：192）

关于翻译策略，德国学者施莱尔·马赫（Schleier Marcher）指出，翻译只有两条途径："一是尽量不打扰作者将读者移近作者，二是尽量不打扰读者而将作者移近读者。"（张南峰、陈德鸿，2000）我国著名翻译家杨宪益、戴乃迭夫妇及英国汉学家大卫·霍克斯（David Hawkes）分别将中国四大古典名著的另一巨著《红楼梦》成功地介绍给了西方读者。两种译本难分优劣，可谓译界佳作。虽然霍克斯还是"化"掉了不少中国文化，但鉴于一位西方人士能有此胆识，我们就不应求全责备了。周珏良在评霍译《红楼梦》时说："霍译本最大的好处在于它能传原书之神，读来往往使读者不觉它是翻译品……若不是有 Baoyu，Daiyu 这两个面生的名字，读来简直像是亨利·詹姆士（Henry James）小说里的章节，可是同原文对读又可看出并不失原意，确是佳译。"（1994：219）

杨宪益先生作为我国当代著名的翻译家，与夫人合作翻译了大量的经典名著，将我国丰富的文化遗产介绍给了西方读者，同时，也将许多外国名著名篇介绍给了中国读者，为中外文化交流做出了巨大的贡献。"要以忠实的翻译'信'于中国文化的核心，中国文明的精神。这不仅仅是一个翻译中国文化遗产的问题，还涉及忠实传达中国文化的价值、灵魂，传达中国人的人生，他们的乐与悲、爱与恨、怜与怨，喜与怒。"（任生名，1993：33－34）

王宁在中国译协成功申办第 18 届世界翻译大会上说："如果说，在 20 世纪初和五四时期，中国的知识界通过大量译介西方文化学术思想和文学作品来促进现代性在中国的诞生，那么当我们在新世纪伊始迎接全球化的挑战时，我们就更应该通过翻译的媒介使得中国的文化和文学为世界上更多的人知道。"（2005：12）

文化是一个民族的历史积淀，是维系一个国家和民族的精神纽带，只有以开放的精神和态势，整合异质文化，借鉴外来文化，它才能充满生机，具有强大的生命力。"在翻译中，我们往往只强调用读者熟悉的形象去调动读者的联想，结果就用'班门弄斧''情人眼里出西施'等过分民族化的词语去翻译国外相应的成语。这样做的结果，译文是民族化了，但是与此同时也把人家民族的东西‘化’掉了。”（谢天振，1999：191－192）在这个经济全球化、文化多元化的时代，各民族的文化交流是必然的，也是必需的。2006年的德国世界杯让全世界的观众对德国悠久的文明和崭新的现代文化有了更深入、更全面的了解。同样，随着对外交流的不断深入，尤其是2008北京奥运会的召开，更多的西方人士通过身临其境，会将灿烂的中华文化传遍世界的每一个角落。

4. 结语

不同民族之间存在文化差异是一个不争的事实。文化翻译的目的就在于促进不同民族间的交流，倘若一味强调西方读者的感受、西方读者的“接受”，势必会牺牲甚至扭曲源语文化。这样的翻译不是在促进交流，而是在蒙蔽原文化，是在推行西方文化中心主义，主张用西方文化统治全球，其实质是西方文化霸权主义。“不同文化具有不同的思想基础、不同的价值观和世界观，因此，不同文化间的翻译，如果任意拿自己的东西去代替别人的东西，把一种异质的文化‘血液’输入到另一种文化的‘血液’中去，这无异于往人身上输羊血，得到的不是文化交流，而是文化‘凝血’。”（许崇信，2000）

为了真正促进各民族间的文化交流，作为架起翻译这座桥梁的工程师，译者有责任也有义务将源远流长的中华民族文化“原汁原味”地介绍给广大西方读者。因此，在全球化时代的文化翻译中，既要认同世界文化的共性，又要保护民族文化的个性，这才是世界各族人民的共同愿望。文化翻译与文化交流也应遵循“双赢”的原则，在“平等、互利”的基础上开展公平合理的“文化贸易”。“因而弘扬东方文化并使之与西方文化得以进行平等的对话已成为翻译工作者的义不容辞的任务。”（方梦之，2004：311）

参考文献：

陈福康．中国译学理论史稿［M］．上海：上海外语教育出版社，1992.

傅东华．《飘》：序言［M］．宁波：浙江人民出版社，1979.

郭建中．文化与翻译［C］．北京：中国对外翻译出版公司，2000.

韩子满．文化失衡与文学翻译［J］．中国翻译，2000（2）：42.

林煌天，等．中国翻译词典［M］．武汉：湖北教育出版社，1997.

刘宓庆. 文化翻译论纲［M］. 武汉：湖北教育出版社，1999.
任生名. 杨宪益的文学翻译思想散记［J］. 中国翻译，1993（4）：33－34.
王宁. 翻译加速了文化多元走向的步伐［J］. 中国翻译，2005（5）：12.
汪滔. 亚洲四小龙应译为 four Asian tigers 吗？［J］. 中国科技翻译，1998（2）：52－53.
谢天振. 译介学［M］. 上海：上海外语教育出版社，1999 年.
杨自俭，刘学云. 翻译新论［M］. 武汉：湖北教育出版社，1999.
张振玉. 翻译学概论［M］. 南京：译林出版社，1992.
周秀凤，张启荣. 谈列宁著作中典故的翻译［J］. 翻译通讯，1983：12.
周珏良. 周珏良文集［C］. 北京：外语教学与研究出版社，1994.

On Cultural Loss in Contemporary C-E Cultural Translation

Du Changguo　Huang Min

Abstract: Despite the fact Chinese-English cultural translation in the era of diversity is increasingly targeted at the transmission of the Chinese culture, it seems not to have shaken off from the conventional doctrine of readers' acceptance, resulting in the phenomena where the Chinese culture in the source text is sacrificed in order to cater to the western readership. Together with the further booming of China's economy, it is the shared task for all the translators to try to bring more Chinese elements into the spotlight on the world stage of cultures.

Key words: cultural translation; cultural disparity; readers' acceptance; cultural globalization; equality